एकांकी और एकांकीकार

एकांकी और एकांकीकार

[हिन्दी एकांकी साहित्य का विकास एवं प्रमुख
एकांकीकारों का आलोचनात्मक अध्ययन]

डॉ. रामचरण महेन्द्र

वाणी प्रकाशन

वाणी प्रकाशन

4695, 21-ए, दरियागंज, नयी दिल्ली 110 002

फ़ोन : +91 11 23273167 फ़ैक्स : +91 11 23275710

शाखाएँ

अशोक राजपथ, पटना 800 004, बिहार

कॉफ़ी हाउस कैम्पस, महात्मा गांधी मार्ग, इलाहाबाद 211 001, उत्तर प्रदेश

महात्मा गांधी अन्तरराष्ट्रीय हिन्दी विश्वविद्यालय, वर्धा 442 001, महाराष्ट्र

सुल्तानिया रोड, मोतिया पार्क, भोपाल 462 001, मध्य प्रदेश

www.vaniprakashan.com
marketing@vaniprakashan.in
sales@vaniprakashan.in

Ekanki Aur Ekankikar
by Dr. Ramcharan Mahendra

ISBN : 978-81-7055-815-6
Criticism

प्रथम संस्करण 2001
द्वितीय संस्करण 2021

मूल्य : ₹ 450

आर. टेक ऑफ़सेट प्रिंटर्स, दिल्ली-110032 में मुद्रित

वाणी प्रकाशन का लोगो मक़बूल फ़िदा हुसेन की कूची से

विषय प्रवेश

हिन्दी साहित्य के एक महत्त्वपूर्ण अंग, एकांकी नाटक की एक शृंखला उपलब्ध होती है। हिन्दी एकांकी का उदय संस्कृत नाट्य-साहित्य के प्राचीन आदर्शों पर भारतेन्दु-युग में ही हो चुका था। इस युग में अनेक नाट्यकारों ने एकांकी की शैली पर फुटकर नाट्य-रचनाएँ लिखी थीं, किन्तु इनमें किसी सुनिश्चित एकांकी-शैली का पालन नहीं है। भारतेन्दु हरिश्चन्द्र ने संस्कृत टेकनीक पर अनेक एकांकियों के प्रयोग किये थे। उन्हीं के अनुकरण पर उनकी मंडली के अन्य नाटककारों ने कुछ एकांकी लिखे थे, जिनमें हिन्दी एकांकी का प्रारम्भिक अविकसित रूप मिलता है। इनमें अंक (Act) के सम्बन्ध में कोई निश्चित धारणा नहीं मिलती किन्तु आधुनिक एकांकी की टेकनीक के कुछ महत्त्वपूर्ण तत्व (Elements) अवश्य मिल जाते हैं। हिन्दी एकांकी के विकास का यह प्रथम सोपान है। इस युग का एकांकी साहित्य 'हरिश्चन्द्र मैगजीन', 'हरिश्चन्द्र चन्द्रिका', 'हिन्दी प्रदीप', 'भारतमित्र', 'सार सुधानिधि', इत्यादि तत्कालीन पत्र-पत्रिकाओं में बिखरा पड़ा है।

विचार और समस्या की दृष्टि से भारतेन्दुकालीन एकांकी चार मोटी श्रेणियों में विभक्त किया जा सकता है– 1. राष्ट्रीय-ऐतिहासिक, 2. सामाजिक-यथार्थवादी, 3. पौराणिक आदर्शवादी और 4. हास्य-व्यंग्य प्रधान प्रहसन। पौराणिक और ऐतिहासिक नाटक उतने नहीं लिखे गये, जितने यथार्थ से सम्बन्ध रखनेवाले नाटक। जो ऐतिहासिक नाटक लिखे भी गये हैं, वे भी बहुधा युग को कोई सुधारवादी योजना सुझाने या नई जीवन-प्रणाली सिखाने के लिए लिखे गये हैं।

1. राष्ट्रीय-ऐतिहासिक धारा—इस काल में राष्ट्रीय भावना का उन्मेष हो चुका था। अन्य माध्यमों की भाँति हिन्दी एकांकी में राष्ट्रीय जागरण का स्वर मुखरित हुआ। भारतीय जनता में राजनैतिक जागृति हो रही थी और वे अपने राष्ट्रीय अधिकारों तथा स्वातंत्र्य भावना को प्रकट करना चाहते थे। भारत के इतिहास से कथानक लेकर राष्ट्रीय जागृति का स्वर ऊँचा करनेवाले एकांकी लिखे गये। इनके विषय समाज की तत्कालीन दुर्दशा, गुलामी पर क्षोभ, स्वर्णिम अतीत की स्मृति, सोते हुए राष्ट्र में आत्म-गौरव की भावनाएँ जाग्रत करना, राष्ट्रीय नव-निर्माण, आशा-निराशा के द्वन्द्व, उज्ज्वल चरित्र और अच्छे भविष्य की कल्पना आदि हैं। ऐतिहासिक एकांकियों का स्वर राष्ट्रीय नव-निर्माण था। इस वर्ग में हम भारतेन्दु के 'भारत-दुर्दशा', 'भारत जननी', राधाचरण गोस्वामी के 'भारत माता', 'अमरसिंह राठौर', काशीनाथ खत्री के 'तीन परम मनोहर ऐतिहासिक रूपक', राधाकृष्णदास

कृत 'महारानी पद्मिनी', रामकृष्ण कृत 'पद्मावती', 'भारतोद्धार', 'वीर नारी', 'कृष्ण कुमार' आदि एकांकी रख सकते हैं। इन एकांकीकारों का उद्देश्य जनता में देश और राष्ट्र के प्रति जागृति उत्पन्न करना, आदर्श चरित्रों का गुणगान और नव-प्रेरणा देना रहा है। मनोरंजन की अपेक्षा शिक्षा देना अधिक रहा है। युगव्यापी राजनीतिक चेतना इन एकांकियों के द्वारा मुखरित हुई।

2. सामाजिक यथार्थवादी धारा—राष्ट्रीय जागृति के साथ एकांकीकारों की दृष्टि तत्कालीन समाज की पतितावस्था की ओर भी गयी। समाज की सड़ी-गली रूढ़ियाँ, जीर्ण-शीर्ण मान्यताएँ, पुरातनपंथीपन, मद्यपान, वेश्यागमन, छुआछूत, व्यभिचार, जातिभेद, धर्म की संकीर्णता, विदेशीपन की गुलामी आदि सामाजिक कुरीतियाँ उनकी आलोचना की शिकार बनीं। इस युग में अधिकतर समस्या-एकांकी ही लिखे गये, क्योंकि सामाजिक सुधार लेखकों का प्रिय विषय बन गया था। इनका सम्बन्ध यथार्थ जीवन, तत्कालीन समाज और समाज में पाये जानेवाले पात्रों से है। व्यंग्यात्मक शैली द्वारा भद्र जीवन में प्रविष्ट पाखण्ड को स्पष्ट कर दिया गया है। भारतेन्दुजी का 'भारत-दुर्दशा', राधाचरण गोस्वामी का 'भारत में यवन लोग', श्रीचरण कृत 'बाल-विवाह', प्रतापनारायण मिश्र कृत 'कलिकौतुक रूपक', अम्बिकादत्त व्यास कृत 'कलियुग और घी', किशोरीलाल गोस्वामी कृत 'चौपट चपेट' तत्कालीन समाज में व्याप्त नाना कुरीतियों और रूढ़ियों पर व्यंग्य करते हैं। अनेक प्रहसन लिखे गये जिनका मूल उद्देश्य समाज-सुधार रहा। उदाहरणस्वरूप राधाचरण गोस्वामी के 'तन-मन-धन गुसाई जी के अर्पण' तथा 'बूढ़े मुँह-मुँहासे' आदि प्रहसनों में क्रमशः धर्म के पाखण्ड और किसान-जमींदार के संघर्ष को कथावस्तु बनाया गया है। इस वर्ग के एकांकीकारों की सुधारवादी वृत्ति के परिणामस्वरूप समाज के यथार्थ चित्र जनता के समक्ष आये तथा नये विचारों का प्रचार हुआ।

3. धार्मिक-पौराणिक धारा—धर्म के प्रति अब भी जनता के हृदय में श्रद्धा और भाव था। पौराणिक नाटक बड़े उत्साह से अभिनय किये जाते थे। इस युग में एक वर्ग ऐसा भी था, जो धार्मिक कथानकों पर आधारित पौराणिक एकांकियों द्वारा भारतीय संस्कृति, आदर्शवादी विचारधारा प्रस्तुत कर रहा था। नाट्यकारों की भावना की झलक हमें पं. ज्वालाप्रसाद मिश्र कृत 'मयूरध्वज' एकांकी में मिलती है। भारतेन्दुजी कृत 'माधुरी' और 'धनंजय विजय', लाला श्रीनिवास दास कृत 'प्रह्लाद चरित्र', पं. बदरीनारायण प्रेमघन का 'प्रयाग रामागमन' (1804), राधाचरण गोस्वामी कृत 'श्रीदामा' और 'सती चन्द्रावली', शालिग्राम वैश्य कृत 'मयूरध्वज', बालकृष्ण भट्ट कृत 'दमयन्ती स्वयंवर', चन्द्रकिशोर कृत 'सोमावती अथवा धर्मवती' (1830); कार्तिकप्रसाद रचित 'उषा-हरण' (1892); 'गंगोत्तरी', 'द्रोपदी-हरण', 'निःसहाय हिन्दू', मोहनलाल विष्णुलाल पांड्या कृत 'भक्त प्रह्लाद', लाला खंग बहादुर भल्ला कृत 'हर तालिका' इत्यादि हैं।

4. हास्य-व्यंग्यप्रधान धारा—इस युग के एकांकीकारों की समाजसुधार वृत्ति को हास्य-व्यंग्य प्रधान एक अच्छा माध्यम प्राप्त हुआ। यूरोप में भी समाज-सुधार-आन्दोलन

वृत्ति तीव्र थी। हिन्दी साहित्य में भारतेन्दु हरिश्चन्द्र ने यह कार्य किया तथा राधाचरण गोस्वामी, देवकीनन्दन त्रिपाठी, बालकृष्ण भट्ट, प्रताप नारायण मिश्र, किशोरीलाल गोस्वामी आदि ने व्यंग्य के माध्यम से समाज-सुधारवादी आन्दोलन को आगे बढ़ाया। ये प्रहसन सामाजिक और धार्मिक कमजोरियों को उभारने के लिए लिखे गये। कुछ निर्बलताएँ इस प्रकार थीं—वेश्यागमन, व्यभिचार, मांसाहार, शराबखोरी, फैशनपरस्ती, विलासिता, अपव्यय, व्यसन, अविद्या, कंजूसी, अधिक ब्याज लेना, किसानों का शोषण आदि। एकांकीकारों ने धार्मिक निर्बलताओं की ओर ध्यान आकृष्ट किया। इन प्रहसनों पर पारसी रंगमंच का प्रभाव था, हास्य-व्यंग्य उच्चकोटि का परिष्कृत नहीं था। गीतों की बहुलता थी। विषय तो परिहास के लिए उपयुक्त थे, परन्तु परिस्थिति, आचार-विचार कम हैं। क्लिष्ट शब्दों अथवा अनहोने नामों द्वारा हास्य पैदा करने का प्रयत्न किया गया है। भाषा चलती हिन्दी है। रचना-विधान में स्वतन्त्रता और विचारों का आधिक्य है। आकार संक्षिप्त और हास्य में अतिरेक है।

द्विवेदी-युग में नाट्यकला की स्थिति

द्विवेदी-युग बहुमुखी राजनीतिक एवं सामाजिक समस्याओं और नये-नये विचारकों का युग था। देश में राष्ट्रीय और सांस्कृतिक पुनरुत्थान के कार्यक्रम तेजी से चल रहे थे, राष्ट्रीयता का विकास हो रहा था, कांग्रेस की अध्यक्षता में भारतीय जनता अपने राजनैतिक अधिकारों के लिए सतत संघर्षशील थी, थियोसोफिकल सोराइटी भारतीय महिला समाज की जागृति में योग दे रही थी तथा आर्य समाज वैदिक संस्कृति का प्रचार देशभाषा हिन्दी में कर रहा था। भारत में स्वदेशी, स्वधर्म, स्वराज्य, समाज-सुधार, विश्व-बन्धुत्व और शिक्षा सम्बन्धी नये-नये विचार तीव्रता से फैल रहे थे। राजा राममोहन राय द्वारा स्थापित ब्रह्मसमाज ने निराश जनता को आशामय भविष्य की सूचना दे दी थी। इस प्रकार यह जन-जागृति समाज-सुधार तथा सांस्कृतिक पुनर्निर्माण का क्रान्तिकारी युग था। हिन्दी साहित्य पर पाश्चात्य साहित्य, पाश्चात्य शैलियों और नये विचारों का प्रभाव तीव्रता से आ रहा था।

भारत में अंग्रेजी भाषा के दीर्घकालीन उपयोग राज्याश्रय, उच्च कक्षाओं में अंग्रेजी की नाट्य-शैलियों के विशेष अध्ययन तथा माध्यमों का विशेष रूप से अनुकरण प्रारम्भ हुआ। ये प्रयोग करनेवाले नाट्यकार पूर्ण शिक्षित एवं अपने क्षेत्रों के विशेषज्ञ थे। नाटक लिखनेवालों में ऐसे नाट्यकारों की प्रचुर संख्या थी, जो अंग्रेजी नाटक पढ़ाते थे, पाश्चात्य नाटकीय आदर्शों, परिपाटियों और नवीन प्रयोगों से प्रेरणा प्राप्त कर रहे थे। अपने व्यक्तित्व का रंग चढ़ा भारतीय समस्याओं तथा तत्कालीन विचारधाराओं से कथानक लेकर इन्होंने हिन्दी नाटक-जगत् में पाश्चात्य शैली के एकांकियों के प्रयोग आरम्भ किये। मराठी साहित्य में भी नाट्य-साहित्य की उन्नति के लिए नये-नये प्रयोग किए गए। द्विवेदीजी नाट्यकला की उन्नति के लिए खुद प्रयत्नशील रहे। उन्होंने स्वयं 'नाट्यशास्त्र' नामक एक ग्रन्थ भी लिखा था। उनके संरक्षण, पथ-प्रदर्शन एवं प्रेरणा से हिन्दी साहित्य के प्रायः सभी

अंगों में नवस्फूर्ति का संचार हुआ। एकांकी, कहानी, काव्य, आलोचना, खण्ड काव्य के क्षेत्रों में अभूतपूर्व परिवर्तन हुए। लघुकथा (Short Stories) का प्रारम्भ इसी युग में हुआ। उपन्यास के क्षेत्र में भी नये कदम रखे गये। एकांकी पश्चिम की टेकनीक, सिद्धान्तों एवं तत्त्वों से प्रभावित होकर परिष्कृत हो रहा था। पुराने संस्कृत मापदण्ड हल्के पड़ रहे थे। व्यक्तिगत रुचि-वैचित्र्य का प्रवेश था। अंग्रेजी नाटकों का प्रभाव स्पष्ट था। इस युग में एकांकी तीन धाराओं में विकसित हुए– 1. सामाजिक व्यंग्यात्मक धारा, 2. राष्ट्रीय-ऐतिहासिक धारा तथा 3. पौराणिक आदर्शवादी धारा। प्रथम वर्ग में प्रहसन भी सम्मिलित है।

1. सामाजिक व्यंग्यात्मक धारा–इसके अन्तर्गत जीर्ण-शीर्ण रूढ़ियों और निर्बलताओं पर व्यंग्य किये गये। इनमें कुछ विषय तो भारतेन्दु-युग वाले ही थे, किन्तु कुछ नये विषय भी आये, जैसे आनरेरी मैजिस्ट्रेट की कमजोरियाँ, म्यूनिसपैल्टी का चुनाव, पाश्चात्य शिष्टाचार का अन्धानुकरण, मालिक-नौकर समस्या, फैशनपरस्ती के विभिन्न रूप, नारी-स्वातंत्र्य की आवश्यकता, हिन्दी की दुर्दशा, अंग्रेजी वातावरण से फैलने वाले दोष, सार्वजनिक सेवकों की कमजोरियाँ आदि। जहाँ एक ओर इन सामाजिक त्रुटियों को दूर करने के प्रयत्न किए गए, वहीं दूसरी ओर सामाजिक नव-निर्माण के लिए कुछ प्रबुद्ध एकांकीकारों ने नये रूप भी प्रस्तुत किए। प्रथम वर्ग में सर्वश्री चण्डी प्रसाद हृदयेश, पं. तुलसीदत्त शैदा, जी. पी. श्रीवास्तव, बदरीनाथ भट्ट, हरिशंकर शर्मा, प्रेमचन्द, सुदर्शन, रूपनारायण पाण्डेय, रामनरेश त्रिपाठी, पाण्डेय बेचन शर्मा उग्र, ब्रजलाल शास्त्री, डॉ. सत्येन्द्र, जयशंकर प्रसाद आदि हैं। दूसरे वर्ग में श्रीराम वाजपेयी, मुरारीलाल शर्मा, कुंजबिहारी लाल सनेही, रामसिंह वर्मा, सरयूप्रसाद बिन्दु, शिवरामदास गुप्त आदि रखे जा सकते हैं।

2. राष्ट्रीय-ऐतिहासिक धारा–राजनैतिक जागृति के साथ हिन्दी नाट्यकारों का ध्यान भारत के गौरवमय अतीत की ओर गया। फलतः इतिहास की घटनाएँ एवं प्रसिद्ध चरित्रों को लेकर राष्ट्रीय नव-निर्माण सम्बन्धी आदर्शवादी नाटक लिखे गए। देश में चल रहा स्वातंत्र्य-आन्दोलन, विदेशी शासन के प्रति घृणा तथा आजादी का स्वर इन एकांकियों में मुखरित हुआ है। राष्ट्रीय चेतना स्पष्ट करनेवाले एकांकियों में श्री सियारामशरण गुप्त कृत 'कृष्णा' (1918), ब्रजलाल शास्त्री कृत 'नीला', सुदर्शन कृत 'प्रताप-प्रतिज्ञा' (1928) और 'राजपूत की हार' (1929) जातीयगत राजपूती शौर्य और देशप्रेम का चित्रण करते हैं।

3. पौराणिक आदर्शवादी धारा–इस वर्ग में राधेश्याम कथावाचक, रामनरेश त्रिपाठी, श्रीराम शर्मा, जयशंकर प्रसाद, कुंजबिहारी लाल, जयदेव शर्मा मुख्य एकांकीकार रखे जा सकते हैं। सामाजिक सुधार की ओर विशेष प्रवृत्ति होने के कारण यह धारा कुछ क्षीण ही रही। प्रसाद जी के 'सज्जन' और 'करुणालय' एकांकी इसी क्षेत्र में आते हैं। इनमें प्राचीन संस्कृत शैली, कवित्वमय भाषा तथा अभिनय-तत्त्व की न्यूनता है। 'सज्जन' बीस पृष्ठों का रूपक है जिसमें सूत्रधार वाली पद्धति का पालन है। 'करुणालय' (1932) में प्रागैतिहासिक काल से लेकर महाभारत के पाण्डव, मौर्यवंशज चन्द्रगुप्त और मुसलमान

आक्रमणकाल के जयचंद्र को अपने एकांकियों का पात्र बनाया है। यह गीति-एकांकी के अतुकांत पद्यों में है। यह उस काल की कृति है जब 'प्रसाद' पर अंग्रेजी के प्रसिद्ध कवि वर्ड्सवर्थ और बंगला के माइकल मधुसूदन दत्त का प्रभाव पड़ रहा था।

अनुवाद—यूरोप के एकांकी साहित्य से भी हिन्दी नाट्यकार प्रभावित हो रहे थे। प्रेमचंदजी ने गाल्सवर्दी के कुछ एकांकियों; जैसे 'न्याय', 'हड़ताल' और इब्सन के 'चाँदी की डिबिया' अंग्रेजी से हिन्दी में अनुवाद किये। जी.पी. श्रीवास्तव ने मौलियर के कई एकांकियों के सफल अनुवाद किये; जैसे 'साहब बहादुर', 'मार-मारकर हकीम', 'आँखों में धूल' और 'हवाई डॉक्टर' आदि। ये रंगमंच पर अभिनीत हुए। श्री क्षेमानंद राहत ने टाल्सटाय के कुछ छोटे-छोटे एकांकियों के अनुवाद किए, जिसमें 'कलवार की करतूत' (1926) मुख्य है। श्री रूपनारायण पाण्डेय ने रवीन्द्रनाथ ठाकुर के अनेक एकांकियों के बंगला से अनुवाद किये। निष्कर्ष यह है कि द्विवेदी-युग में मौलिक और अनूदित एकांकियों की गतिविधियाँ चलती रहीं, पर संस्कृत से नाटकों के अनुवाद कुछ कम और बंगला, अंग्रेजी से अधिक हुए। भारतेन्दु-युग में बात इसकी उलटी थी। द्विवेदी-युग में अनुवादकों ने मूल भावों को ज्यों-का-त्यों रखने की ओर विशेष ध्यान दिया, क्योंकि अब तक हिन्दी आधुनिकता की दृष्टि से पर्याप्त विकसित हो चुकी थी और अंग्रेजी भाषा साहित्य का प्रभाव निरन्तर बढ़ रहा था। टेकनीक के क्षेत्र में विकास तीव्रता से हुआ। पाश्चात्य नाटकों की शैली का प्रभाव बढ़ने लगा। यद्यपि दृश्यों की संख्या अधिक रही, किन्तु उनमें कौतूहल का समन्वय करते हुए चरम-सीमा तक विकास की ओर प्रयत्न था। दो विपरीत पक्ष परस्पर संघर्ष करने और अन्त में फल की सिद्धि की व्यंजना होती थी। ये एकांकी संगीत, स्वगत और पारसी प्रणाली की दोहा-शेर पद्धति से मुक्त न हो सके। अनेक एकांकियों में नौटंकियों तथा स्वांगों जैसा छन्दमय वार्तालाप है। कहीं आधे भाग में पात्रों का वार्तालाप गद्य में है पर अन्त में एक छन्द भी जोड़ दिया गया है। कहीं दो पात्र छन्दों में ही वार्तालाप करते हैं। समय तथा स्थल के संकलनों (Unities) का पालन नहीं हुआ है।

आधुनिक हिन्दी एकांकी

आधुनिक शैली के हिन्दी एकांकी का विकास पाश्चात्य अनुकरण की देन है। पश्चिम के अनुकरण पर हिन्दी में पाश्चात्य शैली के एकांकियों के नये प्रयोग हुए। संस्कृत में पुराने टाइप के नाटकों के प्रयोग अवश्य हैं किन्तु ये पुरानी नाट्यशैलियों में हैं। हिन्दी का एकांकी संस्कृत रीति से नहीं, पाश्चात्य टेकनीक और आदर्शों से प्रभावित हुआ। हिन्दी साहित्य में अंग्रेजों के अनुकरण पर एकांकी नाटक लिखे गए। इब्सन, मिनरो और बर्नार्ड शॉ जैसे पाश्चात्य नाट्यकारों ने पुरानी पद्धति, कृत्रिम भावुकता, जीवन के अतिरंजित स्वरूप, स्वगत और काव्य के प्रयोग, दृश्यों की अधिकता, संकलन-त्रय की अवहेलना तथा अन्य अस्वाभाविकताओं के विरुद्ध जो यथार्थवादी क्रान्ति की, वह अब हिन्दी एकांकी में भी दृष्टिगोचर होने लगी। पाश्चात्य टेकनीक के अनुसार नये एकांकियों का निर्माण प्रारम्भ

हुआ। अब तक हिन्दी तथा अंग्रेजी साहित्यों का सम्पर्क इतना निकट हो गया था कि हिन्दी एकांकियों ने अंग्रेजी के रंग में अपने को रँग डाला था। स्वयं कुछ प्रयोगवादी एकांकीकारों, जैसे डॉक्टर रामकुमार वर्मा, गोविन्ददास, उपेन्द्रनाथ अश्क इत्यादि ने अपनी नाटकीय प्रेरणा के सम्बन्ध में स्वीकार किया है कि उन्हें जो प्रेरणा प्राप्त हुई है, उसका कारण प्राचीन संस्कृत या बंगला साहित्य न होकर पश्चिम का विशेषतः अंग्रेजी का एकांकी है। नवीन हिन्दी एकांकियों पर इब्सन, जार्ज बर्नार्ड शॉ, गाल्सवर्दी, जेम्स बैरी, जे. एम. सिंज, आरनाल्ड बेनेट इत्यादि आधुनिक पाश्चात्य नाट्यकारों का प्रत्यक्ष प्रभाव है। हिन्दी एकांकीकारों ने अंग्रेजी एकांकियों के अनुवादों से पाश्चात्य टेकनीक का अभ्यास किया था। स्कूल, कॉलेजों तथा अन्येतर क्लबों में इनका अभिनय होता रहा है। रेडियो और टी.वी. के प्रचार से एकांकियों की माँग उत्तरोत्तर बढ़ती ही गयी है।

इस विकास-काल को तीन श्रेणियों में विभक्त किया जा सकता है। प्रथम वर्ग में वे एकांकीकार हैं, जिन पर बंगाली या अंग्रेजी का प्रभाव अब तक नहीं पड़ा था। इनके कथानक ऐतिहासिक हैं और इनमें टेकनीक का कोई नया प्रयत्न नहीं है। इस प्राचीन पद्धति पर लिखने वालों में सर्वश्री सूर्यदेव नारायण, जैनेन्द्र कुमार, चन्द्रगुप्त विद्यालंकार, गोविन्द बल्लभ पन्त, चतुरसेन, वृन्दावनलाल वर्मा, सत्येन्द्र और प्रो. सद्गुरुशरण अवस्थी रखे जा सकते हैं। दूसरे वर्ग में वे एकांकीकार आते हैं जिन्होंने टेकनीक, विचार तथा समस्याएँ सब कुछ पाश्चात्य एकांकियों या समाज से ग्रहण की हैं। इनका जीवन-दर्शन पाश्चात्य मापदंडों से इतना प्रभावित है कि वे हर एक प्रकार से पाश्चात्यमय हो उठे हैं। इस वर्ग के प्रतिनिधि एकांकीकार हैं भुवनेश्वर प्रसाद और प्रो. धर्मप्रकाश आनन्द इत्यादि। तीसरे वर्ग में वे एकांकीकार आते हैं जिन्होंने पाश्चात्य टेकनीक को भली-भाँति पचाया और भारतीय समस्याओं को नये साँचे में ढाला। इनके एकांकियों की पृष्ठभूमि पाश्चात्य होते हुए भी उनमें विचार, दर्शन, तर्क और बुद्धिवाद मौलिक है। इनकी शैली पर पाश्चात्य प्रभाव है पर उसे अपनी मौलिक कथावस्तु के लिए पोशाक की भाँति काम में लिया है। इस वर्ग में सर्वश्री डॉ. रामकुमार वर्मा, गोविन्ददास, अश्क, उदयशंकर भट्ट और लक्ष्मीनारायण मिश्र आदि आते हैं।

विषय-सूची

एकांकी नाटक

एकांकी का उद्‌भव

आधुनिक युग बड़ा तीव्रगामी है। विविध विघ्न-बाधा संकुल मानव-जीवन में संघर्ष इतना अधिक और जीविका के साधन जुटाना इतना कठिन हो गया है कि मनुष्य का अधिकांश समय परिवार के भरण-पोषण तथा सामाजिक आडम्बर बनाये रखने में ही व्यतीत हो जाता है ! प्रत्येक व्यक्ति अपने कार्य में व्यस्त है। उसे पल मारने का अवकाश भी नहीं मिलता। रेल, तार, वायुयान हमारे जीवन की गतिशीलता के प्रतीक हैं। जीवन की शान्ति एवं तन्मयता गत महासमर से तीव्रता एवं कार्य-बहुलता में परिवर्तित हो गयी है।

समयाभाव के कारण गम्भीर तथा दीर्घकाय साहित्यिक माध्यमों के प्रति अरुचि उत्पन्न हो गयी तथा मनुष्य का लम्बे नाटकों, दीर्घकाय उपन्यासों तथा विस्तृत महाकाव्यों के प्रति कम आकर्षण रह गया। मनुष्य नवीनता का पुजारी है, वह सदैव नयी-नयी चीजों के निर्माण में रस लेता आया है। अतः चिर नवीनता की आकांक्षा करनेवाले परिवर्तनशील मस्तिष्क ऐसे साहित्यिक माध्यमों के आविष्कार में लग गये जो अल्पकाल में ही मनोरंजन करा दे और जीवन-निर्माण में कुछ सहायता भी प्रदान करे। अतः ऐसे साहित्यिक माध्यमों का जन्म हुआ, जो आकार में संक्षिप्त होते हुए भी अपने अतिरिक्त सौन्दर्य और आकर्षण को स्थिर रख सके। महाकाव्यों से खण्ड काव्य, उपन्यासों से कहानियाँ, और नाटकों से एकांकियों का निर्माण हुआ।

अंग्रेजी साहित्यिक परम्परा में दसवीं शताब्दी के धार्मिक अवसरों पर अभिनीत सन्त-जीवनियों में एकांकी के जन्म की कहानी मिलती है–"ईसाई भिक्षु अपनी धार्मिक शिक्षा-प्रसार के लिए कुछ मनोरंजक वातावरण निर्मित किया करते थे। उन्होंने सन्तों के जीवन के कुछ रोचक तथा अद्‌भुत रस से पूर्ण उन स्थलों को चुना, जो दर्शक को देर तक आकर्षित रख सकते थे। इन्हें वे नाटकीय रूप में प्रदर्शित करते थे। इन कथानकों में कहीं प्रेम की पराकाष्ठा थी, कहीं दया और करुणा की विजय थी, कहीं सहानुभूति की अविरल छाया थी और कहीं बलिदान और त्याग की मूर्तिमान भावना थी। इन्हीं भावनाओं में हमें एकांकी की छाया मिल सकती है।"[1] इस प्रकार अंग्रेजी के 'मिरैकिल्स' (सन्त-जीवन में अद्‌भुत कार्य सम्बन्धी लघु नाटक) तथा 'मोरैलिटीज' (नैतिक-शिक्षा विषयक लघु नाटक) नाटकों का प्रचलन हुआ। अनेक अंशों में ये दोनों शैलियाँ एकांकी नाटकों के सन्निकट आ जाती हैं। 17-18 शताब्दियों में बड़े नाटकों के पूर्व या मध्य में अभिनय के

1. डॉ. एस. पी. खत्री

योग्य छोटे-छोटे पृथक् अस्तित्ववाले छोटे नाटक लिखे गये, जो विशेषतः हास्य-युक्त मनोरंजक होते थे। विक्टोरियन युग में 'प्रवेशिका' (Curtain Raiser) के रूप में एकांकी नाटक का एक रूप प्रचलित रहा। प्रवेशिका में साधारणतः दो पात्र परस्पर कथोपकथन द्वारा किसी भावना का स्पष्टीकरण करते थे। इन पुराने रूपों में एकांकी निरन्तर विकसित होता रहा।

एकांकी के विकास में अंग्रेजी एकांकीकारों का सहयोग

भारत में अंग्रेजी भाषा के दीर्घकालीन उपयोग, उच्च कक्षाओं में अंग्रेजी की नाट्य-शैलियों से विशेष अध्ययन तथा माध्यम के रूप में व्यापक प्रसार के कारण हिन्दी नाट्य-जगत् में अंग्रेजी नाट्य-शैलियों एवं माध्यमों का विशेष रूप से अनुकरण प्रारम्भ हुआ। ये प्रयोग करनेवाले नाट्यकार पूर्ण शिक्षित एवं अपने क्षेत्र के विशेषज्ञ थे। नवीन प्रयोग करनेवालों में, विशेषतः नाट्य-साहित्य के निर्माताओं की संख्या में ऐसे नाट्यकारों की संख्या प्रचुर थी जो अंग्रेजी नाट्य-जगत् के आदर्शों, परिपाटियों और नवीन प्रयोगों से प्रेरणा प्राप्त कर रहे थे। अपने व्यक्तित्व का रंग चढ़ा भारतीय समस्याओं तथा तत्कालीन विचारधाराओं से कथानक लेकर इन्होंने हिन्दी भाषा में पाश्चात्य शैली के एकांकी नाटकों के प्रयोग प्रारम्भ किये।

इधर यूरोप में कृत्रिम भावुकता, रोमाण्टिक, अतिरंजना, कलागत रूढ़ियाँ एवं सौन्दर्य-साधना के पुराने मापदण्ड मर्यादा का अतिक्रमण कर चुके थे। धीरे-धीरे नवीन साहित्यिक जागृति एवं क्रान्ति के लिए पृष्ठभूमि तैयार होने लगी, किन्तु इंग्लैण्ड में ऐसा कोई साहित्यिक न था, जो आधुनिक युग की विचारधारा के अनुसार परम्परा को ढाल लेता या ऐसी शैली का आविष्कार करता, जो आधुनिक परिस्थितियों से मेल खा जाती। यह महान् कार्य यूरोप में नौर वैजिन देनरिक इब्सन (1828-1906) द्वारा सम्पन्न हुआ। इब्सन ने 19वीं शताब्दी के अंग्रेजी नाटकों को अति भावुकता, जीवन से दूरी, कल्पना तथा जीर्ण-शीर्ण मान्यताओं से मुक्त कर एक नये प्रकार के स्वाभाविक यथार्थवादी घरेलू नाटक की नींव डाली। उनके नाट्य-साहित्य में भावुकतापूर्ण सौन्दर्य, कल्पनाजन्य साहित्य-साधना के स्थान पर वर्तमान सामाजिक संघर्ष से उत्पन्न जटिलताएँ, नये युग की समस्याएँ, और नग्न यथार्थवादी जीवन की झाँकियाँ दिखायी गयीं। कृत्रिमता के विरुद्ध आवाज ऊँची की गयी। उन्होंने यथार्थवाद का प्रचार किया; पुरानी बनावटी प्रणाली, काव्यमय कथोपकथन, पुराना रंगमंच, अस्वाभाविकताओं का बहिष्कार किया और नये यथार्थवादी आदर्शों का प्रचार किया। इब्सन ने प्रथम बार ऐसी यथार्थवादी दैनिक जीवन-समस्याओं को अपने नाटकों का विषय बनाया, जैसे प्रेम तथा विवाह की गुत्थियाँ, धर्म की उलझनें, नैतिक आदर्शों का खोखलापन, सामाजिक आचार-व्यवहार तथा दैनिक जीवन की विद्रूपताएँ—ये वे विषय थे जिन्हें विक्टोरियन नाट्यकारों ने विवेचन के उपयुक्त न समझा था और त्याग दिया था। उन्होंने

स्त्री-समस्याओं को अपने 'डोल्स हाउस' में उभारा, 'घोस्ट्स' में संस्कारों से उत्पन्न रोगों का विवेचन किया; 'एन, ए, निमी ऑफ दी पिपुल' में जनता की मनोवृत्तियों का खाका खींचकर यह चित्रित किया कि जनता एक स्वतन्त्र विचार के व्यक्ति को किस प्रकार दण्डित करती है। 'दी वाइल्ड डक' में वह नाना प्रकार के अति को पहुँचे हुए व्यक्तियों पर हँसा। इस प्रकार इब्सन ने विषय सम्बन्धी एक क्रान्ति नाट्य-जगत् में उत्पन्न की और नाना प्रकार की सामाजिक समस्याओं को नाट्य-जगत् में प्रविष्ट कराया। उनके पात्र जीते-जागते हड्डी और मांस के पुतले थे, जो दैनिक जीवन की समस्याओं से संघर्ष करते थे। कल्पना की कलाबाजियों, अद्भुत रोमांचकारी कथानक या रंगमंच की सस्ती भावुकता से नाटक मुक्त हो गया।

सर्वप्रथम उनके नाटक सामाजिक, दैनिक और घरेलू समस्याओं से सम्बन्धित हैं। पुराने असम्भव दृश्यों, मिथ्या भावुकता, रोमांस या कृत्रिमता का इनसे कोई सरोकार नहीं है। उनका मूल उद्देश्य अपने समाज के यथार्थवादी चित्र प्रस्तुत करना है। उन्होंने अनुभव किया कि लम्बी-लम्बी कृत्रिम भावुकता से भरी हुई उक्तियों से परिपूर्ण नाटकों का सम्बन्ध मनुष्य के नित्य-प्रति के दैनिक जीवन से कुछ भी नहीं हो सकता। यदि अंग्रेजी नाटक महत्त्वपूर्ण बनना चाहता है, तो उसे समाज का प्रतिबिम्ब बनकर रहना होगा, युग के जीवन तथा समस्याओं को मुखरित करना होगा; अद्भुत कल्पनायुक्त प्रदेश तथा व्योमविहार से मुक्त होकर नये युग के कठोर सत्यों का दिग्दर्शन कराना होगा। इन यथार्थवादी आदर्शों का कुछ प्रतिपादन हेवुड ने सत्रहवीं शताब्दी में किया था; किन्तु उन्होंने सामाजिक जीवन की महत्त्वपूर्ण समस्याओं का प्रतिपादन इतने यथार्थवादी ढंग से नहीं किया था। इब्सन ने घरेलू और सामाजिक समस्याओं के प्रति जनता की रुचि को मोड़ दिया।

उनके नाटक आधुनिक सामाजिक जीवन की नित्य-प्रति की घटनाओं से सम्बन्धित समस्या-नाटक थे, जिनमें व्यंग्य, उपहास, कटाक्ष और आलोचना का सम्मिश्रण था। इनका उद्देश्य मानव को समाज के जीर्णशीर्ण सम्बन्ध, कृत्रिमता, रूढ़वादिता से मुक्ति दिलाकर स्वच्छन्द बनाना था। इब्सन ने नये समाज के निर्माण करनेवाली भावना के चित्र खींचे हैं। उन्होंने चित्रित किया है कि सामाजिक मानव का भाग्य-निर्माण करनेवाली कुछ अदृश्य शक्तियाँ हैं, जो मंच के भीतर से पात्र को प्रभावित करती हैं और धीरे-धीरे नाटक की कथावस्तु को करुणा की चरम सीमा पर पहुँचा देती हैं। विशेष रूप से आपने विवाहित स्त्रियों की दयनीय परिस्थिति तथा समाज के शिकंजे में बँधे होने के चित्र खींचे हैं। उन्होंने प्रथम बार साहसपूर्वक समाज की कमजोरियों का संकेत किया।

टेकनीक के क्षेत्र में नाटक के पाँच भागों में से, इब्सन ने प्रारम्भिक भाग को छोड़ दिया। उनके नाटक संघर्ष से प्रारम्भ हुए। यह संघर्ष को पार कर तीव्र गति से चरम सीमा की ओर चलते हैं और फिर अन्तिम निर्णय पर पहुँच जाते हैं। इब्सन ने स्पष्टवादिता और स्वाभाविकता से काम लिया। यह स्वाभाविकता विक्टोरियन युग की अतिरंजना और भावुकता के विरुद्ध एक प्रतिक्रियास्वरूप हुई थी। लम्बे काव्यमय कथोपकथन, स्वगत

कथन, अर्द्धजाग्रत्, संकलन-त्रय की अवहेलना, प्राचीन परिपाटी के काल्पनिक मिथ्या विचार, शून्य-मनोविकारों के कृत्रिम उद्‌गारों का चित्रण छोड़ दिया गया। कल्पना-लोक तथा कृत्रिम आदर्श-भूमि से उतरकर नाटक चिरसंघर्षमय वर्तमान में आ गया।

इंग्लैण्ड में नाटक को कृत्रिमता, अतिशय भावुकता और रंगमंच के सस्तेपन से मुक्त करने का कार्य अर्थात् जोन्स पिनरो (1855-1934) तथा हेनरी आर्थर जोन्स (1851-1929) के द्वारा सम्पन्न हुआ। उनकी प्रारम्भ में तीखी आलोचना भी हुई। हेनरी आर्थर जोन्स का नाटक 'माइकल ऐण्ड हिज लौस्ट एन्जिल' ने बड़ी क्रान्ति उत्पन्न की, क्योंकि उसका कथानक एक ऐसे पादरी के जीवन से सम्बन्धित था जिसने पाप किया और उस पाप पर उसे जितना पश्चात्ताप करना चाहिए था, न किया। धर्म के संरक्षकों ने इस पर तीखा प्रहार किया किन्तु जोन्स तथा पिनरो अपने क्रान्तिकारी कार्य में दृढ़ता से लगे रहे। इनके अनन्तर ऑस्कर वाइल्ड तथा डब्ल्यू. एस. गिलबर्ट के नाटक आते हैं, जिनमें जागृति का प्रकाश है और जो जीवन के अधिक समीप हैं। वाइल्ड ने अपने तीखे बुद्धि-विलास और व्यंग्य द्वारा अंग्रेजी नाटक को विश्वसाहित्य में ऊँचा उठाया। वे सौन्दर्य के सब रूपों के आराधक थे। गिलबर्ट भी व्यंग्य के प्रयोग में असाधारण प्रतिभा सम्पन्न थे तथा अपने युग की कमजोरियों के निर्देश में विशेष प्रयत्नशील रहे।

इब्सन का नये युग के नाट्‌यकारों पर विशेष प्रभाव पड़ा है। उनकी यथार्थवादी स्वाभाविक कार्य-प्रणाली से प्रभावित होकर आर्थरविंग, पिनरो, गार्ल्सवर्दी, शॉ इत्यादि एकांकीकारों ने नवीन शैली के यथार्थवादी समस्यामूलक नाटकों की सृष्टि की है। अंग्रेजी रंगमंच क्रमशः तड़क-भड़क तथा व्यवसायी वृत्ति से मुक्त होकर जीवन के समीप आ गया। आधुनिक नाट्‌यकारों ने तड़क-भड़क के दृश्य निकाल डाले और अपनी समस्याएँ, पात्र, स्थिति, वातावरण इत्यादि मानव-जीवन की दैनिक समस्याओं में से चुने हैं। कथोपकथन में स्वाभाविकता का पूर्ण ध्यान रखा गया है। पात्रों के भाषण लम्बे न होकर छोटे-छोटे सरल भावयुक्त स्वाभाविक और व्यापक होने लगे हैं। नाट्‌यकारों की कला का केन्द्र-बिन्दु जीवन का ज्यों-का-त्यों यथार्थवादी चित्रण हो गया। यही नहीं, पश्चिम के आधुनिक श्रेष्ठ नाट्‌यकार केवल अंग-परिचालन तथा मूक अभिनय द्वारा मन की नाना वृत्तियों की अभिव्यंजना नाट्‌यकला का एक अंग मानने लगे। वे आधुनिक मानव-जीवन तथा समाज का नग्न चित्र प्रस्तुत करना अपनी कला का ध्येय समझने लगे।

अंक-विधान के सम्बन्ध में भी नाना प्रकार के प्रयोग हुए हैं। शेक्सपीयर के नाटकों की पाँच अंकवाली पद्धति के विरुद्ध आंदोलन चले हैं। पाँच के स्थान पर तीन अंकों को रखने की प्रथा चली। कथावस्तु के तीन महत्त्वपूर्ण भागों को तीन अंकों के अन्तराल में संक्षिप्त कर दिया गया। यह विकासावस्था थी, जहाँ आकर नाटक-प्रगति अवरुद्ध नहीं हुई। तीन अंक संकुचित होकर एक अंक में सीमित हो गये। अनावश्यक पात्रों का बहिष्कार कर दिया गया। एकांकियों में जीवन का एक पहलू, एक महत्त्वपूर्ण घटना, एक विशेष परिस्थिति अथवा उद्दीप्त क्षण का चित्रण प्रारम्भ हो गया। क्षेत्र संकुचित किन्तु संकलन-त्रय

का पूर्ण निर्वाह चलने लगा।

इब्सन तथा उनके अनुयायियों के नाटकों का यूरोप में पहले तो बड़ा तिरस्कार हुआ, किन्तु कालान्तर में पूर्वापेक्षा उनकी यथार्थवादी शैली का महत्त्व समझा गया। आज पश्चिम में इब्सन का जो मान है, उससे यह स्पष्ट हो जाता है कि सन् 1895 में जो भविष्यवाणी बर्नार्ड शॉ ने की थी, वह सत्य थी। इब्सन के प्रभाव से नाटकों से बाह्याडम्बर, कृत्रिमता, पद्यों का प्रयोग, नृत्य, स्वगत इत्यादि का बहिष्कार हो गया। नाटक जीवन के समीप आ गया है। पश्चिम के सभी आधुनिक नाट्यकारों पर इब्सन का प्रभाव स्पष्ट है।

भारत में भी नाट्यकारों पर यह प्रभाव स्पष्ट दीखता है। हिन्दी के पुरानी शैली के नाट्यकारों के पात्र पद्य में बातचीत करते थे, शेर सुनाये जाते थे, कविताओं और नृत्यों की भरमार रहती थी, यहाँ तक कि पात्र गद्य में बोलता-बोलता अकस्मात् पद्य में बोलने लगता था। स्वगत कथन लम्बे-लम्बे तथा अस्वाभाविक होते थे। इब्सन के प्रभाव के कारण ये विलुप्त हो गये हैं। कुछ विशेष स्थलों और परिस्थितियों को छोड़कर पात्रों का रंगभूमि पर लम्बे-लम्बे स्वगत भाषण करना सर्वथा अस्वाभाविक माना जाने लगा।

आधुनिक अंग्रेजी एकांकीकार, जिन पर इब्सन का विशेष प्रभाव पड़ा है, ये हैं—आर्थर विंग, पिनरो, ऑस्कर वाइल्ड, जार्ज बर्नार्ड शॉ, आर्थर जोंस, हौप्टमैन, शेखोव, संडरमैन, प्रिन्डेलो। इन सब एकांकीकारों ने कृत्रिमता से मुक्ति पाकर दैनिक जीवन तथा समाज के दिन-प्रतिदिन की समस्याओं, जीवन के नाना पहलुओं, परिस्थितियों को शब्दमितव्यय तथा निदर्शन-चातुरी से प्रस्तुत किया। कथोपकथन में वाक्वैदग्ध्यता, संक्षिप्तता, मर्मस्पर्शिता और चारित्रिकता का समावेश किया। नाटकीय संकेत बढ़कर लम्बे, व्यापक, प्रभावव्यंजक तथा रंगभूमि की व्यवस्था के सम्बन्ध में लम्बी योजनाओं से युक्त हो गये। रंगमंच की अपूर्णताओं और न्यूनताओं को दृष्टि में रखकर अभिनय योग्य एकांकियों का निर्माण किया गया।

अंग्रेजी के प्रमुख आधुनिक एकांकीकार

ओ'नील—ओ'नील अपने कुछ एकांकी नाटकों; जैसे 'दि मून ऑफ कैरिबीज', 'दि लौंग वोएज होम', 'बाउंड इस्ट फॉर कार्डिफ' के लिए विशेष प्रसिद्ध हैं। इनमें टेकनीक का विशेष सौन्दर्य है। प्रारम्भ विशेष कलात्मकता से होता है। कुछ नाटकों जैसे 'इल', 'दि इम्परर जोन्स' में प्रारम्भ लम्बा हो गया है। नाटकीय पृष्ठभूमि सतर्क रहती है। आपके सभी एकांकियों की एक मूल समस्या है—व्यक्ति की परिस्थितियों से निरन्तर संघर्ष। ओ'नील की त्रुटियों में यह बात ध्यान देने योग्य है कि इनके नारी-पात्र, जब वे संघर्ष में लीन नहीं होते, तो कमजोर पड़ जाते हैं। एकांकियों में विस्तार भी अधिक हो जाता है।

पॉलग्रीन—अपने पात्रों के स्थान (या लोकल कलर) तथा भौगोलिक विशेषताओं के प्रति विशेष सजग हैं। इनका झुकाव एक कवि जैसा है—भाषा और भाव दोनों में। संगीतमय तथा स्वाभाविक संवाद लिखने में बहुत कम अंग्रेजी नाट्यकारों को इतनी सफलता प्राप्त

हुई है। आपकी समस्याएँ देखकर प्रतीत होता है, जैसे आपने स्वयं अनुभव किया है।

जे. एम. बेरी—रंगमंच के साधनों का जितना अच्छा उपयोग बेरी ने किया है, वह बहुत कम नाट्यकार कर सके हैं। उनके चरित्र-चित्रण में चित्रोपमता है और मूक अभिनय भी अपनी पृथक् विशेषता रखता है। कथानक का भी सौन्दर्य है।

बर्नार्ड शॉ—शॉ में वक्ता का स्वरूप प्रकट हुआ है। उनके पात्र तर्क और वाद-विवाद में बहुत दिलचस्पी लेते हैं, भूमिकाएँ तथा रंग-सूचनाएँ प्रायः लम्बी होती हैं। आपके कथोपकथन स्वाभाविक तथा तर्कपूर्ण रहते हैं। इनकी त्रुटि यह है कि ये लेखक के विचारों की कठपुतली जैसे बन गये हैं। प्रारम्भ का भाग लम्बा हो जाता है।

नोएल कोवर्ड—व्यंग्यकार के रूप में उल्लेखनीय हैं। आपकी मनोवैज्ञानिक अन्तर्दृष्टि, मानव-मन की निगूढ़तम गुत्थियों का अध्ययन सूक्ष्म होता है। कभी-कभी कमजोर वातावरण में भी सशक्त चरित्रों के निर्माण द्वारा बल डाल देते हैं। आप सुखान्त एकांकी या व्यंग्यात्मक प्रहसन लिखने में सिद्धहस्त हैं।

हैराल्ड ब्रिगहाउस—टेकनीक की दृष्टि से आप सफल हैं और प्रायः सरल समस्याओं पर ही एकांकी लिखते रहते हैं। आपका दृष्टिकोण सीधा तथा कथानक मँजा हुआ होता है। ग्रामीण भाषाओं के कथोपकथन निर्माण में विशेष सफल रहते हैं।

क्लिफर्ड ओडेट्स—आपके एकांकियों में कार्यव्यापार तीव्र होता है और संक्षिप्त से प्रारम्भ से वे गतिवान हो जाते हैं। विकास में आप विशेष परिश्रम करते हैं। आपके 'वेटिंग फॉर लेफ्टी' और 'टिल द डे आई डाई' में आपने कथानक का अच्छा गठन दिखाया है। आपका कथोपकथन कभी-कभी शुद्ध और नीरस तर्क से परिपूर्ण हो जाता है।

भारतेन्दु-काल में अंग्रेजी का प्रभाव पड़ चुका था, पर वह इस काल में और अधिक स्पष्ट होने लगा था। अंग्रेजी पुस्तकें, अनुवादों तथा बँगला से छनकर अंग्रेजी साहित्य हिन्दी पर प्रभाव डालने लगा था। हिन्दी एकांकी के बाल्यकाल में अंग्रेजी के नाटकों के कुछ अनुवाद हुए थे किन्तु वे अधिक सफल नहीं थे। अब कविता, गद्य तथा नाटकों तीनों ही क्षेत्रों में अंग्रेजी साहित्य के प्रति आकर्षण था। काव्य के क्षेत्र में श्रीधर पाठक द्वारा गोल्डस्मिथ के 'डेजरटेड विलेज' तथा 'ट्रेवलर' के अनुवाद हो चुके थे। वर्ड्सवर्थ के प्रकृति-चित्रण का प्रभाव था। हमारे कवियों ने प्रकृति का सूक्ष्म निरीक्षण कर उनका वर्णन अंग्रेजी शैली पर किया। गोल्डस्मिथ की शैली पर श्रीधर पाठक ने स्वयं लिखा। सबसे महत्त्वपूर्ण कार्य नाटक के क्षेत्र में हुआ। शेक्सपियर, एडीसन आदि नाट्यकारों के और अनुवाद हुए। इटावा-निवासी रत्नचन्द (1840-1911) ने 'कामेडी आफ़ एरर्स' का 'भ्रमजालक' नाम से स्वतन्त्र अनुवाद किया; तोताराम वर्मा ने जोसेफ एडीसन के 'केटो' का 'केटो वृत्तांत' नाम से अनुवाद किया। अनुवाद की दृष्टि से जयपुर के पुरोहित गोपीनाथ एम. ए. के 'एज यू लाइक इट' का 'मनभावन' तथा 'रोमियो-जूलियेट' का 'प्रेमलीला' विशेष सफल रहे हैं। भारतेन्दु ने केवल विदेशी स्थानों के नाम पर भारतीय नाम रख दिये थे; पात्रों, रीति-रस्मों, आचार-विचारों को विदेशी रूप में ही रहने दिया था। जबलपुर की आर्या नामक

महिला ने 'मर्चेण्ट आफ वेनिस' नाम का एक अविकल अनुवाद प्रस्तुत किया, जिसमें पद्यांशों का अनुवाद पद्यों में ही दिया गया। पुरोहित गोपीनाथ तथा इस महिला ने कवि के शब्दों और वाक्यों को अति सुन्दर रूप में रखा है। सन् 1893 में मिर्जापुर के मथुराप्रसाद उपाध्याय शर्मा बी.ए. ने शेक्सपियर के मैकबेथ का 'सहसेन्द्र' नाम से अनुवाद किया। इनकी एक विशेषता यह थी कि उन्होंने कथा को भारतीय वातावरण में प्रस्तुत किया। अंग्रेजी के इस प्रभाव से हिन्दी एकांकी में नवीन प्रेरणा प्राप्त हुई। हिन्दी नाट्यकारों को जब अपनी त्रुटियों का ज्ञान हुआ, तो रूढ़ियों में शिथिलता आने लगी, 'स्वगत कथन' भी कम हो गये, पद्यों का प्रयोग भी अपेक्षाकृत शिथिल होने लगा। एकांकियों की रचना भी पाश्चात्य ढाँचे के समीप आ गयी। भाव, भाषा, शैली—सभी क्षेत्रों में अंग्रेजी अपना प्रभाव डाल रही थी।

आधुनिक हिन्दी नाटक के टेकनीक पर अंग्रेजी नाटक के आदर्शों की स्पष्ट छाप है। आज का नाटक अस्वाभाविक वार्तालाप, दोहा-शेरवाली पद्धति, अयथार्थवादी दृष्टिकोण, कृत्रिमताओं से मुक्त हो चुका है। शेक्सपियर की अतिरंजनाप्रधान भावावेश की पद्धति बहिष्कृत हो चुकी है। हिन्दी नाटकीय स्वाभाविकता, यथार्थवाद और दैनिक जीवन समाज की समस्याओं को मुखरित कर रहा है। सबसे महत्त्वपूर्ण प्रभाव हिन्दी के एकांकियों के क्षेत्र में देखा जा सकता है। पाश्चात्य अनुकरण पर हिन्दी में अनेक प्रयोग हुए हैं। आइए, देखें, हिन्दी एकांकी को अंग्रेजी ने कितना प्रभावित किया है !

अंग्रेजी के अनुकरण पर हिन्दी एकांकी का विकास

यों तो प्राचीन तथा नवीन मान्यताओं के अनुसार हिन्दी में एकांकी का विकास चल ही रहा था, किन्तु अंग्रेजी नाट्य-साहित्य के प्रभाव से आधुनिक ढंग से एकांकी का विकास आधुनिक युग की देन है। एकांकी पश्चिम के अनुकरण पर हमारे यहाँ भी प्रारम्भ हुआ। जिस टेकनीक के नये एकांकी लिखे गये, वैसे हमारे यहाँ नहीं थे। साधारणतः संस्कृत की परिपाटी पर जो एकांकी रचे गये हैं, उनकी प्रवृत्ति विस्तार की ओर है। हिन्दी-साहित्य में इस युग से पूर्व जिन एकांकियों का निर्देश किया गया है, वे पाश्चात्य लक्षणों के अनुसार नहीं लिखे गये थे। उनके विशिष्ट तन्त्र का ज्ञान हमें न हो सका था। उनके रूप में अन्तर था।

इब्सन, पिनरो और शॉ इत्यादि में पुरानी पद्धति, कृत्रिम भावुकता, जीवन का अतिरंजित स्वरूप, स्वगत, काव्य का प्रयोग, दृश्यों की अधिकता, संकलन-त्रय की अवहेलना तथा अन्य अस्वाभाविकताओं के विरुद्ध जो यथार्थवादी क्रान्ति थी, वह एकांकी में दृष्टिगोचर होने लगी। हिन्दी एकांकीकारों ने भी पश्चिम टेकनीक के अनुसार नये एकांकियों का निर्माण प्रारम्भ किया। अब तक हिन्दी तथा अंग्रेजी साहित्यों का सम्पर्क इतना निकट हो गया था कि हिन्दी एकांकी ने अंग्रेजी के रंग में अपने को रँग डाला था।

स्वयं कुछ प्रयोगवादी एकांकीकारों, जैसे डॉ. रामकुमार वर्मा, सेठ गोविन्ददास,

उपेन्द्रनाथ अश्क इत्यादि, ने अपनी नाटकीय प्रेरणा के सम्बन्ध में स्वीकार किया है कि उन्हें नवीन एकांकी की रचना से जो प्रेरणा प्राप्त हुई है, उसका कारण प्राचीन संस्कृत या बंगला साहित्य न होकर पश्चिम का, विशेषतः अंग्रेजी का, एकांकी है।[1]

नये हिन्दी एकांकी के निर्माण में इब्सन, जार्ज बर्नार्ड शॉ, गार्ल्सवर्दी, जेम्स बेरी, जे. एम.सिंज, आर्नाल्ड बेनेट इत्यादि आधुनिक पाश्चात्य नाट्यकारों का प्रत्यक्ष प्रभाव है। इन युगान्तरकारी नाट्यकारों के हाथ में पाश्चात्य एकांकी ने विकास-अवस्था पार कर ली है और परिपक्वता को पहुँच गया है।

कुछ हिन्दी एकांकीकारों ने अंग्रेजी एकांकियों के अनुवादों से पाश्चात्य टेकनीक का अभ्यास किया है। स्कूल, कॉलेजों तथा एमेच्योर क्लबों में इनका अभिनय होता रहा है। विद्यार्थी तथा शिक्षित वर्ग के मनोरंजन में एकांकी एक महत्त्वपूर्ण साधन बन गया है। अंग्रेजी से अनुकरण की प्रवृत्ति इन एकांकियों में मूल भावना है, भारतीय जीवन के साथ उसका तारतम्य नहीं है। हम लोग पश्चिम का, विशेषकर अंग्रेजी का साहित्य पढ़ते हैं और उसमें एकांकी भी पढ़ते हैं। इसलिए हम भी एकांकी क्यों न लिखें ?[2]

इधर रेडियो पर प्रसारण के लिए एकांकियों की माँग बढ़ती गयी है। रेडियो के लिए अंग्रेजी एकांकियों के अनुवाद किये गये। अंग्रेजी के व्यापक प्रचार एवं शिक्षा के कारण जनता में पाश्चात्य शैली के एकांकियों का पर्याप्त मान हुआ। श्री कामेश्वरनाथ भार्गव ने 'विशप्स कैण्डिलस्टिक्स' का 'पुजारी' (1938) नाम से अनुवाद प्रस्तुत किया। हेराल्ड ब्रिगहाउस के 'दि प्रिंस हू वाज पाइपर' तथा जे. जे. फर्गुसन के एकांकी 'कैम्पबेल ऑफ किल म्होर' के अनुवाद प्रकाशित हुए। ए. ए. मिल्न की 'दि मैनइन दि वौडलर हैट' का अनुवाद प्रो. अमरनाथ गुप्त ने किया; ब्रिगहाउस एवं जे. जे. फर्गुसन के एकांकियों के स्वतन्त्र अनुवाद श्री प्रेमनारायण टण्डन ने भारतीय वातावरण के अनुकूल बनाकर किये। अमृतराय ने रूसी लेखक कोस्तातिव सियोनोफ़ के एकांकी 'रूसी लोग' (हंस, 1943), 'चार चित्र' और 'निशानेबाज़' हिन्दी में प्रस्तुत किये। श्री वृन्दावन लाल वर्मा ने आर्थर बेली के एक एकांकी का अनुवाद 'प्रहसन प्रवेशिका' के रूप में किया है। औलीफैण्ट डाउन के 'मेकर ऑफ ट्रीम्स' का रेडियो-रूपान्तर किया गया। जौन डिन्सवाटर के '× = ० ए नाइट ऑफ दी ट्रौजन वार' का अनुवाद श्री दुर्गादास भास्कर एम. ए., एल. एल. बी. ने 'सरस्वती' में 'कलिंग युद्ध की एक रात' के नाम से प्रकाशित किया था। श्री भारतीय एम. ए. ने जापान के 'नौ' नाटकों की ओर जनता का ध्यान आकृष्ट किया था।

कुछ आलोचकों के मत इस प्रकार हैं—

---

1. एकांकी लिखने की जो स्फूर्ति हमें हाल ही में मिली है, उसका कारण प्राचीन संस्कृत नाटक न होकर पश्चिम का एकांकी ही है। हिन्दी में ऐसा हुआ हो, यह बात नहीं। उर्दू भी इस सिलसिले में पश्चिम की एहसानमन्द है। उर्दू में पहले-पहल अंग्रेजी नाटकों के अनुवाद छपे और अब भी अधिकतर ऐसा ही होता है।
—उपेन्द्रनाथ अश्क

2. जैनेन्द्र कुमार, 'वीणा', अगस्त, 1940

1. हिन्दी में आधुनिक एकांकी नाटक पश्चिम से आया है। संस्कृत में पुरानी परिपाटी के नाटकों का उल्लेख उपलब्ध है, किन्तु ये पुराने टाइप के काव्य-प्रधान एकांकी हैं। हिन्दी का एकांकी संस्कृत रीति से नहीं, पाश्चात्य शैली से प्रभावित हुआ है।
—डॉ. हरदेव बाहरी, डी. लिट्
2. हिन्दी साहित्य में एकांकी नाटक पाश्चात्य अनुकरण की देन हैं।
—प्रो. चन्द्रकिशोर जैन, एम. ए.
3. हिन्दी एकांकी पर पाश्चात्य एकांकी का प्रभाव पड़ा है।
—प्रो. डी.एम. बोरगांवकर, एम. ए.
4. एकांकी पश्चिम के अनुकरण में हमारे यहाँ शुरू हुआ। **—जैनेन्द्रकुमार**
5. हिन्दी साहित्य में एकांकी अभी हाल में लिखे जाने लगे हैं। अंग्रेजी आने से पहले ऐसे एकांकी न थे। **—प्रो. अमरनाथ गुप्त, एम. ए.**
6. सन् 1930 से अनेक नाट्यकारों ने पाश्चात्य नाटकों से ग्रहण करने योग्य सामग्री लेकर हिन्दी एकांकी क्षेत्र में उतरना प्रारम्भ कर दिया था। यह एकांकी नाटक और नाट्यकार अपनी विकास अवस्था में थे। **—सत्येन्द्र शरत्, एम. ए.**

संस्कृत में एकांकी की परम्परा

प्रारम्भिक एकांकी

ऐतिहासिक दृष्टिकोण से हिन्दी एकांकी संस्कृत की देन है। संस्कृत नाटक-शास्त्र में एकांकी का पूर्ण विकास उपलब्ध है। खेद है कि उसका प्रचार उतना नहीं है। संस्कृत के नाट्याचारों ने नाटक को व्यापक रूप में लिया था और नाट्यशास्त्र की दृष्टि से अनेक भेद-उपभेद उदाहरण सहित प्रस्तुत किये थे। पाणिनि और पतंजलि के समय तक रूपकों का यथेष्ट प्रचार हो चुका था। ये संक्षिप्त नाटक होते थे जिनमें अंकों का विधान न था। प्रारम्भ से अन्त तक एक छोटा-सा कथानक कथोपकथन और गीतों के रूप में प्रस्तुत कर दिया जाता था। पाणिनि ने अपने व्याकरण में नाट्यशास्त्र के शिलालिन और कृशाश्त नामक आचार्यों के नाम दिये हैं। इन नाट्यकारों के नाटकों में संवाद, भावभंगी, वेशभूषा का पूर्ण समावेश हो चुका था।

संस्कृत में नाटक को दो बड़े भागों में विभाजित किया गया है— रूपक तथा उपरूपक। रूपक के दस भेद—नाटक, प्रकरण, भाण, व्यायोग, समयाकार, डिम, ईहामृग, अंक, वीथी, प्रहसन—माने गये हैं। इसकी प्रकार उपरूपक के अठारह भेद हैं—नाटिका, त्रोटक, गोष्ठी, सट्टक, नाट्यरासक, प्रस्थान, उल्लाप्य, काव्य, प्रेखल, रासक, संलापक, श्रीगदित, शिल्पक, विलासिका, सुर्मालिका, प्रकरणी, हल्लीश और भाणिका। इन विभेदों से यह स्पष्ट है कि संस्कृत नाट्याचार्यों ने नाटक के क्षेत्र में अनेक प्रयोग किये थे। इन विभेदों में अनेक ऐसे हैं, जो केवल एक अंक के होते हैं। आधुनिक भाषा के अनुसार इनमें एकांकी नाटक

के कुछ तत्त्व उपलब्ध हैं। इनकी बाह्य गठन तथा सीमा-विस्तार एकांकी है। कथानक में भी ऐक्य का पूर्ण निर्वाह है। भूल भावना या समस्या के प्रति तन्मयता (एवं अनन्यमनस्कता) भी उपलब्ध है। इस प्रकार के एक अंक वाले छोटे नाटकों में भाण, व्यायोग, ईहामृग, अंक, वीथी और प्रहसन एकांकी के ही भिन्न-भिन्न प्रकार हैं। इनके अतिरिक्त उपरूपक के अठारह भेदों में से 'गोष्ठी', 'नाट्यरासक', 'काव्य' आदि भी एकांकी के रूप हैं।

कुछ नाट्याचार्यों के अनुसार ईहामृग में चार अंक होते हैं पर साहित्यकार ने स्पष्ट लिखा है—"एकांकी देव एवात्र... आदि।" डॉ. सत्येन्द्र का यह विचार सही है कि विश्वनाथ के समय तक ईहामृग एक ही अंक का होने लगा था, क्योंकि उन्होंने ईहामृग का उल्लेख करते हुए निर्देश किया है—"ईहामृगे मिश्र वृत्तान्तश्चतुरकां प्रकीर्तितः"। ईहामृग में कथानक मिश्रित होता है और मुख, प्रतिमुख तथा निर्वहण—ये तीन सन्धियाँ होती हैं। प्रहसन के विषय में कुछ स्पष्ट न कहकर यह कहा गया है, "भाणवत्सन्धि संध्यग लास्यांगां विनिर्मितम" अर्थात् भाण के समान ही प्रहसन भी होता है। भाण में एक अंक का ही विधान है। अतएव प्रहसन को भी एकांकी की श्रेणी में ही रखना उचित है। प्रहसन के विषय में हिन्दी आलोचकों का मत वैषम्य है। सेठ गोविन्ददास के अनुसार प्रहसन एकांकी से पृथक् रहना चाहिए। उन्होंने भाण, ईहामृग तथा प्रहसन छोड़ दिये हैं। प्रहसन तथा ईहामृग को संकीर्ण अर्थों में लेकर एकांकी से पृथक् रख सकते हैं, किन्तु भाण के सम्बन्ध में निर्विवाद कहा गया है—

भाणः स्याद् धूर्त्तचरितो नानावस्यान्तरात्माः।
एकांका एक एवात्र निपुणः पण्डितो विटः।।

भाण में अंक और एक ही पात्र होता है। यह पात्र कोई बुद्धिमान विट होता है जो अपने तथा दूसरों के धूर्ततापूर्ण कृत्यों को वार्तालाप के रूप में रंगमंच पर चित्रित करता है। वार्तालाप किसी कल्पित व्यक्ति के साथ होता है। रंगमंच पर आकर नायक आकाश की ओर देखता हुआ सुनने की आकृति करके कल्पित पुरुषों की उक्तियों को स्वयं दुहराता है। भाण में एक ही अंक का विधान है। श्री उपेन्द्रनाथ 'अश्क' ने संस्कृत एकांकियों में भाण तथा एकांकियों को विशेष महत्त्व प्रदान किया है।

संस्कृत एकांकियों के तत्त्वों पर विचार करने से पूर्व उनके भेदों के आचारों पर विचार करना चाहिए। ये भेद नाना दृष्टियों से किये गये हैं; जैसे— 1. चरित, 2. अंक, 3. पात्रों की संख्या, 4. अभिनय प्रणाली, 5. इसका आधार, 6. कथानक की स्वाभाविकता, 7. वृत्ति, 8. सन्धि तथा 9. कृत्य आदि के आधार। इन्हीं तत्त्वों के आधार पर संस्कृत एकांकियों की भिन्न-भिन्न श्रेणियाँ बनीं तथा उनका प्रचार हुआ। यद्यपि आज के युग में इनमें से बहुत-से प्रकार प्रायः लुप्त हो चुके हैं, तथापि हिन्दी एकांकी के विकास में इनका महत्त्वपूर्ण योग है। इसमें यह संदेह नहीं कि इनका यथार्थ-अन्तर पूर्णतः आज हम नहीं समझ पायेंगे, क्योंकि संस्कृत एकांकी का प्रवाह अवरुद्ध-सा हो गया है तथा एकांकी कला उत्तरोत्तर विकास-मार्ग पर आरूढ़ रही है। संस्कृत एकांकियों का टेकनीक, रंगमंच तथा परिस्थितियाँ

आधुनिक वैज्ञानिक साधनों से परिपूर्ण जगत् से सर्वथा भिन्न थीं। तब भी प्रयोग की दृष्टि से यह स्पष्ट है कि नाट्याचार्यों ने संस्कृत साहित्य में एकांकी के महत्त्वपूर्ण प्रयोग किये थे और एकांकी-निर्माण के निमित्त नाट्यकारों के लिए नियम निर्धारित किये थे। संस्कृत एकांकी की टेकनीक यथेष्ट विचार तथा रंगमंच के अनुभव के पश्चात् निर्धारित की गयी थी, परन्तु उनकी प्रणाली अर्वाचीन पश्चिमीय एकांकियों से सर्वथा भिन्न थी।

संस्कृत एकांकियों के उपभेद

व्यायोग—आधुनिक टेकनीक की दृष्टि से व्यायोग पूर्ण एकांकी स्वरूप है। इसमें एक अंक होता है तथा एक दिन का ही वृत्तान्त के रहने से काल संकलन का पूरा निर्वाह रहता है। व्यायोग के अन्य लक्षण इस प्रकार हैं—

> "ख्यातेति वृत्तो व्यायोगः स्वत्य स्त्रीजन संयुक्तः,
> हीनो गर्भविमर्शाभ्यां नरैबहुंभिराश्रितः
> एकांकश्च मते... ।"

व्यायोग का कथानक ऐतिहासिक या पौराणिक होता है, नायक धीरोदात्त राजर्षि अथवा दिव्य पुरुष होता है। स्त्री-पात्रों की न्यूनता रहती है, पुरूष-पात्रों की बहुलता होती है। हास्य या शृंगारप्रधान रस नहीं होते। युद्ध का कारण स्त्री के अतिरिक्त अन्य कोई होता है, जैसे व्यक्तिगत ईर्ष्या, दर्प, अभिमान या जातिगत उच्चता। कौशिकी वृत्ति का प्रयोग नहीं होता। भारतेन्दुजी ने 'धनंजय विजय' का निर्माण हिन्दी लक्षणों के अनुसार किया है। संस्कृत का 'सौगंधिका हरण' सफल व्यायोग का उदाहरण है। उसी प्रकार 'किरातार्जुनीय' तथा परमार राजा परावर्स के भाई प्रह्लादनदेव का एकांकी 'पार्थ पराक्रम' भी द्रष्टव्य हैं।

गोष्ठी—इस प्रकार के एकांकी में नौ या दस प्राकृत साधारण श्रेणी के पात्र होते हैं, जिनमें पाँच-छह स्त्रियाँ होती हैं। शृंगार के तीनों रूपों में शृंगार की प्रधानता होती है। उदात्त वचन शून्य कौशिकी वृत्ति का प्रयोग होता है। गर्भ और विमर्ष-सन्धियाँ नहीं होती हैं। 'रेवत मदनिका' सफल गोष्ठी का उदाहरण है।

अंक : उत्सृष्टांक—यह करुण रस प्रधान एकांकी है जिसमें स्त्रियों के विलाप से वातावरण एवं इसकी सृष्टि की जाती है। एक अंक और साधारण पुरुष प्रमुख पात्र का कार्य करता है। इसका कथन लोक प्रसिद्ध होता है किन्तु एकांकीकार अपनी परिस्थितिजन्य निपुणता द्वारा कथानक का विस्तार कर देता है। कथानक का मूल अभिप्राय हार अथवा जीत का चित्रण होता है। दो परस्पर विरोधी शक्तियों का युद्ध घात-प्रतिघात या प्रहारमय नहीं, प्रत्युत वाणी का होता है। इसमें जिस भाषा का प्रयोग होता है उससे वैराग्य की भावना प्रकट होती है। वृत्ति भारती, सन्धि, मुख-निर्वहण तथा दसों लासांग्यों का अंग-नृत्य रहता है। 'शर्मिष्ठायति' सफल अंक का उदाहरण है।

भाण में एक ही पात्र द्वारा सम्पूर्ण कथोपकथन का प्रयोग होता है। सम्बोधन और उक्ति-प्रत्युक्ति आकाशवाणी के द्वारा होती है। मुख्य पात्र रंगमंच पर अपने अभिनय द्वारा

किसी कल्पित व्यक्ति द्वारा वार्तालाप करता है। इस एकांकी की विशेषता यह है कि एक ही व्यक्ति को दो व्यक्तियों (कभी दो से अधिक) का कार्य करना पड़ता है। कभी नाना वस्तुओं को सम्बोधित कर वह रस का आविर्भाव करता है। भाण में प्रायः भारती वृत्ति, मुख और निर्वहण-सन्धियों तथा लास्य के दस अंगों का प्रयोग होता है। इसका सम्बन्ध अतीत के गर्भ में छिपे हुए अनुभावों से विशेष रूप में होता है। भाण का प्रयोग अंग्रेजी में भी मीनोड्रामा के रूप में हुआ है। पश्चिमी साहित्य में गद्य और पद्य में पृथक्-पृथक्, भिन्न-भिन्न प्रकार के मीनोड्रामे हैं। अंग्रेजी में सुप्रसिद्ध कवि ब्राउनिंग के मीनोड्रामा विशेष लोकप्रिय हुए हैं। हिन्दी में सेठ गोविन्ददास के 'सच्चा जीवन', 'प्रलय और सृष्टि', 'अलबेला', 'शाम और वर' स्टेण्डवर्न और ओ'नील की पद्धति पर लिखे गये हैं। संस्कृत में 'लीला मधुकर' भाण प्रसिद्ध है। भाण की ही शैली का एक उपरूपक भाणिका भी होता है, जिसमें नायक मन्द और नायिका उदात्त और प्रगल्भा होती है।

नाट्यरासक एक प्रकार का गीति एकांकी है, जिसका प्रमुख पात्र उदात्त और उपनायक पीठमर्द होता है। प्रधान रस हास्य तथा सहायक वातावरण शृंगार रहता है। इसमें वासक सज्जा नायिका की योजना है। इसके अतिरिक्त मुख और निर्वहण-सन्धियाँ तथा नाट्य के दस अंगों की योजना होती है।

उल्लाप्य में एक अंक, दिव्य कथा, धीरोदात्त नायक, चार नायिकाएँ तथा शृंगार, हास्य और करुण रस होते हैं। इसके विस्तार के सम्बन्ध में प्रायः नाट्यकारों के दो मत हैं। यह एक ही अंक का होता है किन्तु कुछ आलोचक इसका विस्तार तीन अंकों तक मानते हैं। सम्भव है, इसके विस्तार का प्रारम्भ एक अंक से प्रारम्भ होकर तीन अंकों तक चला हो।

काव्य में केवल एक अंक, आरभटी वृत्ति नहीं होती, हास्यव्यापक रस रहता है, गीतों का बाहुल्य रहता है, नायक और नायिका दोनों उदात्त होते हैं और मुख, प्रतिमुख और निर्वहण-सन्धियाँ होती हैं।

प्रेंखण—इस एकांकी में प्रमुख पात्र हीन पुरुष होता है, गर्भ और विमर्ष-सन्धियाँ नहीं होतीं। सूत्रधार, विष्कंभक तथा प्रवेशक आदि का प्रयोग नहीं किया जाता है। नान्दी एवं प्ररोचना को नेपथ्य से ही पढ़ने का विधान है। युद्ध, संकट तथा सब वृत्तियाँ होती हैं। संस्कृत में 'बालिवध' प्रेंखण का उत्कृष्ट उदाहरण है।

श्रीगदित—इसमें एक अंक, प्रसिद्ध कथा तथा धीरोदात्त नायक होता है। गर्भ और विमर्ष-सन्धियाँ इसमें नहीं होतीं, पर भारतीय वृत्ति का आधिक्य होता है। एक पाश्चात्य विद्वान का मत है कि इसमें नायिका लक्ष्मी का रूप धारण करके आती है और कुछ बोलती है या गाना गाती है। इससे इसका नाम श्रीगदित पड़ा है। इसका कथानक प्रसिद्ध कथा से लिया जाता है। 'मायाकापालिक' एक सफल श्रीगदित का उदाहरण है।

विलासिका—इसमें एक अंक होता है जिसमें दस लास्यांगों का विनिवेश तथा विदूषक, विट, पीठमर्द आदि का व्यापार होता है। गर्भ और विमर्ष-सन्धियाँ इसमें नहीं होतीं। नायक हीन गुणवाला होता है, किन्तु वेश-भूषा में अच्छी तरह सजा रहता है। इसगें कथानक

संक्षिप्त होता है।

हल्लीश—इसमें एक ही अंक, सात से दस तक स्त्री-पात्र तथा उदात्त वचन बोलनेवाला एक पुरुष रहता है। इसमें कौशिकी वृत्ति तथा मुख और निर्वहण-सन्धियाँ हैं एवं गान, लय, ताल का प्रचुरता से प्रयोग किया जाता है। 'केलि खेतक' इसी प्रकार के सफल एकांकी का उदाहरण है।

वीथी—इस एकांकी में नायक कल्पित होता है। वातावरण में शृंगार रस की प्रधानता रहती है। एक ही प्रमुख समस्या का विकास होकर नाटक की समस्त घटनाएँ एक ही दिन में समाप्त हो जाती हैं। आकाशवाणी द्वारा उक्ति-प्रत्युक्ति होती है। अर्थ-प्रकृतियों के साथ-साथ मुख और निर्वहण-सन्धियाँ होती हैं। पात्रों की संख्या एक से तीन तक होती है।

प्रहसन—इसमें प्रायः एक ही अंक होता है। इसलिए एकांकी के अन्तर्गत आता है। इसमें हास्य रस की प्रधानता होती है। आरभटी वृत्ति, विष्कंभ का प्रयोग नहीं होता। वीथी के तेरह अंगों में से सभी इसमें आ सकते हैं। शुद्ध प्रहसन में पाखंडी, संन्यासी, तपस्वी अथवा पुरोहित नायक की योजना होती है। प्रहसन तीन प्रकार का होता है : शुद्ध, विकृत और संकर। हिन्दी में प्रहसन का विशेष रूप से प्रचार हुआ है।

उपर्युक्त उपभेदों से यह स्पष्ट हो जाता है कि संस्कृत साहित्य में एकांकी की परम्परा पुरानी है। संस्कृत एकांकी टेकनीक पर्याप्त जटिल था और उनके उदाहरण भी पर्याप्त विकसित स्वरूप में उपलब्ध थे। स्थूल रूप में वे एकांकी की आधुनिक दोनों श्रेणियों (एकांकी और झाँकी) में उपस्थित थे। चरित, पात्र, अभिनय-प्रणाली, रस, कथानक, वृत्ति, सन्धि, नृत्य के आधार पर इनकी पृथक्-पृथक् टेकनीक तथा मर्यादाएँ निर्धारित हो चुकी थीं।

संस्कृत एकांकी प्रकार-भेद के रूप में प्रयुक्त हुआ। प्रयोगों की दृष्टि से नाना प्रकार के एकांकी विनिर्मित हुए, किन्तु अनेक कारणों से एकांकी भी अवरुद्ध हो गया। कुछ आलोचकों का विचार है कि इसका कारण प्राचीन भारतीयों के पास की बहुलता थी। जब उनके पास बड़े नाटक लिखने के लिए, जनता के पास अनेकांकी देखने के लिए पर्याप्त अवकाश था, तो वे छोटे-छोटे एकांकी क्यों लिखते?[1] यह दृष्टिकोण सही नहीं प्रतीत होता, क्योंकि हम देखते हैं कि साहित्य के बड़े माध्यमों—महाकाव्य, उपन्यास, बड़े नाटक—के साथ-साथ छोटे माध्यम भी निरन्तर विकसित होते चलते हैं। सभी कलाकार बड़े माध्यमों का विरोध नहीं करते। सम्भवतः इसका कारण यह है कि तत्कालीन जनता एकांकियों से विशेष प्रभावित न हो सकी। उनकी समस्याओं का निदान एकांकी में न मिला। एकांकी प्रयोगकालीन अवस्था में ही रह गया। कदाचित संस्कृत भाषा की क्लिष्टता इसके मार्ग में बाधक रही हो या एकांकी का जीवन से तनिक सम्बन्धविच्छेद हो गया हो। वह युग एकांकियों की पृथक् उपयोगिता न समझ पाया और एकांकी बड़े नाटक के अन्तर्गत अंक

1. डॉ. सरनामसिंह अरुण — 'तपस्वरी', भूमिका।

के आकार-प्रकार और स्वभाव में तद्रूप होने के कारण भिन्न अस्तित्व स्थापित न कर सका। बड़े नाटक पनपते रहे, छोटे एकांकियों और नाट्यकारों की दृष्टि कम रही। साधारण रूप में नाट्यकारों ने पुरानी पेष्टपेक्षित परिपाटी पर ही बड़े नाटक लिखे। सम्पूर्ण संस्कृत साहित्य में इने-गिने एकांकियों का उल्लेख मिलता है। मध्यकाल में चन्देल राजा परमार्दिदेव के मन्त्री वत्सराज कृत छह एकांकी उपलब्ध हैं;

1. किरातार्जुनीय : व्यायोग, 2. कर्पूरचरित : भाण, 3. रुक्मिणी परिणय : ईहामृग, 4. त्रिपुरदाह, : डिम, 5. हास्य चूड़ामणि : प्रहसन, 6. समुद्र मन्थन। इनके अतिरिक्त परमार राजा परावर्स के भाई प्रह्लादनदेव का एकांकी 'पार्थ पराक्रम' व्यायोग भी प्रसिद्ध है। भास का 'दूतवाक्य' प्रसिद्ध एकांकी है, जिसमें गद्य और पद्य दोनों का प्रयोग है। पद्यों की प्रमुखता के कारण इसमें काव्य का आनन्द आता है। भास का 'उरुभंग', नीलकण्ठ का 'कल्याण सौगन्धिक तथा सौगन्धिका हरण', 'रेवत मदनिका', 'यादवोदय', 'देवी महादेव', 'मेनिकाहित', 'बालिवध', 'क्रीडा रसातल'—संस्कृत के प्रसिद्ध एकांकी मिलते हैं। काव्य का एक अंग माने जाने के कारण संस्कृत एकांकियों में काव्य-सौन्दर्य तथा श्रवण, सुखद संवादों का प्राचुर्य है। पद्य का प्रयोग अधिक किया जाता है। हिन्दी एकांकी साहित्य का इन एकांकियों पर लम्बा प्रभाव पड़ा और काव्यपूर्ण संवादों की संस्कृत-परम्परा भारतेन्दु-युग तक चली आयी।

संस्कृत में एकांकियों का प्रचार भरत मुनि के समय से पूर्व भी था। इसका कारण समय की न्यूनता नहीं, एक नये प्रकार का प्रयोग था। नाट्य-साहित्य के अन्तर्गत नवीन भेदों को प्रोत्साहित करने की दृष्टि से इनका प्रचलन प्रारम्भ हुआ।

एकांकी का मूल रूप भारतीय नाट्यशास्त्र में अपने समस्त मूल तत्त्वों सहित मौजूद है। एकांकी का इतिहास उतना ही पुराना है, जितना नाटक साहित्य का इतिहास है। वे वास्तविक अर्थों में एकांकी थे किन्तु भेद यही था कि उन्हें एक प्रकार का रूपक ही समझा जाता था। स्वतन्त्र रूप से एकांकी के विकास-प्रसार की कोई सुनिश्चित रूपरेखा नाट्यकारों के सम्मुख न थी। इसमें सन्देह नहीं कि रूपक-उपरूपक के पन्द्रह एक अंक वाले नाटकों में आधुनिक एकांकी नहीं मिलेगा, तथापि बीज रूप से उसके संविधान के सम्पूर्ण रचनात्मक आधार तत्त्व तथा विविध सूत्र उपलब्ध हैं। समय, परिस्थिति और रंगमंच के भेद के कारण ये आधुनिक एकांकी से हटे हुए जटिल संविधान से परिपूर्ण प्रतीत होते हैं, तथापि पारस्परिक विभेदों से यह सहज ही में अनुमान किया जा सकता है कि संस्कृत एकांकीकारों ने एकांकी की गति और आन्तरिक-बाह्य-विकास पर यथेष्ट गम्भीरतापूर्वक विचार किया था। संस्कृत में, प्रारम्भ में, छोटे-छोटे एकांकियों का प्रचार था। पर कालान्तर में इससे बड़े और चार या पाँच अंकवाले नाटकों का प्राधान्य हो गया। धीरे-धीरे एकांकी नाटकों की यह प्राचीन परम्परा लुप्त हो गयी।

अवनति का एक कारण धार्मिक था। ऐतिहासिक दृष्टि से अनिश्चितता होने के कारण देश आन्तरिक एवं बाह्य संघर्षों से पीड़ित था। मुसलमानों को धर्म प्रधान साहित्य

माध्यम-नाटक से घृणा थी, उस पर भारतीय नाटकों की मूल प्रेरणा तथा स्पन्दन भी धर्ममय था। अतः मुसलमान शासकों ने नाट्य-साहित्य को कोई प्रोत्साहन न दिया। नाट्यकला का ह्रास हुआ तथा उसके साथ-साथ एकांकियों की धारा भी अवरुद्ध-सी हो गयी।

एकांकी नाटक : परिभाषा, तत्त्व एवं विस्तार

एकांकी नाटकों की टेकनीक नवीन होने पर भी पर्याप्त उन्नति कर चुकी है। अनेक तत्त्वों के विषय में मत स्थिर हो चुके हैं, कुछ के विषय में टेकनीक के नवीन प्रयोग निरन्तर चल रहे हैं। इन वाद-विवादों से स्पष्ट है कि विद्वानों का ध्यान एकांकी टेकनीक के परिष्कार की ओर है।

परिभाषा—नाटक मानव-जीवन का एक चित्र है, जो जनता में भाव उदीप्त करता है। कुछ आलोचकों का विचार है कि एकांकी बड़े नाटक का ही छोटा स्वरूप है। यह मत मान्य नहीं है, क्योंकि एकांकी और बड़े नाटकों में केवल आकार और अंक का अन्तर बाहर से दीखनेवाला अन्तर ही नहीं, कुछ मौलिक भेद भी हैं। इनकी पृथक्-पृथक् विशेषताएँ हैं।

बड़ा नाटक सम्पूर्ण मानव-जीवन का क्रमबद्ध विवेचना है। सम्पूर्ण जीवन का चित्र होने के कारण उसमें विस्तार होता है, समय अधिक लगता है, अनेक महत्त्वपूर्ण स्थल, छोटे-छोटे दृश्य, भाँति-भाँति की परिस्थितियाँ, अनेक अंक तथा पात्रों का जमघट मिलता है। लम्बे-लम्बे कथोपकथन, वर्णन बाहुल्य, कथा-विस्तार, चरित्र-विकास, वाक्य का लम्बा प्रयोग, स्वगत, मिलकर नृत्य, समय, स्थल, धीमा प्रवाह बड़े नाटकों में मानव-जीवन और समाज का सर्वांगीण चित्र बनाते हैं। एकांकी में हम इन तत्त्वों को पसन्द नहीं करते।

एकांकी मानव-जीवन के एक पहलू या उद्दीप्त क्षण का चित्र है। प्रत्येक एकांकी एक मूल विचार, समस्या, एक सुनिश्चित-सुकल्पित लक्ष्य; एक ही महत्त्वपूर्ण घटना और विशेष परिस्थिति पर निर्मित हो सकता है। उसमें एक से अधिक घटनाओं पर, पहलुओं पर प्रकाश डाला नहीं जा सकता। चूँकि उसमें समय का ध्यान रखना पड़ता है, एकांकीकार ऐसा कोई उद्दीप्त क्षण रख लेता है, जिसकी ओर जनता या दर्शकों का ध्यान आकृष्ट करना चाहता है।[1]

इस लक्ष्य में ही एकांकी का केन्द्रीभूत आकर्षण है। विचार के विकास के लिए जो संघर्ष अनिवार्य है, उस संघर्ष के पूरे नाटक में कई पहलू दिखाये जा सकते हैं पर एकांकी

1. इस सम्बन्ध में कुछ आलोचकों के विचार देखिए–

"एकांकी नाटक का सुनिश्चित एक लक्ष्य होता है...केवल एक ही घटना-परिस्थिति अथवा समस्या प्रबल होती है। कार्यकारण की घटनावलि, कोई गौण परिस्थिति, समस्या का उसमें कोई स्थान नहीं होता।"

—सद्‌गुरुशरण अवस्थी

"एक ही कृत्य के सम्बन्ध में होना एकांकी के लिए अनिवार्य है।" —सेठ गोविन्ददास

में सिर्फ एक पहलू पर प्रकाश डाला जाता है। जीवन, समाज या कथा के एक पहलू को ही लिया जाता है। उसमें कोई अप्रधान प्रसंग नहीं रहता।[1] वह एक प्रकार का प्रभावपूर्ण उद्देश्य या एक विशेष समस्या का स्पष्टीकरण, या एक पात्र अथवा पात्र वर्ग पर ही कथावस्तु को केन्द्रित करता है।

एकांकी में दो तत्त्व सबसे महत्त्वपूर्ण हैं—प्रथम, एकता अर्थात् जो पहलू अंकित किया जाये उसी की ओर सब कथोपकथन एकाग्रता से चलें। किसी प्रकार का वस्तु-विभेद उसे सह्य नहीं। समस्त कथा-सूत्र उसी महत्त्वपूर्ण घटना या उद्दीप्त क्षण पर एकाग्र हो जायें। व्यर्थ के विषयाकार, प्रमाद और वस्तु के ऐक्य को खण्डित न कर दें। कथानक, काल तथा स्थान की एकता का पूर्ण निर्वाह हुए बिना सफल एकांकी का निर्माण सम्भव नहीं।

दूसरा तत्त्व संक्षिप्तता या छोटी परिधि है। अल्पकाल में ही सब कुछ स्पष्ट कर देना एकांकी का उद्देश्य है। छोटी कहानी की तरह उसका विस्तार अधिक नहीं है। जीवन के उद्दीप्त क्षण के निदर्शन में मितव्यय तथा चातुरी होना अनिवार्य है। यदि विस्तार हुआ, तो एकांकी आधे घण्टे में वर्षों की घनीभूत पीड़ा कैसे उभार सकेगा? जटिल कथावस्तु के लिए बड़ी परिधि, अधिक विस्तार और समय चाहिए। यदि इनका ध्यान रखा जाये तो एकांकी नाटक के क्षेत्र में आ जाता है। एकांकी के अभिनय में 25 से 30-40 मिनट का समय लग सकता है किन्तु उसमें प्रभाव और वस्तु का ऐक्य तो अनिवार्य है ही। इस सम्बन्ध में पर्सिवल वाइल्ड लिखते हैं—"एकांकी कुछ मिनटों से लेकर पूरे एक घण्टे तक नाट्यकार की इच्छानुसार फैलाया जा सकता है; उसमें एक या अनेक दृश्य हो सकते हैं, किन्तु उसका झुकाव ऐक्य की ओर विशेष रूप से रहता है। यह उसी समय तक चलना चाहिए, जब तक दर्शक निरन्तर बिना उकताये देखते रहें। उसमें लम्बे-लम्बे वर्णन बाहुल्य न रहे, जिनका मनोवैज्ञानिक महत्त्व बड़े नाटकों में है।"

जीवन का जो पहलू स्वाभाविक रूप से न चित्रित किया जा सके, वह एकांकी की परिधि से बाहर है। एकांकी की गति धीमी या तीव्र हो सकती है, किन्तु यह जीवन से इतना न हटा रहे कि उसकी स्वाभाविकता को हानि पहुँच जाये। ज्यों-ज्यों यह चरम सीमा, महत्त्वपूर्ण घटना, उद्दीप्त क्षण या विशेष परिस्थिति की ओर अग्रसर हो, त्यों-त्यों एकांकी को एकता, एकाग्रता और आकस्मिकता से गुम्फित होते रहना चाहिए। यह स्थल कौतूहल और जिज्ञासा को उद्दीप्त रखे। फिर उसका अन्त हो जाना चाहिए, जिसमें समस्त कथासूत्रों का संगुंफन हो और विशेष समस्या या परिस्थिति स्पष्ट हो जाये।[2]

एकांकी का आविष्कार रंगमंच की आवश्यकता के कारण हुआ था। अतः अभिनय तत्त्व का एकांकी टेकनीक में विशेष महत्त्व है। एकांकीकार को रंगमंच का अधिकाधिक प्रयोग करना चाहिए। वह जनता की भावनाओं को आन्दोलित करे और उसकी अपील

1. "विस्तार के अभाव में प्रत्येक घटना कली की भाँति खिलकर पुष्प की भाँति विकसित होती है। उसमें लता के समान फैलने की उच्छल्लता नहीं।" —डॉ. रामकुमार वर्मा

2. "The time factor is important; which the speed of action may be accelerated or tarded, it must not be so for from that of life that it is wholly rejected."

—Percival wilde

विशदपूर्ण और सजीव हो। साहित्यकार एकांकी का माध्यम इसलिए चुनता है, क्योंकि वह रंगमंच की सुविधाओं और विशेषताओं का उपयोग करना चाहता है। एकांकीकार को ऐसी कथावस्तु सँजोनी चाहिए जिससे रंगमंच की कठिनाइयों में कोई अड़चन न डाल सके और देश-काल के अनुसार वातावरण का निर्माण हो सके।

रचनात्मक आधारभूत तत्त्वों में प्रथम स्थान वस्तु-निरूपण का है। वस्तु-निरूपण के चार भाग होते हैं—निरूपण, अवरुन्धन, उत्कर्ष तथा अपकर्ष। कथानक का प्राण विस्मय और भविष्य विषयक जिज्ञासा है। कुशल नाट्यकार घटनाओं को इस प्रकार सजाता है कि क्षण-क्षण संशय और विस्मय का प्रसार हो और आगे क्या होगा, यह जानने की इच्छा बनी रहे। निरूपण में विस्मय के साथ जिज्ञासा का प्रथम खिंचाव रहता है। वह एकांकी का आदि भाग है, जिसमें एकांकीकार को नाटकीय पृष्ठभूमि, मुख्य पात्रों का परिचय, मूल समस्या का संकेत तथा परिस्थिति का परिचय दे देना होता है, विभिन्न सूत्रों को समझने के लिए आवश्यक है। जहाँ बड़े नाटाकों में यह कार्य प्रथम तीन-चार दृश्यों में होता है, एकांकी में यह प्रारम्भिक रंग-सूचनाओं तथा बातचीत में होता है।

दूसरा तत्त्व अवरुन्धन है। पात्रों के आन्तरिक या बाह्य द्वन्द्व स्वरूप कुल नाटकीय स्थलों का निर्माण होता है। प्रायः पात्रों के दो वर्ग हो जाते हैं, जिनमें अवरुन्धन चलता है और एकांकी जिज्ञासा, कौतूहल और विस्मय एकत्रित करता हुआ उत्कर्ष की ओर ऊँचा उठने लगता है। उत्कर्ष भाग में भावों या विचारों का, नाटकीय स्थलों अथवा पात्रों का द्वन्द्व एक ऊँचे स्तर पर चित्रित किया जाता है। कथानक में निरन्तर गति होती है और वह धीरे-धीरे जोर पकड़ता हुआ चरम उत्कर्ष पर पहुँच जाता है। उत्कर्ष स्वाभाविक होना चाहिए तथा उसकी प्रगति निरूपण और अवरुन्धन के स्थलों से होती हुई भावों की चरम सीमा की ओर अग्रसर होनी चाहिए। सबसे महत्त्वपूर्ण भाव-समस्या, उद्दीप्त क्षण को आगे बढ़ाना चाहिए और गौण भावों, समस्याओं को नीचे छोड़ देना चाहिए।

अपकर्ष एकांकी का अन्तिम स्थल है जहाँ समस्या की गाँठ खुल जाती है और मुख्य भाव; विचार या कथानक का अन्तिम स्वरूप प्रकट हो जाता है। विस्मय का भी अन्त होता है। अपकर्ष का प्रधान गुण स्वाभाविकता और मनोवैज्ञानिक सत्यता का है। सम्पूर्ण कथावस्तु का निर्माण इस प्रकार किया जाये कि उसमें विस्मय, जिज्ञासा, अन्तर या बाह्य संघर्ष और कौतूहल का समावेश हो।

एकांकी में यथासम्भव पात्रों की संख्या कम रहनी चाहिए। अधिक पात्र होने से उनका स्वाभाविकता से चरित्र-चित्रण नहीं हो पाता, कथानक में भी जटिलता उत्पन्न होती है। गौण पात्र भी मुख्य पात्र की चारित्रिक विशेषताओं को उभारने या नाटकीय कथावस्तु को विकसित करने में सहायक होकर ही एकांकी में स्थान पा सकते हैं। गौण पात्र उत्तेजित, माध्यम, सूचक या प्रभाव व्यंजकता के कार्य कर सकते हैं। उत्तेजक कथासूत्र को सजीव कर आगे बढ़ाता है; माध्यम मुख्य पात्र के विचारों को स्वगत होने से रोकने के काम में आता है; सूचक नाटकोपयोगी सूचनाएँ देते हैं; प्रभाव-व्यंजक कहीं-कहीं रहस्यमय इंगित,

संकेत या भूमिकार की भाँति उपस्थित होते हैं। कहीं उक्त चारों कार्यों के लिए किसी पदार्थ अथवा किसी आकृतिक व्यापार का भी उपयोग कर लेता है। कहीं-कहीं पात्रों का मनोविज्ञान एकांकी का कथावस्तु बनता है और नाटककार उनके मन के अतल गह्वरों को आलोकित कर देता है।

नाटक का प्राण कथोपकथन है। इसके द्वारा एकांकी का कथासूत्र आगे बढ़ता है, पात्रों के चरित्र सम्बन्धी तत्त्व प्रकट होते हैं, और कथासूत्र विकसित होकर उसमें तनाव आता है। कथोपकथन में अनावश्यक विस्तार नहीं होना चाहिए, न वे व्याख्यान, उपदेश, शुष्क वाद-विवाद या अति साहित्यिक होकर दुरूह हो जायें। उनमें पात्रों के चरित्र या सामाजिक स्थिति और शिक्षा के अनुकूल सहज स्वाभाविकता होनी चाहिए। "यह संक्षिप्त, मर्मस्पर्शी; वाक्-वैदग्ध्ययुक्त चरित्र की चारित्रिकता को प्रकट करनेवाला तथा एकांकी के सूत्र को आगे बढ़ानेवाला होना चाहिए। बहुधा एकांकी कथोपकथनों में होकर समस्त गति और शक्ति संचित करता हुआ चरम सीमा या क्लाइमेक्स पर पहुँचता है अथवा सम्भाषण में ही परिसमाप्त पा लेता है।"[1] संक्षिप्त परिधि होने के कारण एकांकीकार प्रत्येक शब्द को नाप-तोलकर रखता है।[2] कम-से-कम शब्दों में एकांकीकार को अधिक-से-अधिक भाव व्यक्त करने, वातावरण के निर्माण करने और नाटकीय परिस्थिति को उद्दीप्त करना चाहिए।

स्वाभाविकता की रक्षा के लिए स्वगत कथन का प्रयोग नहीं किया जाता। पुरानी परिपाटी में प्रायः इसका प्रयोग किया जाता रहा है। आधुनिक एकांकीकार इस अस्वाभाविकता से बचने के लिए टेलीफोन पर बातचीत या कभी-कभी जड़ पदार्थों या पशु-पक्षियों को माध्यम बनाकर निज मन्तव्य प्रकट करता है।

रंग-निर्देश की सहायता से नाटकत्व का रूप-प्रतिष्ठित अभाव, उद्दीप्त पात्रों की रूप-कल्पना-स्थिति और रंगमंच की पूरी व्यवस्था पाठकों या निर्देशक को समझा दी जाती है। आधुनिक एकांकीकार रंग-सूचनाओं से समस्या-स्थिति, पूर्वकथा या पात्रों की मुख-मुद्राएँ अभिव्यक्त कर एकांकी के उद्घाटन या प्रारम्भ का कार्य लेता है। रंगमंच की व्यवस्था स्पष्ट करने के लिए कहीं-कहीं अत्यन्त विस्तृत योजनाएँ एकांकी के प्रारम्भ में दी जाती हैं; घटना प्रारम्भ होने से पहले का आवश्यक इतिहास भी इसी में दे दिया जाता है। पाश्चात्य एकांकीकारों ने इस दिशा में यहाँ तक उन्नति की है कि वे स्टेज के पूरे प्रबन्ध का एक मानचित्र तक देते हैं। कुछ एकांकीकार पाठकों की कल्पना उद्दीप्त करने के लिए प्रभाव-व्यंजक और तीखे संकेतों का उपयोग करते हैं। इससे एकांकी सुपाठ्य बन जाता है और अभिनय में भी इनसे सहायता मिलती है।[3]

---

1. डॉ. सत्येन्द्र–'हिन्दी एकांकी...तत्त्व विवेचन', पृष्ठ 137

2. "You have a painfully small number of words with which to accomplish a large effect for events must in general be large on the stage therefore every word must count.".
—Walter Prichard Eaton

---

3. इस सम्बन्ध में डॉ. सत्येन्द्र के विचार देखिए–'इन संकेतों के द्वारा ही यह पता चलता है कि एकांकीकार अपने समस्त अभिनय के लिए रंगमंच की कैसी कल्पना करता है और उसके द्वारा अपने भावों के स्थूल के अतिरिक्त कुछ सूक्ष्म छाया-प्रकाश भी प्रकट करना जानता है या नहीं। कुछ संकेत केवल प्रभाव-व्यंजन के लिए होते हैं और पात्रों के हृदय में अन्तरंग को झंकृत कर देते हैं।'

एकांकी का विकास

जीवन और समाज की पृष्ठभूमि

19वीं सदी का उत्तरार्द्ध भारतीय इतिहास ही में नहीं, प्रत्युत समग्र विश्व के इतिहास में क्रांतिकारी परिवर्तनों और व्यक्तिगत स्वतंत्रता के कारण प्रसिद्ध है। यह नवचेतना का युग है, जिसमें नवप्रेरणा देने का श्रेय यूरोप में डार्विन, कार्लमार्क्स, टाल्सटाय तथा भारत में ईश्वरचन्द्र विद्यासागर, महर्षि दयानन्द तथा भारतेन्दु हरिश्चन्द्र को है। रूढ़िवादी जीर्णशीर्ण परम्पराओं से आबद्ध समाज के हाथों इन विचारकों को संघर्ष और अवरोध सहन करना पड़ा था। साहित्यिक जगत् में भी नव-चेतना की रश्मि उदित हुई और भारतेन्दु इसके केन्द्रबिन्दु बने।

मुगल सम्राट औरंगजेब की मृत्यु के उपरान्त मध्यकालीन सामन्तवादिता का ह्रास होना शुरू हो गया तथा 50 वर्ष तक अराजकता, अव्यवस्था तथा अस्थिरता का युग रहा। 1757 में प्लासी के युद्ध के फलस्वरूप बंग-प्रदेश पर अंग्रेजों का एकाधिपत्य हो गया। अंग्रेजों के संसर्ग से पाश्चात्य सभ्यता, यूरोपीय विचारधारा और अंग्रेजी भाषा द्वारा कलकत्ते के राजनैतिक, सामाजिक, धार्मिक व साहित्यिक जीवन में युगान्तर हुआ। भारतीय साहित्य विचारधारा और शैलियों की अभिव्यक्ति के लिए नवीन मार्ग प्राप्त हुआ। सन् 1764 के बस्तर के युद्ध में विजय प्राप्त कर 1765 में अंग्रेजों को बंगाल, बिहार और उड़ीसा की दीवानी वसूल करने का अधिकार प्राप्त हो गया। फलतः हिन्दीभाषी पूर्वीय भाग बिहार अंग्रेजों से आक्रांत हो गया और हिन्दी पर इस नवीन परिस्थिति का सीधा प्रभाव पड़ने लगा। सन् 1784 में सर विलियम जौन्स ने एशियाटिक सोसाइटी की स्थापना की, जिससे भारतीय तथा पाश्चात्य ज्ञान के आदान-प्रदान का मार्ग प्रशस्त हुआ। सन् 1800 में बेलेजली द्वारा स्थापित फोर्ट विलियम कॉलेज की स्थापना से दो संस्कृतियों का आदान-प्रदान और भी व्यापक रूप से होने लगा। सन् 1803 में लासावाड़ी के युद्ध तथा बनारस की लड़ाई ने हिन्दी प्रदेश के मध्य भाग को भी अंग्रेजी साहित्य के लिए अनावृत कर दिया। सन् 1818 तक राजपूताने की रियासतों और 1802, 1804 तथा 1808 के मरहठा-युद्धों ने मरहठों की शक्ति को भी क्षीण कर दिया। सन् 1826 में अंग्रेजों की भरतपुर विजय ने समस्त हिन्दी भाषी प्रान्त को उनके आधिपत्य में अचल कर दिया। इन घटनाओं के प्रकाश से यह स्पष्ट है कि उन्नीसवीं शताब्दी के पूर्वार्द्ध में ही हिन्दी पर अंग्रेजी राज्य, यूरोपीय विचारधारा एवं

साहित्य का सीधा प्रभाव पड़ने लगा था। गद्य की भाषा का विचार होने लगा था। जनसामान्य भाषा का भी रूप निश्चित करने का प्रयत्न बढ़ने लगा।

पाश्चात्य विचारों तथा साहित्य को जनता में फैलाने में शिक्षण-संस्थाओं का विशेष योग रहता है। सन् 1923 में आगरा स्कूल बुक सोसाइटी और आगरा कॉलेज की, 1933 में कलकत्ता स्कूल बुक सोसाइटी की स्थापना ने सन् 1935 में मैकाले की मिनिट्स के अनुसार की हुई शिक्षा-योजना के अंग्रेजी साहित्य के अध्ययन का प्रचलन किया। अंग्रेजी पढ़े-लिखे बाबू लोगों को अच्छी सरकारी नौकरियाँ प्राप्त होने लगीं। फलतः पाश्चात्य साहित्य और भाषा के लिए भारतीयों के हृदय में नवीन आकर्षण होने लगा। इसी समय कम्पनी ने कुछ सामाजिक सुधार सम्बन्धी कानून भी निर्मित किये और सन् 1835 में मेटकाफ के समय में प्रेस की स्वतंत्रता प्राप्त हो जाने से विचारों को स्वतंत्रतापूर्वक अभिव्यक्त करने का अवसर भी प्राप्त होने लगा जिससे समाज तथा सरकारी आलोचना तथा स्वस्थ विचार करने का अवसर मिला। यद्यपि इन विचारों तथा वातावरण में शिक्षित नागरिक ही आये, तथापि घुणाक्षर-न्याय से हिन्दीवालों के जीवन और साहित्य पर कुछ प्रभाव संसर्ग के कारण ही पड़ा। जीवन का क्रम पुराना रहने और शिक्षा की कमी के कारण इसका प्रत्यक्ष फल तुरन्त न देखा जा सका। स्पष्ट रूप से इसका प्रभाव उन्नीसवीं शताब्दी के उत्तरार्द्ध में प्रकट हुआ, जब राज्य-क्रान्ति की आँधी ने समस्त भारतीय जीवन को झकझोर दिया। इस काल की सीमा, सन् 1849 में द्वितीय सिख-युद्ध के विजयस्वरूप पंजाब पर अंग्रेजों के अधिकार कर लेने पर अंग्रेजी साम्राज्यवाद के विरुद्ध जो प्रतिक्रिया होने लगी, वह भी सन् 1857 की राज्य-क्रान्ति में ही प्रतिफलित हो सकती थी।

सन् 1850 में भारतेन्दु का जन्म हुआ, अतः उन्नीसवीं शताब्दी के उत्तरार्द्ध के प्रथम वर्ष से ही हिन्दी के आधुनिक युग का सूत्रपात माना जाता है। डेढ़ सौ वर्षों की घनीभूत चेतना यहीं से अपनी अभिव्यक्ति प्राप्त करने लगी तथा साथ ही ऐसी राजनैतिक एवं सामाजिक परिस्थितियाँ भी उत्पन्न होती गईं कि इस नूतन समारम्भ को अप्रतिहत प्रगति-विस्तार भी प्राप्त होता चला गया। इसी समय भारत ने प्रथम बार वैज्ञानिक आविष्कारों के दर्शन किये। सन् 1851 में तार का प्रबन्ध हुआ, सन् 1854 में रेल-कार्य चला तथा चार्ल्स वुड की शिक्षा-योजना बनी। इंजीनियरिंग कॉलेज रुड़की की स्थापना हुई, सड़कें तथा नहरों का निर्माण हुआ, अन्य आविष्कारों का भी प्रचार हुआ। सन् 1856 में विधवा-विवाह कानून पास हुआ, जिसमें डलहौजी का कुछ भी उद्देश्य रहा हो, भारतवासियों ने पहले इन पर सन्देह करके भी धीरे-धीरे इससे लाभ उठाना आरम्भ कर दिया तथा जनता का जीवन प्रभावित होने लगा। सन् 1857 में बम्बई, मद्रास, और कलकत्ता विश्वविद्यालयों की स्थापना हुई और अंग्रेजी भाषा-साहित्य के व्यापार-प्रसार के निमित्त मार्ग खुल गया।

डलहौजी की राज्य हड़पने की नीति के कारण व्यापक असन्तोष, अंग्रेज अफसरों के दुष्ट व्यवहार, साम्राज्यवाद की शोषक नीति, गरीबी, सामाजिक व्यवस्थाओं के छिन्न-भिन्न हो जाने की आशंका और नवशिक्षितों के पाश्चात्य चिन्तन से प्रभावित विचारों ने 1857

की क्रान्ति के निमित्त एक क्रान्तिकारी मानसिक पृष्ठभूमि निर्मित कर दी। वर्ण-व्यवस्थानाशक फौजी नियमों, चर्बी लगे कारतूसों वाली आस्था को चोट पहुँचाने वाली घटना तथा स्वाधीनताप्रिय वर्ग के सम्मिलित प्रभाव से एक भीषण विस्फोट उत्पन्न हुआ जिसने भारतीय इतिहास की गति ही परिवर्तित कर दी। एक नवीन शासन-नीति का जन्म हुआ, जिसने राजा-महाराजाओं तथा जमींदारों द्वारा जनता को वश में रखने का उपाय किया। कुछ स्वार्थी व्यक्तियों के कारण कुछ ऐसे वर्ग भी बने जिनका ब्रिटिश राज्य से ही हित-साधन होता था। इन नवजात लोगों को परस्पर संघर्ष में लिप्त कर भेद-नीति के कारण अंग्रेजी शासन-भित्ति दृढ़ हो गई। भारतीय साम्राज्य कम्पनी के हाथ से निकलकर ब्रिटिश मन्त्रिमण्डल के अधीन हो गया और इसके लिए जो आर्थिक समझौता कम्पनी तथा मन्त्रिमण्डल में हुआ, उसका भार भारत पर डाला गया। 1858 में विक्टोरिया के सम्राज्ञी होने से भारत को जो घोषणा-पत्र सुनाया गया, उससे आशा का संचार तो हुआ, किंतु प्रोत्साहन उससे रूढ़िवादियों को ही मिला। 1860 में इटली स्वतन्त्र हुआ। अमेरिका के संयुक्त राज्य की स्थापना पहले ही हो चुकी थी। डिजरायली और ग्लैडस्टन की शांतिपूर्ण सुधारवादी नीति चल रही थी। 1661 में इण्डियन कौंसिल एक्ट में सुधार हुए, जिनके अनुसार हाईकोर्ट स्थापित किये गये और जाब्ता दीवानी, जाब्ता फौजदारी और ताजिरात हिंद जारी किये गये थे। इससे भारतीयों में सामाजिक और राजनैतिक चेतना जागी। 1883 में लॉर्ड लिटिन और रिपन के समय तक इंग्लैण्ड और भारत के मध्य तारीकों का प्रबन्ध तथा आने-जाने की सुगमता हो जाने और स्वेज का मार्ग खुल जाने के कारण दोनों देशों का पारस्परिक सम्बन्ध घनिष्ठ होने लगा। यूरोप की बनी वस्तुओं की देश में खपत में वृद्धि हो गई। विचारधाराओं, भाषा, साहित्य की शैलियों इत्यादि का प्रभाव प्रबल वेग से भारतीयों पर पड़ने लगा। अंग्रेजों के निकट संपर्क से व्यवहार, रहन-सहन, फैशन इत्यादि में भी परिवर्तन दिखाई देने लगा।

इस समय भारत की आर्थिक अवस्था बुरी रही। अंग्रेज प्रारम्भ से ही आर्थिक लाभ के कारण यहाँ आये; व्यापार में उन्हें प्रचुर लाभ हो रहा था। वे निरन्तर आर्थिक शोषण और धन-अपहरण करते रहे। उद्योग-धन्धों को प्रोत्साहन देने, उद्योगों में विदेशी पूँजी के लगाये जाने, कृषि की उन्नति पर ध्यान न देने, औद्योगिक शिक्षा के अभाव, बेकारी की उत्तरोत्तर वृद्धि, ब्रिटिश अफसरों की पेंशन और नाना प्रकार के करों तथा इंग्लैण्ड में भारतीय शासन के अनाप-शनाप व्ययों के कारण भारतीय निर्धनता में उत्तरोत्तर वृद्धि होती जा रही थी। उस पर 1857 के कम्पनी और ब्रिटिश मन्त्रिमण्डल के समझौते के अनुसार विद्रोह-दमन का सम्पूर्ण व्यय तथा कम्पनी के किये हुए अन्य व्यय सबका भार भारतीय कोष पर डाला गया। फिर 1867 में अबीसीनिया युद्ध का व्यय भी भारत पर पड़ा तथा 1866 व 1869 में उत्तर भारत के दुर्भिक्षों ने निर्धनता वृद्धि की, 1870 में मेयरों की विकेन्द्रीकरण योजना ने लगानों से आधे से भी अधिक लगान लेना प्रारम्भ किया। 1874 में बंगाल का दुर्भिक्ष पड़ा; तथा 1877-1878 में फिर उत्तर भारत में दुर्भिक्ष पड़ा तथा 1871 के अफगान-युद्ध का व्यय भी भारत पर डाला गया। इस प्रकार भारत की आर्थिक स्थिति

निरन्तर क्षीण होती गई। इस दरिद्रता की प्रतिच्छाया भारतेन्दु के नाट्य-साहित्य पर है। इसके अनन्तर डफरिन, लैंसडाउन, एल्गिन की सीमान्त प्रदेश सम्बन्धी नीति तथा इनके और कर्जन के द्वारा रेलों और सेना पर किये गये व्यय तथा 1896, 1898, 1899 एवं 1900 के दुर्भिक्षों ने भारत को इतना निर्धन कर दिया कि द्विवेदी-युग में वह भारतीय अर्थ-संकट के कारण विपन्न रहा।

सन् 1875 में आर्य-समाज की स्थापना हुई तथा इसी वर्ष न्यूयॉर्क थियोसोफिकल सोसायटी की स्थापना हुई। इसी वर्ष इस सोसायटी की संस्थापक मैडम ब्लैवटस्की और कर्नल अल्काट भारत में आये और सोसायटी का केन्द्र भारत में स्थापित किया। इसके द्वारा पाश्चात्य दर्शन की महत्ता प्रकट हुई और विदेशियों पर भारतीय ज्ञान और दर्शन की गरिमा प्रकट हुई। इससे दृष्टिकोण की व्यापकता में अभिवृद्धि हुई। किन्तु सन् 1887 के दिल्ली दरबार में विक्टोरिया को भारत की सम्राज्ञी घोषित किये जाने से भारतीयों में ब्रिटिश साम्राज्यवाद के प्रति शंका उत्पन्न हो गई। इसी क्रम में सन् 1878 में वर्नाक्यूलर प्रेस एक्ट द्वारा समाचार-पत्रों की स्वाधीनता छीनी जाने से और जनता द्वारा घोर विरोध प्रदर्शित करने पर भी लिटन के एक न सुनने से भारतीय जीवन में तीव्र असंतोष उत्पन्न हो गया, जिसने प्रहसनों में व्यंग्य के अनेक रूपों में अभिव्यक्ति पाई।

लॉर्ड रिपन (1880-84) ने आते ही अफगान-युद्ध बन्द किया, व्यय को रोका, भारतीय अर्थ-व्यवस्था में सुधार करने प्रारम्भ किये, प्रेस एक्ट को रद्द किया, मैसूर राज्य को देशी शासकों के हाथों में समर्पित कर दिया, स्वायत्त शासन स्थापित करने का प्रबन्ध किया और उदार नीति का अवलम्बन किया। भारतीय जीवन कुछ शान्त हुआ। उन्हें अपने समाज को देखने तथा सुधारने की जरूरत महसूस हुई। अतः इस समय के प्रहसनों में व्यंग्य का शिकार सरकार न होकर सामाजिक कुप्रथाएँ हैं।

अंग्रेजी भाषा साहित्य के माध्यम से अंग्रेजों ने भारत की राजनैतिक एकता स्थापित की तथा पाश्चात्य सभ्यता नवीन वैज्ञानिक आविष्कारों तथा आधुनिक विचारों ने अखण्ड भारत और उसकी स्वतन्त्रता का विचार उत्पन्न कर दिया। सन् 1885 में इण्डियन नेशनल कांग्रेस का जन्म हुआ किन्तु इस नवजात आन्दोलन को रोक देने के लिए रजवाड़ों, जमींदारों और प्रतिक्रियावादियों की सहायता से भेदनीति में सफलता प्राप्त की और हिन्दू-मुस्लिम वैमनस्य को बढ़ा दिया। 'हिन्दू लॉ' की स्थिरता देकर सामाजिक प्रगति में प्रतिरोध लगा दिया। अंग्रेजों की इस नीति की प्रतिक्रिया से राष्ट्रीय भावना जाग्रत हुई और ज्यों-ज्यों अंग्रेजी सरकार ने भारतीय प्रगति का प्रतिरोध किया, त्यों-त्यों उसका वेग प्रखर होता गया। प्रारम्भ में स्वतन्त्रता का तात्पर्य औपनिवेशिक स्वराज्य ही था, किन्तु अब पूर्ण स्वतन्त्रता की भावना बढ़ी, और लोकमान्य बालगंगाधर तिलक ने विदेशी शासन के प्रति उग्रता धारण कर ली। इन दिनों राष्ट्रीय भावना धार्मिक और राजनैतिक दोनों क्षेत्रों में व्यक्त हुई है।

यों तो दुर्भिक्षों से त्रस्त, सरकार की कठोर आर्थिक नीति से पिसा हुआ निम्नवर्ग घोर कष्ट पा रहा था किन्तु मध्यवर्ग सरकारी नौकरियाँ प्राप्त हो जाने तथा व्यापारिक लाभ

से अंग्रेजी शासन को अच्छा समझ रहा था। इसी मध्यवर्ग के हाथ में नेतृत्व था। अतः भारतीय जनता की दीन दशा, अंग्रेज अफसरों के दुर्व्यवहार और शासन में भाग न देने की प्रवृत्ति से व्यथित होकर भी मध्यवर्ग सरकार का घोर विरोध नहीं करता था, वरन् उसकी सरकारी नीति की आलोचना 'हिज मैजेस्टीज औपोजीशन' के रूप में थी। वह विक्टोरिया की उदारतापूर्ण नीति के प्रभाव के कारण विनम्र थी। कुछ राजनैतिक माँगों तथा शासन-सुधारों तक ही उसका समस्त कार्यकलाप सीमित था। उसका राजनैतिक संघर्ष एक आग्रहपूर्ण सविनय याचना मात्र थी। कांग्रेस तथा देश के प्रसिद्ध राजनीतिज्ञों ने सरकारी नीति की कभी कड़ी आलोचना नहीं की, जितनी तत्कालीन साहित्यकारों ने की। 'भारतमित्र' और 'सार-सुधानिधि' आदि पत्रों में सरकार की उग्र आलोचना रहती थी। बड़े-बड़े नेतागण राजभक्ति प्रदर्शित कर रहे थे या ब्रिटिश राज्य के अन्तर्गत ही स्वाधीनता चाहते थे। गाँधीजी ने जुलू-युद्ध में अंग्रेजों के पक्ष का समर्थन किया था।

सन् 1820 में सैयद अहमद ब्रेलवी तथा इस्माइल हाजी मौलवी के द्वारा चलाये हुए 'वासबी' आन्दोलन ने मुसलमानों में कट्टरता उत्पन्न कर दी, जिसके कारण मुसलमान लोग हिन्दुओं के विरोधी होते जा रहे थे और साथ ही अंग्रेजी राज्य को भी 'दारुल हरब' घोषित कर दिया था। अतः इसका दमन अंग्रेजों ने कूटनीति के द्वारा किया और मुसलमानों को सेना से निकाला जाने लगा तथा सरकारी नौकरी देना कम कर दिया। सन् 1857 के विद्रोह में भाग लेने के कारण 'वहाबी' आन्दोलन का पूर्ण उच्छेद कर दिया गया। परन्तु इसके पश्चात् सर सैय्यद अहमद खाँ के प्रयत्नों के फलस्वरूप 1885 में अंग्रेजों का मुसलमानों के प्रति यह कोप शान्त हो गया और तब नवजात राष्ट्र आन्दोलन को रोकने के लिए अंग्रेजों ने मुस्लिम पक्षपात प्रारम्भ किया, जिसके फलस्वरूप हिन्दू-मुस्लिम दंगों की उत्पत्ति हुई और साम्प्रदायिकता का विष फैलता गया। अंग्रेजों ने सदा इस भावना को उकसाया।

धार्मिकता के क्षेत्र में अराजकता उत्पन्न हो गई थी। अंग्रेजी शिक्षा ने भारतीयों को उनके धर्मग्रन्थों से अपरिचित कर दिया था और उसी के साथ पाश्चात्य सभ्यता का ऊपरी चकाचौंध करने वाला रूप प्रदर्शित कर मोहित कर लिया था। अतः इससे जो परिवर्तन हुआ, वह आकस्मिक तथा विशृंखल था। दो समस्याओं के परस्पर आदान-प्रदान से क्रमशः विकसित होता हुआ नहीं, वरन् नूतन को सहसा ग्रहण कर लेने के कारण हुआ था। अतः इससे धार्मिक समाज में एक बड़ा संकट यह आया कि सामान्य जनता, जिसने प्राचीन क्रम ही अपनाये रखा था, इन अंग्रेजी शिक्षितों को सन्देह की दृष्टि से देखने लगी। नवशिक्षित जन घोर खण्डन तो करते थे, पर नवनिर्माण का कोई पथ-निर्देश न करते थे क्योंकि उन्हें अपने ही समाजशास्त्र का ज्ञान न था। फलतः वे समाज में न खप सके और अपनी सत्ता को भी दूभर बना बैठे। अस्तु, पाश्चात्य विचारकों जैसे वर्क, मिल, स्पेंसर, मिल्टन आदि का प्रभाव पड़े बिना न रह सका। अंग्रेजी की शिक्षा के साथ-साथ इन विचारकों का प्रभाव क्रमशः व्यापक होता जा रहा था। अतः नवशिक्षितों का एक दल और हुआ जिसने इन उच्च विचारों को भारतीयता के उत्कर्ष में ही उपयोग करना प्रारम्भ कर दिया। समाज ने

धीरे-धीरे इन लोगों को सम्मान देना प्रारम्भ कर दिया। हिन्दी साहित्यकार इसी दल के थे। ये सब मध्यवर्ग के थे जिनका जन्म अंग्रेजी शासन, आर्थिक व्यवस्था और नवशिक्षा के कारण हुआ था। इसी मध्यवर्ग ने भारत में आधुनिकता का प्रवेश कराया और उसका संसार के अन्य देशों से सम्पर्क स्थापित किया। मध्यवर्ग ने राजनीति में निराशा देखी और समाज-सुधार एवं धर्म-सुधार की ओर अपनी शक्ति लगा दी। ये लोग हॉब्सन की बौद्ध साहित्य की खोज, रॉथ की वैदिक साहित्य और इतिहास तथा बोलिक और मैक्स मूलर के संस्कृत अध्ययन और सन् 1893 में श्रीमती एनी बेसेण्ट के थियोसोफी के प्रचार से अपनी संस्कृति के गौरव का अनुभव करने लगे। आर्यसमाज का भी सामाजिक कार्यों में यथेष्ट हस्तक्षेप था। थियोसोफिकल सोसाइटी ने राष्ट्रीयता का पोषण किया और संकीर्णता दूर की। रामकृष्ण परमहंस, स्वामी विवेकानन्द और स्वामी रामतीर्थ के विचारों से भी भारतीयता एवं स्वदेश-भक्ति के भावों की प्रेरणा मिली। स्वामी विवेकानन्द ने सब भेदभाव विलुप्त कर दिये। भारत की अशिक्षित जनता के सुधार के साथ ही विपथगामी शिक्षितों के सुधार का भी सुधार-आन्दोलन का लक्ष्य था। हिन्दी नाट्यकारों ने भी विदेशीयता विमुग्ध शिक्षितों पर व्यंग्य किये हैं। इन सभी धार्मिक साहित्यिक आन्दोलनों की छाप साहित्य के सभी अंग-उपांगों पर है। भारतेन्दु, राधाकृष्ण दास, श्रीनिवास दास, बालकृष्ण भट्ट, प्रतापनारायण मिश्र, प्रेमघन, किशोरीलाल गोस्वामी, देवकीनन्दन त्रिपाठी आदि नाट्यकारों पर समाज सुधार और धर्मोपदेश का प्रभाव है। इन सबने समाज की पतितावस्था पर क्षोभ; कुरीतियों पर व्यंग्य और नवनिर्माण की ओर संकेत किया है।

संक्षेप में राजनैतिक, आर्थिक, धार्मिक एवं साहित्यिक दृष्टिकोणों से यह युग संक्रान्ति युग था। प्रत्येक प्रकार की हलचल इसमें हमें उपलब्ध है। पश्चिमी भावों एवं विचारधारा का प्रभाव स्पष्ट रूप से दृष्टिगोचर होने लगा था। ज्यों-ज्यों अंग्रेज आर्थिक दृष्टि से सम्पन्न होते गये, त्यों-त्यों भारतीय राजनीति और साहित्य पर उनका प्रभुत्व बढ़ने लगा। पूँजीवादी प्रजातन्त्र के विचारों का समावेश हुआ। (''अंग्रेजों के आगमन और उनकी व्यापारिक प्रवृत्ति के कारण भारतीय समाज में एक नये तत्त्व का समावेश हुआ। अभी तक भारत में सामन्तवादी विचारधारा का प्रभाव था। अंग्रेजों की व्यावसायिक वृत्तियों के कारण यहाँ भी पूँजीवादी वृत्ति का श्रीगणेश हुआ। क्रमशः ब्रिटेन की पूँजीवादी साम्राज्यशाही के द्वारा यहाँ सामन्तवादी विचारों की गति मन्द पड़ गई और पूँजीवादी प्रजातन्त्र के विचारों का समावेश हुआ। इस परिवर्तन का प्रभाव समाज के सभी क्षेत्रों पर पड़ा—समाज पर भी।''—श्री शिवनाथ, एम.ए.) समाज पर दो संस्कृतियों की प्रतिक्रियाएँ निरन्तर हो रही थीं—भारतीय तथा यूरोपीय। विज्ञान और भौतिक सुख का सहारा लेकर चलनेवाली यूरोपीय संस्कृति भारतीय जनता को आकर्षित कर रही थी। साहित्य में व्यक्तिवाद की चर्चा प्रारम्भ हुई और प्रजातन्त्रवाद जड़ पकड़ता गया। यूरोप में टायसपेन ने 'मानव के अधिकार' में समाज के ऊपर मनुष्य के महत्त्व को स्पष्ट किया और रूसो ने 'शोशल-कंक्ट्राक्ट' में समाज-संचालन का विधान उपस्थित किया।

सन् 1905 में एक और महत्त्वपूर्ण घटना घटी, जिसका प्रभाव लम्बा होकर देश की विचारधारा और समाज पर पड़ा। यह बंग-भंग था। लॉर्ड कर्जन ने सन् 1905 में बंगाल प्रान्तों को दो भागों में विभक्त कर दिया। एक भाग पश्चिमी बंगाल, बिहार का बना तथा दूसरा पूर्वी बंगाल और आसाम का बना। इस घटना ने राष्ट्रीय आन्दोलन को जन्म दिया। लॉर्ड कर्जन शिक्षित भारतवासियों के राष्ट्रीय विचारों से सहानुभूति नहीं रखते थे। उनके विचार तथा नीति डलहौजी जैसे थे। उन्होंने आते ही प्रत्येक सरकारी विभाग की जाँच-पड़ताल की। अनेक भारतीय पुलिस विभाग से पृथक् कर दिये गये। अपने एक भाषण में उन्होंने जब यह कहा कि शासन-प्रबन्ध और आर्थिक शोषण साथ-ही-साथ चलते हैं, तो देश में व्यापक असन्तोष फैल गया। बंगाल के भंग ने बंगाली भाषी लोगों को उनकी इच्छा के विरुद्ध दो प्रान्तों में विभक्त कर दिया था। जनता में राष्ट्रीयता के विचार लहरें मार रहे थे। उन्होंने सरकार की नीति के विरोध में जुलूस, सभा इत्यादि प्रदर्शन करने प्रारम्भ कर दिये। ये प्रदर्शन जितने ही उत्साह से प्रारम्भ हुए, सरकार ने उतनी ही उग्रता से इनका दमन किया। सरकार की इस दमन-नीति के प्रतिक्रियास्वरूप नव-जाग्रत राष्ट्रीय चेतना क्रमशः व्यापक, विस्तृत और गहरी होती गई। सम्पूर्ण भारत ने बंग-भंग के प्रश्न को अपना सवाल बना लिया था। अन्ततः बाध्य होकर 1911 में सरकार को बंग-भंग की घोषणा उठा लेनी पड़ी।

राष्ट्रीयता का विकास तीव्र गति से चलता रहा। इसका श्रेय कांग्रेस को है। 1885 से 1905 तक कांग्रेस केवल एक सुधारवादी संस्था के रूप में कार्य करती रही। बंग-भंग आन्दोलन के दमन हेतु सरकार ने जो रुख ग्रहण किया, उसके प्रारम्भिक दिनों में कांग्रेस पूर्वतः उदासीन रही थी। कांग्रेस सरकार से सुधार तथा अधिकारों के लिए प्रार्थना करती रही थी, किन्तु ये प्रार्थनाएँ निरन्तर ठुकराई जाती रहीं। कांग्रेस में भी दो दल हो गए : (1) उदार दल, (2) उग्रदल। प्रथम वर्ग के नेता पुरानी सुधारवाद मनोवृत्ति के व्यक्ति थे, दूसरे में तरुण और उग्रवादी। इन दोनों दलों में परस्पर विभिन्न दृष्टिकोणों से स्वराज्य-प्राप्ति की योजनाएँ चलती रहीं। स्वशासन का प्रस्ताव कलकत्ता कांग्रेस में दादाभाई नौरोजी की अध्यक्षता में पास हो गया। उक्त प्रस्ताव में कहा गया कि कांग्रेस के मतानुसार स्वराज्य-प्राप्त ब्रिटिश उपनिवेशों में जो शासन-प्रणाली प्रचलित है, वही भारत में चलाई जाये। 1906 में श्री विपिनचन्द्रपाल ने अंग्रेजी शिक्षा एवं विदेशी बहिष्कार-आन्दोलन को और भी व्यापक रूप प्रदान किया। दमन-नीति से पोषण पाकर राष्ट्रीय अभ्युत्थान क्रमशः उग्र होता गया। बंगाल, महाराष्ट्र, पंजाब, आन्ध्र, जहाँ राष्ट्रीय स्कूलों का जन्म वेग से हो रहा था, वहाँ स्वदेशी आन्दोलन वेग से आगे बढ़ा।

हिन्दी साहित्य के क्षेत्र में प्रभाव प्रकट हो रहे थे। मूल रूप में तीन प्रकार के प्रभावों की छाया हमें इस काल के नाटकों पर मिलती है। ये तीन प्रभाव संस्कृत, बंगला, अंग्रेजी साहित्य के थे। ज्ञान-पिपासा के साथ तीन बड़े साहित्यों का सम्पर्क जनता के लिए प्रेरक बना। अंग्रेजी, बंगला और संस्कृत साहित्य में एक साथ ही इतनी सुन्दर प्रभावशाली और

उच्चकोटि की रचनाएँ उपलब्ध हुईं कि हमारे साहित्य उनके पठन-पाठन, प्रकाशन और अनुवाद में व्यस्त हो जायें। उनकी प्रौढ़ता ने हमारे साहित्यिकों के धैर्य को छीन लिया तथा उनका एक कार्य इनका अनुवाद अपनी भाषा में करना हो गया। 20वीं शताब्दी के प्रारम्भ में बंकिम, राखेल राय, घोष और गोस्वामी की रचनाओं ने हिन्दी की मौलिक रचनाओं को आवृत्त कर लिया था। 19वीं सदी में जो भारतव्यापी सांस्कृतिक जागृति प्रकट हुई, उसके आविर्भाव और परिवर्तन में बंगला साहित्य और बाद में बंगला की पुनर्जीवित भारतीय शैली की चित्र-कला इन दोनों ने सबसे बड़ा कार्य किया। 19वीं और 20वीं शताब्दियों में बंगला साहित्य का प्रभाव बंगवासियों के जीवन तक ही सीमित नहीं रहा, प्रत्युत इसका यह प्रभाव अनुवादों के द्वारा समग्र भारत पर और विशेषतः हिन्दी नाटक पर पड़ा।

बंगला साहित्य पर अंग्रेजी भाषा का प्रभाव पड़ चुका था। बंगाल में अंग्रेजी राज्य की स्थापना 1765 में हुई थी, जब दिल्ली के मुगल सम्राट शाह आलम से अंग्रेजों को सूबे बंगाल, बिहार और उड़ीसा की दीवानी मिली थी। अंग्रेज पूर्वी भारत के भाग्यविधाता बन बैठे थे। बंगाल के शिक्षित समाज का झुकाव अंग्रेजी भाषा, साहित्य और संस्कृत की ओर विशेष रूप से रहा है। 19वीं सदी के प्रथमार्द्ध में बंगाल के हिन्दू उच्च वर्गों में अंग्रेजी का प्रयोग प्रारम्भ हो गया था; जनता अंग्रेजी साहित्य में भी रुचि लेने लगी थी। बंगाली साहित्यिकों ने अंग्रेजी का अनुवाद किया तथा उसकी शैली का प्रयोग अपनी भाषा में किया। यही कारण है कि बीसवीं सदी के प्रारम्भ में हिन्दी साहित्य में बंकिम जैसे उपन्यासकार तथा द्विजेन्द्रलाल राय के अंग्रेजी से प्रभावित नाटकों का प्रचलन यथेष्ट मात्रा में हुआ। उनकी सौन्दर्य तथा प्रौढ़ता ने हमें विशेष रूप से आकर्षित किया। अंग्रेजी प्रभावित बंगला नाट्य-साहित्य के अनुकरण के कारण हम कोई विशेष उन्नति न कर सके। उस काल का हिन्दी नाट्य-साहित्य बंगला साहित्य की छायामात्र बनकर रह गया।

संस्कृत साहित्य हिन्दी के नाट्य-साहित्य का मूल प्रेरक रहा है। आरम्भिक हिन्दी नाट्य-साहित्य संस्कृत के नाट्यशास्त्र के अनुसार विरचित है। उसमें पाश्चात्य प्रणाली का तनिक भी अनुकरण नहीं है। भारतेन्दुजी के समकालीन नाट्यकारों में संस्कृत शैली का अनुकरण मिलता है। संस्कृत में नाटकशास्त्र और नाट्यकला का इतना विकास है कि आधुनिक एकांकी के एक अंक वाले छह भेद मिल जाते हैं—1. भाण, 2. व्यायोग, 3. ईहामृग, 4. अंक, 5. वीथी तथा 6. प्रहसन। इनके अतिरिक्त गोष्ठी, नाट्यरासक, काव्य, प्रेंखल, रासक, श्रीगदित विलासिका, हल्लीश, भाणिका, उल्लाप्य, ये उपरूपक भी एक ही अंक वाले हैं। स्पष्ट है कि रूपक-उपरूपक के 28 भेदों में लगभग पन्द्रह एक अंक वाले होते हैं। भारतेन्दुजी ने अंग्रेजी पढ़ी थी, किन्तु उन्होंने अपने नाटकों में संस्कृत आदर्शों का ही अनुकरण किया। इस काल के अन्य एकांकीकार काशीनाथ खत्री, श्रीनिवास, पं. बद्रीनारायण चौधरी, राधाचरण गोस्वामी, पं. बालकृष्ण भट्ट, श्रीशरण, पं. प्रतापनारायण मिश्र, शालिग्राम, देवकीनन्दन त्रिपाठी, बाबू राधाकृष्ण दास, अम्बिकादत्त व्यास, किशोरीलाल गोस्वामी आदि संस्कृत नाट्यशास्त्र में दी हुई प्रणाली के अनुसार एकांकी रचना कर रहे

थे।

भारत में अंग्रेजी साहित्य का प्रचार निरन्तर पर था। अंग्रेजी राज्य स्थापित हो जाने के पश्चात् देश में अंग्रेजी भाषा और साहित्य का प्रारम्भ हो गया था। अंग्रेज अपनी भाषा तथा साहित्य को भारत में प्रचलित कर सांस्कृतिक दृष्टिकोण से भारत पर स्थायी विजय प्राप्त करना चाहते थे। देशी स्कूल-कॉलेजों में अंग्रेजी धीरे-धीरे अनिवार्य बनायी गयी; अंग्रेजी पढ़े-लिखे व्यक्तियों को ऊँची नौकरियाँ दी गयीं। अंग्रेजी भाषा-साहित्य के सम्पर्क से भारतीय विचारधारा तथा हिन्दी साहित्य में युगान्तर उपस्थित हुआ; नवजीवन का संचार हुआ। साहित्यिक जगत् में पाश्चात्य शैलियों एवं साहित्य प्रणालियों के अनुकरण द्वारा आत्म-प्रगटीकरण के नवीन मार्ग खोले गये। हिन्दी गद्य ने अपनी आरम्भिक अवस्था से निकलकर प्रौढ़ता की ओर प्रगति की। पाश्चात्य शैलियों पर हिन्दी साहित्य का पुनर्निर्माण होने लगा। इन्हीं नयी प्रणालियों में एकांकी, कहानी और खण्डकाव्य भी थे। पूर्व तथा पाश्चात्य साहित्यिक प्रणालियों का संघर्ष था। साहित्यिक ऐसी दुविधा में थे जब वे अपनी सांस्कृतिक परम्परा को न छोड़ सकते थे, न पाश्चात्य प्रणाली ही को पूर्ण रूप से आत्मसात् कर सकते थे। इस काल के सर्वोत्कृष्ट लेखक भारतेन्दु हरिश्चन्द्र ने स्वयं अंग्रेजी के प्रति अपना सम्मान प्रदर्शित किया था। उन्होंने संस्कृत तथा अंग्रेजी का अध्ययन किया था। अंग्रेजी के एक नाटक 'मर्चेण्ट ऑफ वेनिस' का अनुवाद हिन्दी में किया था। "शेक्सपियर के नाटकों से इस युग के नाटक कई तत्त्वों में मिलते-जुलते हैं। विशेषतः पात्रों के व्यक्तित्व का चित्रण, रोमांस, गद्य-पद्यमय भाषा, शब्द-क्रीड़ा, विदूषक, गर्भ रूपक, मृतोजीवन, हँसाने के लिए वेश का प्रयोग।"—ए.ए. मैकडोनल : ए हिस्ट्री ऑफ संस्कृत लिटरेचर, पृष्ठ 350-51। दूसरी ओर उन्होंने बंगला के नाट्य-सरोवर में भी अवगाहन किया था। अंग्रेजी साहित्य से प्रभावित वहीं के नाटकों के आदर्शों पर विनिर्मित बंगाली नाटकों का सूत्रपात वे देख चुके थे। उन्होंने हिन्दी नाट्य-साहित्य की कमी को देखा। इसमें कोई भी विशेष उल्लेखनीय नाटक हिन्दी के पास नहीं था। निवाजकृत, शकुन्तला, हृदयराम लिखित 'हनुमान नाटक', ब्रजवासीकृत 'प्रबोध चन्द्रोदय' आदि कुछ नाटक लिखे जा चुके थे, किन्तु इसमें नाट्यकला के सम्पूर्ण तत्त्वों का विकास नहीं हुआ था। नाटक की अपेक्षा इनमें काव्य का अंश अधिक था। मौलिक नाटकों में केवल रीवा के महाराज रघुराजसिंह कृत 'आनन्द रघुनन्द' की रचना 18वीं शताब्दी में हो चुकी थी। वास्तव में संस्कृत और पाश्चात्य प्रणालियों के संघर्षमय वातावरण में हिन्दी के मौलिक नाटक का सच्चा विकास भारतेन्दु से होता है। भारतेन्दु ने स्वयं हिन्दी के रिक्त अंशों की पूर्ति की, नये-नये आदर्श और मॉडल प्रस्तुत किये; साथ ही निज समकालीन नाट्यकारों को उनकी रचनाएँ अपने पत्रों 'हरिश्चन्द्र मैग्जिन', 'हरिश्चन्द्र चन्द्रिका', 'कविवचनसुधा' में छापकर साहित्य की नवीन प्रणालियों पर लिखने को प्रोत्साहित किया। इन पत्रिकाओं में जहाँ गद्य-सम्बन्धित पत्रकारिता की अन्य सामग्री प्रकाशित हुई, वहाँ संस्कृत शैली से प्रभावित कुछ एकांकियों की भी सृष्टि हुई। इनके भेद कई प्रकार के होते थे। प्रायः कोई समाज-सुधार का विषय लेकर दो पात्रों द्वारा

कथोपकथन कराया जाता था, जिसमें मूल समस्या का निर्देशन रहता था। इन कथोपकथनों में किसी दृश्य का संकेत तो न था, संक्षिप्त रंग-सूचनाएँ और बोलचाल की भाषा का प्रयोग होता था, आकार दो पृष्ठों के लगभग होता था। उदाहरणस्वरूप 'बसन्त-पूजा' (हरिश्चन्द्र मैग्जिन, 15 मई, 1874, पृष्ठ 216); राधाकृष्ण दास कृत 'धर्मालाप' तथा किसी नाट्यकार का 'सबै जात गोपाल की' (हरिश्चन्द्र मैग्जिन, नवम्बर, 1873, पृष्ठ 35), कभी-कभी बड़े नाटकों के संक्षिप्त रूप प्रकाशित किये जाते थे, जिसमें कुछ दृश्यों में सब कुछ कह दिया जाता था और वस्तु-ऐक्य पर अधिक ध्यान दिया जाता था, जैसे क.प. लिखित 'रेल का विकट खेल', श्रीशरण कृत 'बाल-विवाह'। तृतीय प्रकार रूपकों का था जिसमें चार-पाँच दृश्यों में साधारण-सा कथानक प्रस्तुत किया जाता था, जैसे—ग्राम पाठशाला नाटक (हरिश्चन्द्र चन्द्रिका, जनवरी, 1875)। इनमें अंक तथा दृश्य के सम्बन्ध में किसी सुनिश्चित मत का पालन नहीं किया जाता था, किन्तु यह स्पष्ट है कि हिन्दी नाट्यकारों ने एकांकी की दिशा में मौलिक और अनुवादित प्रयोग प्रारम्भ कर दिये थे।

भारतेन्दुजी का सबसे महत्त्वपूर्ण कार्य हिन्दी के रिक्त अंशों की पूर्ति करना था। हिन्दी में नाट्य-साहित्य की कमी की ओर उनकी दृष्टि गयी। भारतेन्दु से पूर्व हिन्दी गद्य इतना प्रौढ़ एवं परिपक्व न हुआ था कि उसमें नाटकों का निर्माण हो सकता। हिन्दी में नाट्य-साहित्य के अभाव के चार कारण थे। प्रथम कारण ऐतिहासिक अनिश्चितता थी। सम्पूर्ण भारत में हिन्दी के जन्म से ही अनेक आन्तरिक तथा बाह्य झगड़े चलते रहे। हिन्दू राजा परस्पर लड़ते रहे। फिर मुगल आये और हिन्दुत्व दब-सा गया। आनन्द और मनोविनोद के लिए जनता में कोई विशेष चाव न रहा। मुगलों के समय तक संस्कृत नाट्य-प्रणाली का अन्त हो चुका था। हिन्दी नाटकों को कोई प्रोत्साहन नहीं मिल रहा था। मुसलमानी धर्म नाट्य-साहित्य की अनुमति नहीं देता। कट्टर मुसलमान उसे कुरान के आदेशों के प्रतिकूल समझता है। बाद को कुछ मुगल बादशाहों ने संगीत आदि ललित कलाओं को आश्रय अवश्य दिया परन्तु नाटक का वे फिर भी आदर न कर सके।

दूसरी कठिनाई हिन्दी में सब प्रकार के भावों को व्यक्त करनेवाले गद्य का अभाव था। नाटक के लिए दैनिक जीवन से सम्बन्धित पुष्ट और सामर्थ्यवान गद्य चाहिए। भारतेन्दुजी ने इस प्रकार के गद्य को विकसित करने का भी पूर्ण उद्योग किया। एक और कठिनाई यह थी कि हमारे सामाजिक जीवन में नटों के प्रति घृणा और साम्प्रदायिक मतों की प्रधानता थी। हमारे आध्यात्मिक जीवन में आमोद-प्रमोद को कोई विशेष स्थान नहीं प्रदान किया गया है। हिन्दी के पास कोई अपना रंगमंच न था। पारसी रंगमंच की प्रधानता के कारण हल्के रंगमंचीय नाटकों का प्रचलन तो हो गया, किन्तु उच्चकोटि के सामाजिक नाटकों के लिए प्रोत्साहन न मिल सका। हिन्दी के साहित्यिक काव्यकला के विकास में ही लगे रहे। सामन्त युग के समस्त विकार इस काल में पूर्ण परिपाक पर थे। हिन्दी का निजी रंगमंच न होने के कारण हमारे नाटक सुपाठ्य हैं, उनमें अभिनेयता उस मात्रा में नहीं है।

वास्तव में भारतेन्दु हरिश्चन्द्र तथा उनकी मण्डली से ही हिन्दी एकांकी का प्रारम्भ होता

है। यों तो श्रीराधाचरण गोस्वामी, श्रीनिवासदास, काशीनाथ खत्री, पं. बद्रीनाथ चौधरी 'प्रेमघन', पं. बालकृष्ण भट्ट, श्रीशरण, प्रतापनारायण मिश्र, देवकीनन्दन त्रिपाठी इत्यादि भी एकांकी के क्षेत्र में अपने प्रयोग कर रहे थे, किन्तु भारतेन्दु हरिश्चन्द्र का कार्य सबसे महत्त्वपूर्ण था। उन्होंने प्राचीन प्रचलित संस्कृत नाट्यशास्त्र की प्रणाली के अनुसार एकांकी रचना की है। उन्होंने 'विद्यासुन्दर' का बंगला से हिन्दी में अनुवाद किया था। यह ब्रजभाषा में था, तथापि खड़ी बोली के गद्य का विकास भारतेन्दु के एकांकियों में उपलब्ध है। इन एकांकियों में प्रयुक्त काव्य-प्रयोग, स्वगत, भरतवाक्य, मंगलाचरण, प्रस्तावना, संक्षिप्त रंग-सूचनाएँ, गर्भांक इत्यादि प्रचलित संस्कृत नाट्यशास्त्र की देन हैं। भारतेन्दु के द्वारा विचार पक्ष में राष्ट्रीय क्रान्तिवादी भावनाएँ प्रकाश में आयीं। उनकी एकांकी-कला के बाह्य पक्ष में अधिक परिवर्तन नहीं मिलता, विचारधारा में आती हुई राष्ट्रीय-क्रांति स्पष्ट मुखरित हुई है। रूपकों का बाह्य रूप (तन्त्र) किंचित् परिवर्तन के साथ संस्कृत का प्रचलित रूप ही धारण किये हुए है, पर विचार और समस्याएँ अपेक्षाकृत नवीन हैं। क्षेत्र में विभिन्न प्रकारों (जैसे प्रहसन, व्यंग्य, भाण, रूपक, नाट्यरासक) को प्रचलित करने में भारतेन्दु हरिश्चन्द्र की सेवाएँ महत्त्वपूर्ण हैं।

भारतेन्दु को प्रान्तीय भाषा के नाटकों का अनुवाद करने में सन्तोष नहीं हुआ, न प्राचीन संस्कृत शैली के पूर्ण ग्रहण से ही। वे अपनी मौलिकता का प्रयोग करना चाहते थे। अनुवादों में मौलिकता के प्रदर्शन के लिए अवसर ही न था, वहाँ तो प्राचीन शैली के समस्त तत्त्वों को ग्रहण किया गया था। अतः भारतेन्दुजी ने मौलिक प्रयोग प्रारम्भ किये। उनका प्रथम मौलिक एकांकी 'वैदिक हिंसा हिंसा न भवति' एक प्रयोगकालीन प्रहसन था। 'चन्द्रावली' नाटिका की परिधि इतनी छोटी है कि उसे एक लघु नाटक कहा जा सकता है। उनकी 'प्रेम योगिनी'; 'नीलदेवी', 'विषस्य विषमौषधम', 'भारत-दुर्दशा', 'भारत-जननी', 'सतीप्रताप', 'अन्धेर नगरी' आदि एकांकी नाटक ही हैं। अनूदित एकांकियों में 'विद्यासुन्दर', 'धनंजयविजय', 'कर्पूरमंजरी' और 'भारत-जननी' हैं। प्रथम उत्थान में हम देखते हैं कि हिन्दी एकांकीकारों के सामने अनुवाद के लिए केवल दो क्षेत्र रहे : बंगला साहित्य और संस्कृत साहित्य। बंगला के अतिरिक्त भारतेन्दुजी ने संस्कृत के एकांकियों के भी अनुवाद प्रस्तुत किये, जैसे 'कर्पूरमंजरी'। पाश्चात्य शैली के प्रभाव से भरतमुनि के नाट्य-शास्त्र के नियम शिथिल किये जाने लगे थे और प्रस्तावना हटायी जाने लगी थी। श्री प्रतापनारायण मिश्र के 'कलिकौतुक' रूपक में केवल दो-दो पंक्तियों के नान्दी से काम चलाकर तुरन्त प्रथम दृश्य प्रारम्भ हो जाता है; अन्त में कोई भरतवाक्य नहीं हैं; सम्पूर्ण एकांकी 4 दृश्यों में समाप्त होता है और गद्य का ही प्रयोग किया गया है। लाला श्रीनिवास कृत 'रणधीर और प्रेम-मोहिनी' में न केवल प्रस्तावना का अभाव है, प्रत्युत यह मूल भावना में पाश्चात्य शैली की दुखान्त रचना है।

हिन्दी एकांकियों का प्रथम उत्थान : तीन धाराएँ

राष्ट्रीय-नैतिक विचारधारा

भावपक्ष में भारतेन्दुकालीन एकांकी तीन श्रेणियों में विभक्त किये जा सकते हैं : राष्ट्रीय-नैतिक, सामाजिक यथार्थवादी तथा पौराणिक आदर्शवादी। इस काल में राष्ट्रीयता का उन्मेष हो चुका था। राष्ट्रीय जागरण का स्वर एकांकियों में मुखरित हुआ। जनता अपने राजनैतिक अधिकारों को समझ रही थी और अपने राष्ट्रीय विचारों को प्रकट करना चाहती थी। भारतेन्दु के एकांकियों का स्वर राष्ट्रीय नवचेतना को मुखरित करना था। हिन्दी एकांकियों को कुछ प्रेरणा बंगाली साहित्य से प्राप्त हुई। बंगाल में राष्ट्रीय जागृति अपेक्षाकृत पहले हुई थी। इन एकांकियों का विषय भी भारत की मौजूदा स्थिति पर क्षोभ प्रकट करना, अतीत की स्मृति, सोते हुए राष्ट्र को जाग्रत करने का प्रयत्न, भारत के राष्ट्रीय कल्याण की आशा-निराशा का द्वन्द्व, भविष्य-कल्पना इत्यादि था। ऐतिहासिक एकांकियों का भी स्वर राष्ट्रीय था। इस वर्ग में हम श्री राधाचरण गोस्वामी का 'भारत-माता', भारतेन्दु हरिश्चन्द्र का 'भारत-दुर्दशा', 'भारत-जननी' तथा रामकृष्ण वर्मा का 'भारतोद्धार' आदि एकांकी रख सकते हैं। ऐतिहासिक राष्ट्रीय चेतना में भारतेन्दु का 'नील देवी', काशीराम खत्री के 'तीन ऐतिहासिक रूपक', राधाचरण गोस्वामी का 'अमरसिंह राठौर', राधाकृष्ण दास का 'महारानी पद्मिनी', रामकृष्ण वर्मा का 'पद्मावती', 'वीर नारी', 'कृष्णकुमार' इत्यादि एकांकी नाटक रख सकते हैं। एकांकीकार अपना उद्देश्य जनता में देश और राष्ट्र के प्रति जाग्रति उत्पन्न करना, शिक्षा देना अथवा नये आदर्श उपस्थित करना समझते रहे। उनका लक्ष्य मनोरंजन की अपेक्षा शिक्षा देना अधिक था। वे रमणीयता से मिश्रित कर ऐसा उपदेश दे जाते, जो आन्तरिक हृदय पर प्रतिक्रिया करता था। इस प्रकार उपदेश और मनोरंजन दोनों ही दृष्टियों से इस श्रेणी के एकांकियों का विशेष महत्त्व है।

सामाजिक यथार्थवादी धारा

दूसरी विचारधारा सामाजिक यथार्थ की थी। राष्ट्रीय जागृति के साथ नाट्यकारों की दृष्टि समाज की पतितावस्था की ओर गई। समाज की रूढ़ियाँ, जीर्णशीर्ण मान्यताएँ, पुराणपन्थीपन, सामाजिक कुरीतियाँ उनकी आलोचना के शिकार बने। भारतेन्दु-युग में इस वर्ग में सबसे अधिक नाट्यकारों ने रचनाएँ की हैं। समाज का सुधार करना उनका प्रिय विषय बन गया। भारतेन्दुजी का 'भारत-दुर्दशा', राधाचरण गोस्वामी का 'भारतवर्ष में यवन लोग', श्रीशरण का 'बाल विवाह', पं. प्रतापनारायण मिश्र का 'कली कौतुक' रूपक, श्रीकाशीनाथ खत्री का 'बाल-विधवा संताप', देवकीनन्दन त्रिपाठी का 'जय नारसिंह की', अम्बिकादत्त व्यास का 'कलियुग और घी', किशोरीलाल गोस्वामी का 'चौपट चपेट' समाज में फैले हुए नाना प्रकार के दुर्गुणों, कुरीतियों तथा रूढ़ियों से सम्बन्धित हैं। इनके अतिरिक्त देवकीनन्दन त्रिपाठी के प्रहसन 'कलियुगी जनेऊ' (संवत् 1943) तथा 'कलियुगी विवाह', निद्धीलाल

मिश्र का 'विवाहिता विलाप' (सन् 1820), बालकृष्ण भट्ट का 'शिक्षादान अर्थात् जैसा काम वैसा परिणाम', राधाकृष्णदास की 'दुःखनी बाला', काशीनाथ की 'बाल-विधवा' तथा किसी नाट्यकार के 'बालशिशु विवाह' और 'वृद्धावस्था विवाह' हिन्दुओं की सड़ी-गली वैवाहिक पद्धति पर व्यंग्य हैं। नाट्यकार स्त्रियों की गिरी हुई दशा को उबारने में सभ्यता तथा रूढ़ि की कठोरता को तोड़ने में प्रयत्नशील थे। दो सुन्दर एकांकी 'ग्रामपाठशाला नाटक' तथा 'रेल का विकट खेल' 'हरिश्चन्द्र मैग्जिन' में प्रकाशित हुए थे। प्रथम में कम वेतन पाने वाले ग्राम-पाठशाला के अध्यापकों की दर्द-भरी झाँकी है, दूसरे में टिकिट चेकरों की रिश्वतखोरी पर व्यंग्य किया गया है। सामाजिक क्षेत्र में ये विषय ऐसे थे जिनकी ओर सर्वसाधारण का ध्यान आकर्षित करना आवश्यक था। इन नाट्यकारों की सुधारवादी दृष्टि का परिणाम यह हुआ कि हिन्दू समाज में मद्यपान, मांसाहार, पाखण्ड, छूतछात, वेश्यागमन इत्यादि कुरीतियों के प्रति घृणा उत्पन्न हुई; और स्वाभिमान, पवित्रता और अतीत गौरव के भाव उत्पन्न हुए।

पौराणिक आदर्शवादी धारा

तीसरी पौराणिक आदर्शवादी धारा एकांकियों की थी। धर्म के प्रति लोगों का चाव था। जनता उन्हें बड़े उत्साह से पढ़ती तथा देखती थी। अतः धार्मिक अभ्युत्थान में नाटककारों ने पर्याप्त दिलचस्पी ली। जनता की प्रवृत्ति धार्मिक विषयों की ओर किस मात्रा में थी, इसका ज्ञान पं. ज्वालाप्रसाद मिश्र द्वारा मयूरध्वज की आलोचना के निम्न वक्तव्यों से लगता है—

"बहुत काल से लुप्त हुए नाटकों का प्रचार इस समय कुछ-कुछ होने लगा। महाशयों के मन में नाटक बनाने की उमंगें उठने लगी हैं, जिससे नये ढंग नाटकों में झलकते हैं। पानी श्रेष्ठ वही है जो समुद्र में जा मिले, इसी प्रकार नाटक भी श्रेष्ठ वही है, जो ईश्वर में भक्ति उत्पन्न करे, जिससे पाठकों का चित्त परमेश्वर में स्नेह करने लगे। सो यह गुण इस नाटक में विद्यमान है...।"

इस धार्मिक धारा के अन्तर्गत पौराणिक कथानकों पर छोटे-छोटे एकांकियों का निर्माण हुआ। इनमें भारतेन्दु का 'माधुरी', 'धनंजयविजय', लाला श्रीनिवास का 'प्रहलाद चरित्र', पं. बद्रीनारायण चौधरी 'प्रेमघन' का 'प्रयाग रामगमन', राधाचरण गोस्वामी का 'श्रीदामा', 'सती चन्द्रावली', पं. अयोध्यासिंह उपाध्याय का 'रुक्मिणी परिणय', शालिग्राम वैश्य का 'मयूरध्वज', बालकृष्ण भट्ट का 'दमयन्ती स्वयंवर', जैनेन्द्रकिशोर का 'सोमावती अथवा धर्मवती' (1830), कार्तिक प्रसाद रचित 'उषाहरण' (1892), 'गंगोत्तरी', 'द्रोपदी चीरहरण', 'निःसहाय हिन्दू', 'प्रताप नाटक', मोहनलाल विष्णुलाल पण्ड्या कृत 'प्रह्लाद नाटक' हैं।

अनुवाद—इन मौलिक रचनाओं के अतिरिक्त अनुवादों की धूमधाम रही। संस्कृत, बंगला, प्राकृत और कुछ अंग्रेजी से अनुवाद भी किये गये। संस्कृत को अधिक महत्त्व प्रदान किया गया, क्योंकि उसी परिपाटी में हिन्दी नाट्यकारों ने आँखें खोली थीं। उनकी रचनाएँ

मौलिक होते हुए भी संस्कृत के नाट्यशास्त्र के अनुकूल थीं। राजा लक्ष्मणसिंह की 'शकुन्तला' अनुवाद होते हुए भी साहित्य के लिए नवीन थी। इसी समय पाश्चात्य विद्वानों ने संस्कृत साहित्य का विशेष अध्ययन किया और संस्कृत के काव्य और नाटक अंग्रेजी, फ्रेंच, जर्मन इत्यादि भाषाओं में अनुवादित हुए। हमारे साहित्यिकों की अभिरुचि संस्कृत काव्य और नाटकों के अध्ययन की ओर विशेष रूप से गई। 'शकुन्तला' के पश्चात् अन्य नाटकों के अनुवाद भी प्रकाशित हुए। स्वयं भारतेन्दु हरिश्चन्द्र ने कई नाटकों के अनुवाद किये। लाला सीताराम, बी.ए. ने कालिदास, भवभूति और हर्ष के सभी नाटक और 'मृच्छकटिक' का अनुवाद किया और साथ ही शेक्सपियर के भी कितने ही नाटकों का रूपान्तर कराया। अंग्रेजी नाटकों से हमारे साहित्यकार प्रभावित हुए, कहीं-कहीं कुछ दृष्टियों से वे आदर्श अपनाये भी गये, किन्तु मूल प्रेरणा उन्हें प्राचीन संस्कृत साहित्य से ही मिलती रही। द्विवेदी-युग में अंग्रेजी का प्रभाव स्पष्टतः प्रकट होने लगता है और अंग्रेजी नाट्यशैली के नवीन आदर्शों को हमारे साहित्यकार अपनाते हुए मिलते हैं।

प्रमुख विशेषताएँ

रसों का आधार

भारतेन्दुकालीन एकांकी संस्कृत नाट्यशास्त्र की भाँति रसों पर आधारित है। किसी विशेष रस को सामने रखकर तदनुकूल वातावरण की सृष्टि इनकी एक प्रमुख विशेषता रही है। इसी रस-पद्धति को इस काल के अन्य लेखक विशेषतः प्रतापनारायण मिश्र, राधाकृष्ण दास, श्रीनिवासदास, प्रेमघन आदि ने एकांकी साहित्य की रचना में कार्यान्वित किया। 'वाक्यं रसात्मकं काव्यम्' से प्रतीत होता है कि हमारे यहाँ वाक्यों का रसात्मक रूप ही काव्य है और 'काव्येषु नाटकं रम्यं' से प्रकट होता है कि काव्य का भी रमणीय रूप नाटक है। काव्य का अंग माने जाने के कारण प्राचीन संस्कृत परिपाटी से प्रभावित एकांकियों में लम्बे-लम्बे कवित्वपूर्ण कथोपकथनों तथा रस सृष्टि करनेवाले श्रवण-सुखद समासबद्ध संवादों की प्रचुरता है।

भारतेन्दु हरिश्चन्द्र के एकांकी नाटक

एकांकी के क्षेत्र में इस प्रकार के प्रयोग करने का श्रेय भारतेन्दु हरिश्चन्द्र को है। उन्होंने नाट्यशाला को पुनर्जीवित किया और नयी-नयी नाट्य-शैलियाँ साहित्यकारों के समक्ष प्रस्तुत कीं। उस संधिकाल में यदि भारतेन्दु के ये प्रयोग न होते तो हिन्दी नाटकों की सर्वश्रेष्ठ परम्परा का परिचय प्राप्त न होता। उनके युग में तो यह साहित्यिक जागृति चलती रही किन्तु मृत्यु के पश्चात् फिर नाटकीय गति में अवरोध उपस्थित हो गया। अतः उन्हें युगान्तकारी नाट्यकार के रूप में रखा जा सकता हैं।

भारतेन्दु ने पारसी स्टेज से प्रभावित सस्ते मानसिकहीनता और पतन करने वाले नाटकों से हटकर जन-रुचि का परिष्कार प्रारम्भ किया। वे संस्कृत के आदर्शवादी आदर्श ले मौलिक प्रतिभा के स्पर्श से साहित्यिक एकांकियों की रचना कर सके, जो उनके सामने खेले भी गये। वे भारत की तत्कालीन दुरवस्था प्रदर्शित कर अतीत भारतीय गौरव की स्मृति सजग करना चाहते थे। उनका कार्य नाट्यकारों के समक्ष नये-नये प्रकार (Dramatic forms) प्रस्तुत करना था। अतः जहाँ उन्होंने कई संस्कृत और बंगला नाटकों के अनुवाद किये, वहाँ एकांकी के क्षेत्र में प्रहसन, ओपेरा, व्यंग्य गीतिरूपक, नाट्यरासक या लास्य रूपक, भाण इत्यादि मौलिक एकांकी भी निर्मित किये। भारतेन्दु के एकांकियों का निर्माण फलतः संस्कृत नाट्यशास्त्र के अनुसार हुआ है। किन्तु इसका यह तात्पर्य नहीं कि वे अंग्रेजी से प्रभावित नहीं हुए।

भारतेन्दु पर अंग्रेजी भाषा और साहित्य का प्रभाव था तथा उन्हें अंग्रेजी के प्रति दिलचस्पी थी। बंगला में अंग्रेजी का आधार लेकर जिन नाटकों का निर्माण हुआ था, वे उनसे प्रभावित थे। अपने 'नाटक' निबन्ध में इस बात का संकेत किया है कि बिना अंग्रेजी के ज्ञान के उत्तम नाटक की रचना नहीं हो सकती। सिद्धान्त की दृष्टि से वे अंग्रेजी नाट्यकला का अध्ययन आवश्यक समझते थे। स्वयं उन्होंने अंग्रेजी का अध्ययन स्कूल में रहकर किया था। नाट्य-प्रिय अंग्रेजी सभ्यता का उत्थान वे देख रहे थे। उन्होंने अपने समय के नाट्य-साहित्य का अध्ययन किया था, किन्तु उसमें उन्हें किसी प्रकार का नाट्य-कौशल नहीं दिखाई दिया। उन्होंने नाट्य-रचना का अभ्यास संस्कृत के अनुवादों से किया। अंग्रेजी नाटकों से उनका कोई विशेष परिचय नहीं था, पर शेक्सपियर की प्रतिभा से वे प्रभावित अवश्य थे। 'दुर्ल्लभ बन्धु' उनका प्रारम्भकालीन अनुवाद है। अंग्रेजी के इस अनुवाद के साथ उन्होंने मौलिक नाटकों का भी क्रम जारी रखा। यद्यपि आपने पौराणिक और ऐतिहासिक कथानक अधिक चुने, तथापि उनका नाटकीयकरण सर्वथा मौलिक है। रचना-शैली में संस्कृत नाट्यशास्त्र के सिद्धान्तों से प्रभावित होते हुए भी भारतेन्दु ही हिन्दी के मौलिक एकांकीकार हैं। अपने इस रूप में भी हम उन्हें बहुमुखी और बहुरंगी पाते हैं।

भारतेन्दु के प्रयोगकालीन एकांकी

भारतेन्दु ने भिन्न-भिन्न संस्कृत प्रकारों के प्रयोग हिन्दी नाट्यकारों के सन्मुख प्रस्तुत किये हैं, जैसे—'धनंजय विजय' (व्यायोग); 'भारत-दुर्दशा' (नाट्यरासक या लास्य रूपक); 'नीलदेवी' (ऐतिहासिक गीतिरूपक); 'भारत जननी' (ओपेरा); 'माधुरी' (रूपक); 'वैदिकी हिंसा हिंसा न भवति' तथा 'अन्धेर नगरी' (प्रहसन); 'विषस्य विषमौषधम्' (भाषा या मोनोड्रामा)। इन एकांकियों में नाट्यकार ने स्वयं प्रकार (Type) का उल्लेख कर दिया है, जिससे यह स्पष्ट है कि वे एकांकियों के लेखन के आदर्श उपस्थित कर रहे थे। उनके समकालीन अन्य नाट्यकारों ने इन्हीं आदर्शों का पालन अपने एकांकियों में किया है।

अनुवादित एकांकी नाटक

भारत-जननी—अनुवादित एकांकियों में 'भारत-जननी' (1877), ओपेरा एक ही दृश्य में अपना सम्पूर्ण कार्य-व्यापार समाप्त कर देता है। यह एकांकी किसी अन्य कवि के 'भारत माता' नामक बंगला नाटक से अनुवादित किया गया है। इसे भारतेन्दु ने शोध कर प्रकाशित किया था। इसमें भारत संतानों की तत्कालीन दुर्दशा और गौण रूप से अतीत गौरव का वर्णन करते हुए राष्ट्र-प्रेम उत्पन्न करने की भावना को मुख्यता प्रदान की गई है। इस एकांकी में सुधारवादी तत्त्व गीतों और कविताओं में दिये गये हैं।

धनंजय विजय—संवत् 1930 में प्राचीन संस्कृत प्रणाली पर कवि कांचन कृत एक संस्कृत व्यायोग के आधार पर विनिर्मित हुआ था। गद्य के स्थान पर गद्य और पद्य के स्थान पर पद्य देकर भारतेन्दुजी ने अनुवाद को प्रामाणिक बनाया है। अनुवाद होने पर भी यह स्वतन्त्र एकांकी की भाँति मौलिक और मनोहर प्रतीत होता है। इसका नायक अर्जुन गम्भीर, धीरोदात्त नायक है; एकांकी में पात्रों की बहुलता है। इसकी विशेषता यह है कि इसमें स्थान और समय की इकाइयों का सुन्दर निर्वाह हुआ है। एक ही दिन का वृत्तान्त प्रस्तुत किया गया है; कौशिकी वृत्ति का प्रयोग नहीं किया गया है; वीर रस की प्रधानता है; स्त्रियाँ कम, पुरुष बहुत हैं; कथोपकथन लम्बे व कम हैं। गद्य कम, पद्य अधिक हैं। स्टेज और पर्दों की न्यूनता को सुन्दर सांगोपांग वर्णनों द्वारा पूर्ण किया गया है। स्टेज-सूचनाएँ केवल हृदय की भावनाओं मात्र का संकेत करती हैं।

पाखण्ड विडम्बन—यह रूपक (सन् 1872) प्रबोधचन्द्रोदय के तृतीय अंक का अनुवाद है। पढ़ने में कथानक अपने-आपमें पूर्ण है और अनुवाद जैसा प्रतीत नहीं होता। गीतों की बहुलता के कारण इस पर प्राचीन परिपाटी का प्रभाव स्पष्ट है और कुछ भारतेन्दु की काव्याभिरुचि को भी प्रकट करती है। भाषा में कुछ मारवाड़ी के भी प्रयोग हुए हैं, कवित्त-सवैयों में ब्रजभाषा का बाहुल्य है। वर्णन की दृष्टि से इसका अधिक महत्त्व है। कहीं-कहीं ऐसा प्रतीत होता है मानो एकांकीकार गीतों के प्रवाह में बह गया है।

मौलिक एकांकी नाटक

प्रेमयोगिनी—मौलिक एकांकियों में 'प्रेमयोगिनी' (1875), 'माधुरी', 'भारत-दुर्दशा' (1880), 'नीलदेवी' (1881) प्रसिद्ध हैं। 'प्रेमयोगिनी' अपूर्ण नाटिका है, जिसे एकांकी के अन्तर्गत लिया जा सकता है। इसमें चार पृथक्-पृथक् दृश्य हैं, कथावस्तु बिन्दु मात्र है। इसकी विशेषता यह है कि इसमें 'जीवन का चित्रमय प्रदर्शन' है। हिन्दी एकांकियों में यथार्थवाद का प्रचलन इसी रचना से होता है। इस यथार्थवादी एकांकी में पात्रों का चरित्र-चित्रण उन्हीं की भाषा में किया गया है।

माधुरी—इसमें श्रीकृष्ण की प्रेमिका माधुरी का वृन्दावन में विरह का चित्र प्रदर्शित किया गया है। सखियों के कथोपकथन में कुटिल हास की झाँकी है। मनोविश्लेषणात्मक आधार पर निर्मित यह एकांकी वियोग शृंगार का सफल उदाहरण है।

भारत-दुर्दशा–संस्कृत परिपाटी पर लिखा हुआ नाट्य-रासक है। इसमें एक अंक के कुल छह दृश्य हैं। राजनैतिक वातावरण को नाटकीय ढंग से प्रथम बार एकांकी का विषय बनाया गया। यह उपदेशप्रधान और समस्यामूलक है।

नीलदेवी–वियोगान्त ऐतिहासिक गीत रूपक हैं, जिसमें संगीतों के कथानक का सौन्दर्य है। यह एकांकी चरित्रप्रधान है। नीलदेवी के शौर्य, चातुर्य, युद्धोत्साह, स्वदेशभक्ति का दिग्दर्शन कराना ही इसका मुख्य उद्देश्य है। इसमें आधुनिक एकांकी के प्रायः सभी अंग बीज-रूप से उपलब्ध हैं। इस पर अंग्रेजी नाट्य-पद्धति की छाया है।

भारतेन्दु के प्रहसन

भारतेन्दुजी जब हिन्दी में प्रहसनों पर प्रयोग कर रहे थे, तब उन्होंने संस्कृत नाट्यशास्त्र के अनुसार प्रयोग प्रारम्भ किये। उनके प्रहसनों में से कुछ एक अंक के हैं, शेष एक से अधिक अंकों के हैं। प्रहसन को यदि सम्पूर्ण रूप से एकांकी के अन्तर्गत लिया जाय, तो सभी प्रकार के प्रहसन इसी श्रेणी में आ जाते हैं। कहीं-कहीं उन्होंने दृश्य के स्थान पर 'अंक' और 'गर्भांक' का प्रयोग किया है। हास्य की ओर भारतेन्दु की रुचि के दो कारण थे। सर्वप्रथम तो वे स्वयं ही विनोदप्रिय थे तथा समाजसुधार के लिए उन्होंने हास्य और व्यंग्य को ही चुना। द्वितीय, यह कुछ पारसी कम्पनियों की मनोरंजनप्रियता का प्रभाव था। उनके आदर्शों के अनुसार कलात्मक मनोरंजन ही प्रहसन का प्राण था।

भारतेन्दु के प्रहसन सुधारवादी दृष्टिकोण से लिखे गये हैं। मनोरंजन के साथ-साथ समाज की रूढ़ियों, जीर्णशीर्ण मान्यताओं तथा समाज की निर्बलताओं पर उन्होंने उँगली रख दी है। इसमें बौद्धिक अपील है तथा परोक्ष रूप से ये किन्हीं विशेष परिणामों पर पहुँचने के लिए निर्मित हुए हैं। हास्यपूर्ण प्रसंगों, कविताओं और स्थितियों का इनमें बाहुल्य है। कहीं-कहीं संस्कृत के उद्धरण भी आ गये हैं किन्तु उनमें "पूर्ण रूप से संस्कृत शैली का अनुकरण नहीं मिलता।"

अन्धेर नगरी–प्रथम प्रहसन 'अन्धेर नगरी' (संवत् 1938) छह दृश्यों का प्रहसन है। बनारस में बंगालियों और हिन्दुस्तानियों ने मिलकर एक छोटा-सा नाटक 'समाज' दशाश्वमेध घाट पर किया है। उसी में 'अन्धेर नगरी' का प्रहसन जोड़ा गया। इसे भारतेन्दुजी ने नाटकों के पात्रों के अनुसार एक ही दिन में लिख दिया था। इसकी मूल समस्या यह है–

"**महन्त**–बच्चा, बहुत लोभ मत करना। देखना, हाँ–

लोभ पाप का मूल है, लोभ मिटावत मान।
लोभ कभी ना कीजिए, या में नरक निदान।।"

विषस्यविषमौषधम् (संवत् 1933)–संस्कृत परिपाटी के भाग या मोनोड्रामा का एक उदाहरण है। इसमें मल्हराव के सिंहासन-च्युत होने का इतिहास हास्य-रूप में चित्रित किया गया है और परस्त्रीगमन की निन्दा की गई है–

"पर तिय-रत रावन बध्यो, पर धन रत तिमि कंस।
रामकृष्ण जय सूर ससि, करन मोह अध धंस।।"

इसमें पात्र केवल एक भण्डाचार्य है, वही आकाश-भाषित अभिनय प्रणाली से सम्पूर्ण कथानक खोलता है। कथानक का आधार ऐतिहासिक है; किन्तु अनुचित रीति से अंग्रेजी राज्य की प्रशंसा की गई है।

वैदिकी हिंसा हिंसा न भवति (संवत् 1930)—इस प्रहसन में हिंसा-अहिंसा की व्याख्या की गई है। नान्दी के प्रथम दोहे में ही प्रहसन का विषय स्पष्ट कर दिया गया है—

"**नान्दी**—बहु बकरा बलिहित करें, जाके बिना प्रमान।
सो हरि की माया करै, सब जग को कल्यान!"

इस प्रहसन का कथानक बहुत सीधा-सादा है। एक नैतिक उद्देश्य (मांस-भक्षण, व्यभिचार तथा मद्यपान से हानियाँ) लेकर एक साधारण-सा कथानक निर्मित कर लिया गया है।

इन प्रहसनों का मूल विषय "अतीत भारत के गौरव का चित्रण, वर्तमान पतितावस्था पर विक्षोभ तथा भविष्य के कल्याण की आशा है।" अपने नाट्य-विधान में भारतेन्दुजी ने संस्कृत के अनेक उदाहरण हिन्दी नाट्य-साहित्य में प्रस्तुत किये। यहाँ संस्कृत के अध्ययन के साथ निजी मौलिकता भी है। उनकी एकांकी कला में संस्कृत की उपरूपक की शैली और आदर्शों का अनुकरण है। हिन्दी में एकांकी के ढंग के लघु नाटक न होने के कारण उन्होंने संस्कृत के छोटे नाटक पढ़े। प्राचीन संस्कृत नाट्यशास्त्र में साहित्य की सभी शैलियाँ मिल जाती हैं। महाकवि भास, कांचन, राजशेखर के कुछ एकांकी बड़े सफल हैं। इन्हीं के आदर्शों पर उन्होंने अनुवादित और मौलिक दोनों प्रकार के एकांकियों के प्रयोग किये। संस्कृत नाटकों की भाँति आपके एकांकियों में गद्य और पद्य दोनों रहते हैं; उनमें काव्य-माधुरी का अधिक आनन्द आता है। आपके एकांकियों में श्रवण सुखद संवादों की प्रचुरता है। कवितामय होने के कारण अभिनेयता की न्यूनता है। संस्कृत नाटकों के नान्दीपाठ, सूत्रधार वठी, स्वगत, भरतवाक्य, गायन, दोहों आदि की भी योजना यत्र-तत्र उपलब्ध है। किन्तु जिस बात से हम विशेष प्रभावित होते हैं, वह उनकी प्रतिभा है। उन पर नये ढंग के बंगला नाटकों तथा पारसी रंगमंच का भी प्रभाव था। पारसी रंगमंच की दोहा-शेर वाली पद्धति की छाप उनके एकांकियों पर है। अंग्रेजी का प्रभाव बंग-साहित्य के माध्यम से उनकी एकांकी कला पर पड़ा है। यह प्रभाव प्रथम एकांकियों के बाह्य ढाँचे में हुआ तथा अनन्तर क्रमशः आदर्शों में। प्रस्तावना का लोप, अंग्रेजी नाटकों के ढंग पर अंक-विभाजन और दृश्य-विधान, भरतवाक्य का अपेक्षाकृत कम प्रयोग, श्रव्य वस्तु का लोप आदि कुछ ऐसे लक्षण हैं, जो भारतेन्दु धीरे-धीरे अपना रहे थे। भारतेन्दु की कला में ये तत्त्व धीरे-धीरे हिन्दी में आते हुए प्रतीत हुए। वे नवीन विचारधारा से प्रभावित अवश्य हुए थे, किन्तु प्राचीनता से हटे नहीं थे।

द्विवेदी-युग में एकांकी का विकास

इस युग में सम्पूर्ण हिन्दी नाटक की धारा मन्द-सी रही। एकांकी भी क्षीण ही रहा। इसके तीन प्रधान कारण थे : (1) हम लोग नाटक को पढ़कर ही उसके आनन्द को लेने के आदी हो गये। अभिनय-कला का प्रचार कम हो गया। (2) हिन्दी में रंगमंच का अभाव था। मराठी और बंगाली रंगमंचों पर नवीन प्रयोग अवश्य चलते रहे। आधुनिक ढंग के कुछ एकांकी इन भाषाओं में लिखे गये हैं। दक्षिण भारत में भारतीय कला की परम्परा बनी रही। कथकली नृत्यों में अभिनय-कला सुरक्षित रही। तीसरा कारण शिक्षित और सुसंस्कृत समाज में अभिनय के प्रति अरुचि थी। समाज की उपेक्षा के कारण नाट्यकला का ह्रास होता गया।

इस काल के प्रमुख नाट्यकारों में पं. राधेश्याम कथावाचक, पं. तुलसीदत्त शैदा नाट्याचार्य, श्री मंगलप्रसाद विश्वकर्मा, जयदेव शर्मा, श्री सियाराम शरण गुप्त, ब्रजलाल शास्त्री, एम.ए. रामसिंह वर्मा, पं. सरयूप्रसाद बिन्दु, शिवरामदास गुप्त, बद्रीनाथ भट्ट, पं. हरिशंकर शर्मा, श्री जी.पी. श्रीवास्तव, पं. रूपनारायण पाण्डेय, श्री प्रेमचन्द पाण्डेय, बेचन शर्मा 'उग्र', श्री सुदर्शन, पं. रामनरेश त्रिपाठी, श्री जयशंकर प्रसाद इत्यादि विशेष उल्लेखनीय हैं।

श्री सुदर्शन के 'राजपूत की हार', 'प्रताप प्रतिज्ञा', 'आनरेरी मजिस्ट्रेट'; श्री रामनरेश त्रिपाठी के 'स्वप्नों के चित्र', 'दिमागी एयाशी'; श्री बद्रीनाथ भट्ट का 'लबड़धौंधौं' तथा श्री जयशंकर प्रसाद के 'सज्जन', 'करुणालय', 'प्रायश्चित्त' और 'एक घूँट' आदि चार एकांकी प्रसिद्ध हैं। श्री जी.पी. श्रीवास्तव ने 'दुमदार आदमी', 'गड़बड़झाला', 'कुर्सीमैन', 'पत्र-पत्रिका सम्मेलन', 'न घर का ना घाट का', 'मोहिनी', 'अच्छा', 'लकड़बग्घा', 'बंटाधार', 'चोर के घर छिछोर', 'पैदाइशी मजिस्ट्रेट', 'करिया अच्छर भैंस बराबर', 'भारत माता की जय' इत्यादि प्रहसन लिखे। श्रीवास्तव जी अब भी कुछ-न-कुछ लिखते रहते हैं। 'उग्र' जी के 'चार बेचारे' (1922) 'अफजल वध', तथा 'भाई मियाँ' एकांकी प्रकाशित हुए हैं। इस प्रकार यह स्पष्ट हो जाता है कि द्विवेदी-युग में भी एकांकी-निर्माण का कार्य चलता रहा।

अर्वाचीन एकांकी नाटकों का विकास

अर्वाचीन एकांकियों का प्रारम्भ

'हंस', मई 1938 के एकांकी-विशेषांक का हिन्दी एकांकी साहित्य के इतिहास में विशेष स्थान है। इस अंक द्वारा हिन्दी साहित्य का ध्यान एकांकियों की ओर आकृष्ट किया गया। इस विशेषांक द्वारा एकांकी पर अनेक भ्रान्तियाँ उठाई गईं और आलोचकों ने उसका समाधान किया। यद्यपि कई स्थायी कला-कृतियाँ भुवनेश्वर का 'कारवाँ' (1935); डॉ.

रामकुमार वर्मा का 'पृथ्वीराज की आँखें' (1937); डॉ. सत्येन्द्र का 'कुणाल' (1937); बंगला में रवीन्द्र बाबू का 'मुक्तधारा' (एकांकी संग्रह) हिन्दी में अनुवादित होकर आ चुके थे, तथापि गम्भीरता से एकांकियों पर विचार होना 1938 से ही प्रारम्भ हुआ।

इस काल के एकांकी लिखने में दृष्टिकोण का अन्तर हो गया था। प्रथमावस्था के एकांकीकारों में 'एकांकी' लिखने का संकल्प न था। वे नाटक लिखना चाहते थे। उनकी छोटी कथा हुई तो वह एकांकी हो गया। अब तक हिन्दी में एकांकी कोई अलग स्थान नहीं बन पाया था। इस उत्पत्ति में एकांकी सम्बन्धी एक चैतन्य जाग्रत हो उठा था। इस परिवर्तन की ओर व्यक्तियों और विद्वानों का लक्ष्य था। (डॉ. सत्येन्द्र, 'हिन्दी एकांकी', पृष्ठ 30)

'हंस' के एकांकी अंक में एक विवाद श्री चन्द्रगुप्त विद्यालंकार ने उठाया। विवाद का प्रश्न था–एकांकी नाटक का साहित्य में क्या स्थान है। इस प्रश्न का उत्तर देनेवाले आलोचकों को हम दो स्कूलों में विभक्त कर सकते हैं। प्रथम स्कूल में वे आलोचक सम्मिलित हैं जो श्री चन्द्रगुप्त विद्यालंकार के समान एकांकी को 'कहानी का एक छोटा-संस्करण मात्र' कहकर उपेक्षित रखना चाहते हैं। श्री चन्द्रगुप्त विद्यालंकार के विचार इस प्रकार हैं–

''लाहौर में विज्ञापनबाजी का एक अनोखा ढंग मैं बहुत दिनों से देख रहा हूँ। सम्भव है कि वह ढंग और भी बहुत जगह बरता जाता हो, फिर भी मैं उसे 'अनोखा' इसलिए कह रहा हूँ कि दो विशेष व्यक्तियों ने यहाँ उसे बहुत आकर्षक बना रखा है।

कोई दो व्यक्ति हैं–एक बड़ी उम्र का लम्बा-चौड़ा-सा पुरुष और दूसरा एक बालक। सम्भव है, वे परस्पर सचमुच चचा-भतीजे हों, क्योंकि अपना परिचय वे इसी प्रकार देते हैं। जिस बेतकल्लुफी का व्यवहार वे एक-दूसरे से करते हैं उसे देखकर यह कहा जा सकता है कि वे पिता-पुत्र नहीं हो सकते, और यह भी सम्भव है कि उसमें परस्पर व्यावसायिक सम्बन्ध भी हों। अनारकली बाजार में आप उन्हें प्रतिदिन एक-दूसरे के सामने खड़े होकर बहुत ऊँची-सी आवाज में बातें करते हुए पायेंगे। उनकी बातचीत का विषय भी प्रतिदिन नया होता है। कभी वे जूतों के बारे में बातें करते हैं, कभी कपड़ों के बारे में और कभी दवाइयों के बारे में। दोनों की पोशाक भी कुछ निराली-सी होती है। अपने चचा से 5-6 कदम की दूरी पर खड़ा होकर बालक सवाल करता जाता है और चचा साहब आवश्यक भावभंगी के साथ जवाब देते हैं। उस बातचीत में विज्ञापनीय वस्तु की खूबियाँ, प्रयोग, कीमत और मिलने का पता आदि सभी कुछ श्रोताओं के कर्णगोचर कर दिया जाता है। मेरी राय है कि एकांकी नाटक भी लगभग इसी प्रकार की चीज है।'' (चन्द्रगुप्त विद्यालंकार–'एकांकी का साहित्य में कोई स्थान भी है', हंस, एकांकी अंक, पृष्ठ 801)

इसी आलोचना में आगे चलकर चन्द्रगुप्त विद्यालंकार ने और आपत्तियाँ उपस्थित की हैं–''मेरी स्थापना यह है कि एकांकी नाटक की कोई निश्चित और निजी टेकनीक न तो अभी बन पाई है, न बन सकती है। संसार के अनेक प्रामाणिक आलोचकों के मतानुसार एकांकी नाटक कहानी का रंगमंच पर खेला जाने वाला संस्करण मात्र है। एकांकी नाटक

में किसी नई दुनिया के निर्माण का तो ख्वाब नहीं लिया जा सकता। पात्रों के व्यक्तित्व का चित्रण अथवा विकास भी यहाँ नहीं किया जा सकता। एकांकी नाटक में किसी एक घटना अथवा भाव का चित्रण अवश्य किया जा सकता है, परन्तु ऐसे एकांकी नाटक भी लिखे जा सकते हैं और लिखे जाते हैं, जिनमें किसी घटना या भाव का इकहरा चित्रण नहीं किया गया हो। आप पूछेंगे कि फिर एकांकी के लिए आवश्यक चीज क्या है? मेरा उत्तर है, सिर्फ मनोरंजन अथवा अपूर्ण वार्तालाप। बस, इतना ही। इससे अधिक कुछ नहीं।

मैं यह नहीं कहता कि अच्छे एकांकी नाटक अभी लिखे नहीं गये... अनेक एकांकी नाटकों ने मुझे प्रभावित किया है, परन्तु थोड़ी-सी आलोचनात्मक दृष्टि से देखने पर यह निस्संकोच होकर कहा जा सकता है कि इन पसन्द आने वाले अथवा प्रभावित करने वाले एकांकी नाटकों की आधारभूत श्रेष्ठता उनकी कहानी में है। दूसरे शब्दों में यह कहा जा सकता है कि उनकी जगह यदि कहानी लिखी गई होती, तो वह भी अधिक श्रेष्ठ होती। रूस के सुप्रसिद्ध कलाकार चेखोव को मैं संसार का सर्वश्रेष्ठ कहानी-लेखक मानता हूँ। मेरा ख्याल है कि उन्होंने सिर्फ परिवर्तन के खातिर ही कभी-कभी अपनी कहानियों को एकांकी नाटक के रूप में लिख डाला होगा।

यह ठीक है कि एकांकी नाटकों की लोकप्रियता बढ़ रही है, परन्तु इसका अभिप्राय कदापि नहीं कि कला की दृष्टि से भी वे उपादेय हैं।

एकांकी नाटकों की लोकप्रियता बढ़ने के दो कारण हैं—एक तो यह कि उन्हें किसी नाटक के अन्तराल में आसानी से खेला जा सकता है। दूसरा यह कि एकांकी नाटक लिखना बहुत आसान है। जो व्यक्ति मनोरंजक ढंग की थोड़ी-सी बातचीत लिख सकता है वह एकांकी नाटक भी लिख सकता है। और तो और, एकांकी नाटक में क्लाइमेक्स (चरम सीमा) का भी होना आवश्यक नहीं। मैंने अनेक एकांकी नाटक इस तरह के पढ़े हैं, जिन्हें अच्छी प्रतिष्ठा प्राप्त हुई है, और उनमें क्लाइमेक्स नहीं है, सिर्फ विचारपूर्ण वार्तालाप मात्र है।''

इस श्रेणी के आलोचकों का मन्तव्य है कि एकांकी की प्रसिद्धि एवं लोकप्रियता का कारण उसकी स्वतन्त्र कलात्मकता या अनुभूति-व्यंजना नहीं, प्रत्युत रेडियो है। श्री चन्द्रगुप्त विद्यालंकार ने इस सम्बन्ध में लिखा है—

''भारतवर्ष में, एकांकी की लोकप्रियता, कुछ अंश तक, एक और कारण से भी बढ़ रही है। यह कारण रेडियो है। साहित्य के नाम पर हमारे यहाँ के ब्रॉडकास्टिंग स्टेशन जो प्रोग्राम देते हैं, उनमें एकांकी नाटकों को विशेष महत्ता दी जा रही है। इन नाटकों को बहुत आसानी से ध्वनित किया जा सकता है, और 20-25 मिनट में विविध ध्वनियों के आधार पर ही एकांकी नाटक खेला जाता है। ठीक उसी प्रकार जिस प्रकार ग्रामोफोन के सीरियल रिकार्डों में बाजारू एकांकी नाटक खेला जाता है और यहीं आकर मुझे अपनी उपर्युक्त तुलना (अनारकली के चचा भतीजा वाली) के लिए पूर्ण आधार मिल जाता है।''

प्रथम स्कूल की भ्रान्तियों का निवारण—संक्षेप में, प्रथम आलोचकों के समूह की

भ्रान्तियाँ इस प्रकार हैं–

(1) एकांकी नाटक विज्ञापनबाजी जैसा प्रोपेगेण्डा का एक ढंग है। इसके द्वारा विज्ञापित वस्तु की खूबियाँ, प्रयोग, कीमत और मिलने का पता सभी कुछ श्रोताओं के कर्ण-गोचर कर दिया जाता है।

(2) एकांकी नाटकों पर कोई निजी और सुनिश्चित टेकनीक नहीं है। सीमाएँ या परिभाषाएँ नहीं हैं। अतएव साहित्य में उनका कोई स्थान नहीं है।

(3) एकांकी नाटक कहानी का रंगमंच पर खेला जा सकने वाला संस्करण मात्र है।

(4) एकांकी में किसी नई दुनिया के निर्माण का तो ख्याल भी नहीं किया जा सकता। पात्रों के व्यक्तित्व का चित्रण अथवा विकास भी यहाँ नहीं किया जा सकता।

(5) एकांकी का उद्देश्य सिर्फ मनोरंजन और अर्थपूर्ण वार्तालाप मात्र है। बस, इतना ही। इससे अधिक कुछ नहीं।

(6) एकांकी की आधारभूत श्रेष्ठता उनकी कहानी है।

(7) एकांकी लिखना बहुत सरल है।

(8) इसकी लोकप्रियता रेडियो के कारण हुई है।

(9) एकांकी में क्लाइमेक्स का होना आवश्यक नहीं है।

उपर्युक्त भ्रान्तियों के एकांकियों की ओर शुभचिन्तकों का ध्यान आकृष्ट किया तथा अनेक आलोचकों ने अपने-अपने दृष्टिकोण प्रस्तुत किये। इन आलोचनाओं में सर्वप्रथम उन आलोचकों का स्थान है, जो स्वयं आलोचक एवं एकांकीकार हैं। उनकी आलोचनाओं से यह स्पष्ट हो जाता है कि उन्होंने एकांकी साहित्य को सोच-समझकर किसी मूल समस्या से प्रेरित होकर सृजन प्रारम्भ किया था। जैनेन्द्रकुमारजी ने प्रत्यालोचना लिखते हुए एक पत्र में लिखा–

(1) एकांकी नाटक की व्याख्याओं और परिभाषाओं से पूरा काम नहीं होता। उससे हिन्दी में लिखे जाने वाले एकांकी नाटक का परिष्कार नहीं होगा, वरन् लेखक कुछ विकल्प में पड़ जायेगा। इसलिए एकांकी नाटक की सत्समालोचना अनुचित है।

(2) एकांकी नाटक में व्यवहृत ब्रैकिट्स या कोष्ठक फैशन के हैं, ईमानदारी के नहीं हैं।

(3) एकांकी नाटक आज के लिए कृत्रिम चीज है। उसके अपनाये जाने का कारण फैशन है, न कि आवश्यकता।

(4) जब हिंदी में अपना रंगमंच ही नहीं तो निर्देश की क्या आवश्यकता?

(5) एकांकी नाटक यदि छपता है, तो वह सुपाठ्य होना चाहिए।

उपर्युक्त विचारधाराओं के अतिरिक्त एक ऐसे समालोचकों का भी स्कूल है जो भ्रान्तियों को एकांकी के विकास, परिपक्वता एवं भावी उन्नति में बाधास्वरूप समझता है। उसे परिपक्वता की ओर ले जाना, उत्तरोत्तर विकास, परिपुष्टि ही उनका लक्ष्य है। श्री उपेन्द्रनाथ अश्क, श्रीपतराय इत्यादि इसके प्रवर्तक हैं।

श्रीपतराय के विचार इस प्रकार हैं–

"आज की दुनिया में हमारे पास इतना समय नहीं कि हम लम्बे-लम्बे किस्से पढ़ सकें और इसीलिए कहानी और एकांकी नाटक का आविर्भाव हुआ है। इसकी बढ़ती हुई लोकप्रियता हमारे पक्ष का समर्थन करती है। यही हमने इन पृष्ठों में ('हंस', सम्पादकीय अंक, अप्रैल, 1938) पिछले महीने में कहा था। उसकी पुनरावृत्ति हमारे तर्क-साधन में इस समय आवश्यक हो गई है। यदि आज कहानी को हम साहित्य में एक प्रतिष्ठित पद देने को तैयार हैं, तो एकांकी को भी वही गौरव-पद देना होगा। यह कहना उचित नहीं कि एकांकी का कोई स्वतन्त्र अस्तित्व नहीं है। है और अवश्य है।"

श्रीपतरायजी को चन्द्रगुप्तजी की चरम सीमा वाली बात भी नहीं जँचती क्योंकि आपके विचार से "आजकल बहुत-सी एसी कहानियाँ भी लिखी जाती हैं, जिनमें क्लाइमेक्स नहीं होता। और वह बिल्कुल ही जरूरी है, यह भी कौन कह सकेगा? स्वाभाविकता का तकाजा है कि दो व्यक्तियों के बीच हो रहे वार्तालाप को ज्यों का त्यों दिया जाये, न कि उसको कहानी के वणर्नात्मक ढंग पर दिया जाय।"

विज्ञापनबाजी वाले आरोप को श्रीपतरायजी निराधार और अनावश्यक मानते हैं। आजकल साहित्य का उपयोग प्रोपेगेण्डा के लिए हो रहा है। रेडियो पर निबन्ध और कहानी का भी उपयोग विज्ञापन के लिए किया जाता है, फिर "एकांकी नाटकों के साथ ही विज्ञापनबाजी और रेडियो का अवगुण क्यों सम्बद्ध किया जाय?"

श्री उपेन्द्रनाथ अश्क भी भ्रान्तियों को एकांकी के विकास में बाधा समझते हैं। उन्होंने चन्द्रगुप्तजी की आपत्तियों एवं भ्रन्तियों की कड़ी आलोचना की है। उनका विचार है कि चन्द्रगुप्तजी ने एकांकी पर गहनता से सोचा नहीं है। अतः गलतफहमी उत्पन्न हो गई है।

एकांकी और कहानी—एकांकी और कहानी में कथोपकथन, अभिनय, टेकनीक, उद्देश्य इत्यादि का मौलिक भेद है। चन्द्रगुप्तजी के अनुसार—"एकांकी कहानी का रंगमंच पर खेला जाने वाला संस्करण मात्र है।" इसका उत्तर देते हुए 'अश्क' जी ने लिखा है—

"किसी प्रामाणिक साहित्यिक आलोचक का यद्यपि उन्होंने नाम नहीं दिया तो भी यदि निमिष मात्र के लिए ऐसा मान लिया जाय तो इससे एकांकी का महत्त्व कुछ कम नहीं होता।"

जैसे एक सुन्दर उपन्यास का एक सुन्दर नाटक बन सकता है, इसी प्रकार एक सुन्दर कहानी का एक सुन्दर एकांकी बन सकता है। डब्ल्यू.डब्ल्यू. जेकब्स की 'दि मंकीज पाव' के खेले जाने वाले संस्करण की लोकप्रियता इस बात का उदाहरण है।

वास्तव में दोनों में उद्देश्य का अंतर है। कहानी का उद्देश्य होता है कि उसे पढ़ा जाये, या सुना जाये, पर एकांकी का यदि वह रंगमंच के लिए लिखा गया है, सबसे बड़ा उद्देश्य यह है कि वह खेला जाये और इस उद्देश्य के लिए कहानी को परिवर्तित करना आसान काम नहीं। नाटक में जो कुछ हमें कहलवाना है और जो परिस्थिति अथवा घटना पेश करनी है, वह रंगमंच के परिमित दायरे में ही पेश करनी है।

जहाँ कहानी-लेखक अपने-आपको बीच में ले आता है, कलम के चार झटकों से

वातावरण और स्थिति का सृजन कर सकता है, या चरित्र का चित्रण कर सकता है, वहाँ नाटककार को तटस्थ होकर, पात्रों की बोलचाल और उनके अभिनय द्वारा ही अपने उद्देश्य में सफल होना होता है।

कहानियाँ एकांकी के रूप में परिवर्तित होकर प्रायः उतनी सुन्दर और प्रभावोत्पादक नहीं रह जातीं। उपन्यास और कहानी, एकांकी और कहानी; महाकाव्य और खण्ड काव्य में कुछ तत्त्वों में साम्य हो सकता है किन्तु इनमें से कोई भी एक-दूसरे का स्थान ग्रहण नहीं कर सकता।

चन्द्रगुप्तजी का यह विचार अंशतः सही है कि कहानी को एकांकी के रूप में परिवर्तित किया जा सकता है, ऐसा हुआ भी है। जान गाल्सवर्दी ने अपने 'फर्स्ट एण्ड द लास्ट' नामक एकांकी को कहानी के रूप में और फिर उपन्यास के रूप में परिवर्तित किया है। डब्ल्यू. डब्ल्यू. जेकब्स की 'दि मंकीज पाव' नामक कहानी बड़ा सुन्दर एकांकी बन पाई है। श्री चन्द्रगुप्तजी की कहानी 'ताँगावाला', 'काफिर' एकांकी के रूप में आई, पर वह न तो इतनी दिलचस्प रही, न प्रभावोत्पादक ही। कोई भी कहानी स्टेज पर आकर कितना प्रभाव उत्पन्न कर सकेगी, यह बात अभिनय करने पर ही देखी जा सकती है। चन्द्रगुप्तजी का 'अशोक' नाटक पढ़ने में बेहद दिलचस्प है। अनेक आलोचकों ने पढ़कर इसे पसन्द किया है (उपेन्द्रनाथ अश्क) पर वह रंगमंच की चीज नहीं है, यह चन्द्रगुप्तजी ने स्वयं भी पाया है।

एकांकी और कहानी-सम्बन्धी बहस का निष्कर्ष 'अश्क' जी ने इस प्रकार किया है—

"बहरहाल इस विषय पर मैं कुछ अधिक न कहकर विनयपूर्वक निवेदन करूँगा कि एक उपन्यास या कहानी का एक बड़े नाटक या एकांकी में परिणत करना उतना आसान नहीं, जितना चन्द्रगुप्तजी समझते हैं, और इसी तरह एक एकांकी का (जो खेले जाने के लिए लिखा गया है) उससे अच्छी कहानी में परिवर्तित करना सुगम नहीं। ऐसा करनेवालों के लिए स्टेज और कहानी का पूरा-पूरा ज्ञान होना आवश्यक है।

लन्दन युनिवर्सिटी के हिन्दुस्तानी के अध्यापक टी. ग्राहम ने कहानी और उपन्यास के उद्देश्य में भिन्नता स्वीकार की है। इसी प्रकार की भिन्नता कहानी और एकांकी में भी है। दोनों साहित्य के दो पृथक् स्वतन्त्र और अशक्त अंग हैं। दोनों के उद्देश्य, टेकनीक, वातावरण, हीनताएँ तथा विशेषताएँ पृथक्-पृथक् हैं।

यदि आलोचक एकांकी को नाटक का संक्षिप्त संस्करण कहकर संतोष कर लेते तो बात और थी। यद्यपि वह भी न्यायसंगत नहीं होता, परन्तु एकांकी को रंगमंच पर खेली जानेवाली कहानी कहने को हम सर्वदा तैयार नहीं। कदाचित एकांकी के शैशवकाल में उसकी टेकनीक से अनभिज्ञ होने के कारण हम उसे किसी नाम से पुकारें, पर क्या हमारे सामने पश्चिम का दृष्टान्त नहीं है जहाँ एकांकी का स्वतन्त्र स्थान है, उसकी अपनी टेकनीक है, अपना रंगमंच है? जब कहानी, नाटक और एकांकी भिन्न हैं, एक दूसरे का स्थान नहीं ले सकते, तब एकांकी कहानी का स्वरूप कैसे हो सकता है? (प्रो. अमरनाथ गुप्त)

कहानी और एकांकी में एक विशेष अंतर है। कहानीकार के पास अपना व्यक्तित्व एवं व्यक्तिगत धारणाएँ प्रकाशित करने के लिए यथेष्ट स्थान होता है। वह वस्तुओं और चरित्रों को, जैसा वह चाहता है, वर्णन कर सकता है किंतु एकांकीकार को चुप रहना पड़ता है। वह स्टेज-सूचनाओं द्वारा या पात्रों के कथोपकथन द्वारा ही एकांकी के वातावरण तथा चरित्रों का चित्रण कर सकता है। कभी-कभी बड़े कौशल से कुछ विशेष पात्रों के द्वारा अपने व्यक्तिगत मन्तव्य प्रकट करने होते हैं। (प्रो. ए. सी. दास गुप्त)।

कहानी और एकांकी में निम्न भेद हैं–

(1) दोनों का ध्येय भिन्न है। कहानी केवल पढ़ने के लिए लिखी जाती है, एकांकी का निर्माण रंगमंच के लिए होता है।

(2) कहानी में वातावरण की सृष्टि स्वयं कहानीकार वर्णन करता है, एकांकी में यह पदों और अभिनय द्वारा की जाती है।

(3) कहानी में पग-पग पर एकांकीकार का व्यक्तित्व झलकता है। एकांकीकार यदि व्यक्तित्व प्रकाशित करना चाहे तो कठिनता से कर सकता है। "एकांकी में कभी नाट्यकार का व्यक्तित्व न्यून होता है, कभी बिल्कुल ही नहीं।"

(4) एकांकी में नाट्यकार का ध्यान केवल घटनाओं तक सीमित न रहकर पात्रों के चरित्र चित्रण और विशेषतः कथोपकथन की ओर रहा है। एकांकीकार को अभिनय और स्टेज का पूरा ज्ञान जरूरी है।

एकांकी और सम्भाषण–चन्द्रगुप्त ने चचा-भतीजे वाला उदाहरण प्रस्तुत कर यह सिद्ध करने की चेष्टा की है कि एकांकी नाटक केवल सम्भाषण तक ही परिमित है। वह सम्भाषण ही है, और कुछ नहीं। उनका कथन इस प्रकार है–

"अपने चचा से भतीजा 5-6 कदम की दूरी पर खड़ा होकर सवाल-जवाब करता है और चचा साहब आवश्यक भाव-भंगी से उत्तर देते जाते हैं। मेरी राय यह है कि एकांकी नाटक भी लगभग इसी प्रकार की चीज है। आप पूछेंगे कि एकांकी नाटक के लिए आवश्यक चीज क्या है? मेरा उत्तर है कि सिर्फ मनोरंजक अथवा अर्थपूर्ण वार्तालाप। बस, इतना ही। इससे अधिक कुछ नहीं।"

अंग्रेजी साहित्य में एकांकी जब अपने शैशव में था तब भी कुछ आलोचकों ने जिसमें विलियम आर्थर प्रमुख हैं, एकांकी को केवल सम्भाषण कहकर इसकी कला से भ्रान्ति एवं अनभिज्ञता प्रदर्शित की थी। इस कथन का खण्डन भी किया गया था। हिन्दी साहित्य में भी कतिपय आलोचकों ने इसका उत्तर दिया है। इनमें श्री 'अश्क' और प्रो. अमरनाथ गुप्त उल्लेखनीय हैं।

श्री 'अश्क' ने 'सर्टेनरेज' का निर्देश करते हुए यह स्थापित किया है कि मनोरंजन के लिए खेले जानेवाले नाटकों का स्थान आज मनोविज्ञान की गूढ़तम गुत्थियों को सुलझाने वाले, जीवन का यथार्थ स्वाभाविक चित्रण करनेवाले एकांकियों ने ले लिया है। आपका विचार है कि केवल मनोरंजन एक सफल खेले जानेवाले एकांकी के लिए काफी नहीं है।

मनोरंजन आवश्यक है पर वही सब कुछ नहीं है। दिलचस्पी और कौतूहल तत्त्वों के विकास के हेतु यह रह सकता है किन्तु मूल उद्देश्य कोई समस्या, गूढ़ तत्त्व, मनोवैज्ञानिक चित्रण, जीवन की आलोचना रह सकती है।

सम्भाषण ही एक सफल खेला जानेवाला एकांकी नहीं रह सकता। एकांकी के लिए 'अश्क' जी ने निम्नलिखित बातों की आवश्यकता बताई है–

(1) एकाग्रता अर्थात् एकांकी का ऐसा होना कि वह रंगमंच की परिमित सीमाओं में और थोड़े समय में पूरा हो सके और दर्शक उसे देखकर असन्तुष्ट न हो जायें।

(2) ऐक्य अथवा सफल एकांकी में यह चार प्रकार का होना चाहिए– (अ) उद्देश्य का साम्य, (ब) प्रसंग साम्य, (स) अभिनय का साम्य और (द) प्रभाव का साम्य।

(3) ऊपर कहे गये साम्य को एंकाकी में प्राप्त करना सबसे कठिन बात है। इसी की कसौटी पर कसने से उत्तम, मध्यम अथवा निम्न श्रेणी के एंकांकी का पता चल जाता है।

(4) भूत विचार अर्थात् आधार अथवा लक्ष्य। 'अश्क' जी के विचार में एकांकी नाटक कहानी से भी कुछ ज्यादा है; अर्थपूर्ण वार्तालाप से भी कहीं ज्यादा है और यह आवश्यक नहीं कि हर कहानी-लेखक अथवा नाटककार सफल और उत्तम एकांकी और विशेष रूप से झाँकियाँ लिख सके। (श्री 'अश्क'–'एकांकी का साहित्य में स्थान' 'हंस', एकांकी अंक, मई 1950, पृ. 869)

प्रो. सद्गुरुशरण अवस्थी एम. ए. के अनुसार एकांकी में एक सुशिक्षित, सुकल्पित एक लक्ष्य, एक ही घटना परिस्थिति अथवा समस्या की व्यवस्था, वेग और सम्पन्न प्रवाह, इन सबके निर्देशन में मितव्यय और चातुरी आवश्यक माने हैं।

सेठ गोविन्ददासजी ने एकांकी संविधान दृष्टि में रखकर परिभाषा की है और संकलन द्वय–एक ही समय की घटना, एक ही कृत्य का–आवश्यक माना है। सेठ जी संघर्ष के एक ही पहलू को एंकाकी के लिए जरूरी मानते हैं।

डॉ. रामकुमार वर्मा ने एकांकी के लिए लिखा है–''एक घटना विविध गतियों से तरंगित होती हुई चरम सीमा तक पहुँचती है और फिर वहीं समाप्त हो जाती है।''

डॉ. नगेन्द्र ने लिखा है–''एकांकी में हमें जीवन का क्रमबद्ध विवेचन न मिलकर उसके एक पहलू, एक घटना, एक विशेष परिस्थिति अथवा एक उद्दीप्त क्षण का चित्र मिलता है। उसके लिए एकता एवं एकाग्रता अनिवार्य है–किसी प्रकार का वस्तु-भेद उसे सह्य नहीं। एकाग्रता में स्वाभाविकता की झकोर अपने-आप आ जाती है और इस झकोर से स्पन्दन पैदा हो जाता है। विदेश के संकलन-त्रय का निर्वाह भी इस एकाग्रता में काफी सहायक होता है पर वह सर्वथा आवश्यक नहीं। प्रभाव और वस्तु का ऐक्य तो अनिवार्य है ही, लेकिन स्थिर और काल की एकता का निर्वाह किये बिना भी सफल एकांकी की रचना हो सकती है।''

डॉ. नगेन्द्र के अनुसार ''एकांकी के तीन तत्त्वों की आवश्यकता है–एकता, एकाग्रता और आकस्मिकता।''

प्रो. अमरनाथ के अनुसार "एकांकी बहुत कलात्मक चीज है। उसके अपने नियम, भिन्न कला और तत्त्व हैं। उसे सम्भाषण मात्र कहकर नहीं टाला जा सकता।" एकांकी के सम्बन्ध में आपने निम्न तत्त्वों को आवश्यक माना है।

(1) एकांकी की समाप्ति एक ही बैठक में अनिवार्य है। यह एक ही बार दो और एक ही समय में समाप्त होनेवाली कृति है। (2) बिजली और रफ्तार उसकी गति है। (3) उसका विषय एक होता है। (4) सहायक विषयों के लिए उसमें कोई स्थान नहीं है। (5) एकांकी फौरन आरम्भ हो जाता है। (6) शीघ्र ही बिन्दु तक उसे पहुँचना होता है। (7) क्षेत्र संकुचित पर प्रभाव साम्य अनिवार्य है। (8) सहायक घटनाएँ कभी-कभी आ सकती हैं; किन्तु यह मुख्य घटना से अलग न जान पड़े। मेजर घटना, जो चुम्बक सदृश उसका ध्यान आकर्षित करती है, अनिवार्य है। (9) एकांकी का विषय जीवन की एक घटना है। (10) कथावस्तु जटिल नहीं होती। (11) ऐक्य एकांकी का आवश्यक अंग है। (12) यह जरूरी नहीं कि एकांकी छोटा ही हो। अक्सर यह छोटा ही होता है क्योंकि ऐक्य उसका ध्येय होता है। (13) विषय और समय की किफायत में ही कल्याण है। सम्भाषण यद्यपि एकांकी के लिए आवश्यक है, इसमें सन्देह नहीं, परन्तु सम्भाषण ही एकांकी है, यह कहना सर्वथा अनुचित है; क्योंकि सम्भाषण के अतिरिक्त भी उसकी स्थिति और बातों पर ही निर्भर है।

इन मतों से यह स्पष्ट होता है कि आज का एकांकी केवल सम्भाषण मात्र नहीं; इससे बहुत अधिक कला की वस्तु है।

सम्भाषण एकांकी के लिए आवश्यक अंग है। एकांकीकार इसी मीडियम के द्वारा विविध पात्रों की चारित्रिक विशेषताएँ, घटनाओं का घात-प्रतिघात, आन्तरिक संघर्ष एवं चारित्रिक विकास प्रकट करता है। एकांकी में सम्भाषण का महत्त्वपूर्ण स्थान है। यदि कोई एकांकीकार अपने इस कार्य में कुशल न होगा, या मानव के मनोविज्ञान, नाना अनुभूतियों; परिस्थितियों से पूर्णतः परिचित न होता, तो एकांकी का आधारभूत लक्ष्य एवं समस्या पूर्ण न हो सकेगी।

यद्यपि एकांकी में सम्भाषण की महत्ता को हम स्वीकार करते हैं किन्तु कुछ आलोचकों का, जिसमें प्रो. अमरनाथ गुप्त एम. ए. प्रमुख हैं, विचार है कि सम्भाषण ही एकांकी है, यह कहना सर्वथा अनुचित है। सम्भाषण के अतिरिक्त एकांकी में निम्न विशेषताएँ और हैं—

(1) कथावस्तु का क्रमिक विकास, (2) रंगमंच-निर्देश, (3) घटनात्मक विस्मय, (4) पात्रों का अन्तर्द्वन्द्व और क्रियाएँ।

दूसरी विचारधारा—द्वितीय स्कूल के अनुसार हिन्दी में एकांकी अपनी उच्चतम विकसित अवस्था में पहुँच चुका है और उसमें अनेक कलाकृतियाँ प्रकाशित हो रही हैं। यूरोप के साहित्यकार आज एकांकी कला एवं साहित्य की वर्त्तमान प्रगति का एक महत्त्वपूर्ण अंग समझते हैं। पुराने आकर्षण और पुरातन परिपाटी के ध्वंस में ही उनके वर्तमान रूप का निर्माण हुआ है। हिन्दी के अनेक गण्यमान्य समालोचक एकांकी को उसका महत्त्वपूर्ण

स्थान देने के पक्ष में हैं। इस पक्ष के कुछ आलोचकों के विचार इस प्रकार हैं—

एकांकी नाटक में यदि जीवन की ऊँची गतिविधि के साथ-साथ कला का पूर्ण स्वरूप और सच्चे साहित्य की सारी आकांक्षाएँ वर्तमान हैं, तो कोई सहृदय समालोचक इसलिए उसका अनादर न करेगा कि वह अति अभिनेय है। एकांकी नाटकों में भी अन्य साहित्य की भाँति ऊँची चिन्तना का प्रवेश है। (प्रो. सद्गुरुशरण अवस्थी—'दो एकांकी नाटक', भूमिका से)

अब एकांकी की उत्तमता कथावस्तु की पेचीदगी में नहीं रही, वरन् मानवीय प्रकृति की मनोवैज्ञानिक और सामाजिक समस्याओं के उद्घाटन में है। हर्ष है कि हमारे नाट्यकार इस ओर ध्यान दे रहे हैं। (प्रो. गुलाबराय—'हिन्दी साहित्य का सुबोध इतिहास', पृष्ठ 74)

हमें विश्वास होता है कि हिन्दी रंगमंच और एकांकी नाटक का भविष्य उज्ज्वल है। उच्चकोटि के मौलिक नाटक और अनुवाद हमारे सामने हैं। हिन्दी की सृजन-शक्ति जाग्रत है। (प्रो. प्रकाशचन्द्र गुप्त—'छह एकांकी', भूमिका, पृष्ठ 8)

आज का एकांकी कुशल कलाकारों के हाथ में है। अपने समस्त विरोध के बाद भी एकांकी ने अपना ऊँचा स्थान साहित्य में बना लिया है। इस विवाद के बहाने उसकी अलग टेकनीक के अस्तित्व का ज्ञान भी हुआ और जो अस्पष्टताएँ कहीं-कहीं लेखकों में एकांकी के सम्बन्ध में विद्यमान थीं, वे भी स्पष्ट हो गयीं। नई गति और नई आस्था के साथ एकांकी ने साहित्य क्षेत्र में कदम बढ़ाया और कितने ही टेकनीक कुशल व्यक्तियों ने, जिन्होंने अध्ययन् और मनन किया था, एकांकी के ऊँचे धरातल पर पहुँचने की चेष्टा की।(प्रो. सत्येन्द्र—'हिन्दी एकांकी', पृष्ठ 35)

"पिछले 15-20 वर्षों में एकांकी का बहुत विकास हुआ है। डॉ. रामकुमार वर्मा, श्री भुवनेश्वर प्रसाद, सेठ गोविन्ददास, पं. उदयशंकर भट्ट, श्री गणेशप्रसाद द्विवेदी, श्री सद्गुरुशरण अवस्थी, पं. चतुरसेन शास्त्री, श्री शम्भूदयाल सक्सेना, श्री हरिकृष्ण प्रेमी, श्री उपेन्द्रनाथ 'अश्क', श्री भगवती चरण वर्मा और सुदर्शन जी प्रसिद्ध एकांकीकारों में हैं।" (डॉ. हरदेव बाहरी पी-एच.डी., डी. लिट्.—'चुने हुए एकांकी', पृष्ठ 6)

श्री उपेन्द्रनाथ अश्क, जैनेन्द्र और श्रीपतराय स्कूल के प्रवर्तक है। श्रीपतराय एकांकी नाटकों के विषय में श्री चन्द्रगुप्तजी की शिकायत कुछ अंशों में सही मानते हैं। एकांकी जब अपनी उचित मर्यादाओं से च्युत हो जाता है तो विज्ञापन का रूप ले सकता है। रेडियो पर आसानी से एकांकी खेले जाने की क्षमता और तत्परता इसके लिए अहितकर हुई है—इसे वे स्वीकार करते हैं। इस प्रकार अनेक भ्रान्तियों, आलोचना-प्रत्यालोचनाओं में होते हुए एकांकी ने अपना मौजूदा रूप प्राप्त किया है। जब यह परिपक्व हो रहा है।

इस काल में नये एकांकीकारों का भी उदय हुआ है। इनमें से अनेक ने काफी अध्ययन और मनन के उपरान्त इस क्षेत्र में कदम बढ़ाया है और अपने कलात्मक तथा मनोरंजक नाटकों द्वारा एकांकी साहित्य को ऊँचे धरातल पर पहुँचाया। (श्री सत्येन्द्र शरत—हिन्दी एकांकी साहित्य, सम्मेलन पत्रिका, पृष्ठ 30)

आधुनिक हिन्दी एकांकी की विशेषताएँ

यूरोप में कृत्रिम भावुकता, कला एवं सौन्दर्य की प्रतिष्ठा मर्यादा के पार पहुँच चुकी थी। उसके प्रतिकूल प्रतिक्रिया स्वाभाविक ही थी। जनता के कला और मनोरंजन के स्थान पर वर्तमान सामाजिक संघर्ष से उत्पन्न जटिलताओं को अपेक्षाकृत अधिक महत्त्वपूर्ण स्थान दिया। इब्सन ने इस युग का नेतृत्व किया, राजनैतिक तथा सामाजिक समस्याओं को महत्त्वपूर्ण स्थान प्रदान किया। रंगबिरंगे कल्पनालोक में विहार करनेवाले स्वर्ग के समक्ष वर्तमान संघर्षमय जीवन को प्रथम स्थान प्रदान किया गया। इब्सन तथा उसकी विचारधारा से प्रभावित नाट्यकारों का विश्वास था कि अतीत या भविष्य चाहे जितना आकर्षक हो, किन्तु वर्तमान विभीषिकाओं से पलायन कर उस कल्पनालोक की शरण ग्रहण करना कायरता है। इस युग के यूरोपीय तथा भारतीय एकांकीकारों का विचार है कि युग-युग का सोया मनुष्य का व्यक्तित्व अब जाग्रत हो रहा है, पुरानी जीर्णशीर्ण परम्पराएँ ढीली होकर टूट रही हैं; नये मापदण्ड प्रस्तुत किये जा रहे हैं। इब्सन के नाटकों के पात्र समाज की जर्जरित रूढ़ियों के विरुद्ध विद्रोह करते हैं। समाज तथा व्यक्ति दोनों के संघर्ष में इस युग के एकांकीकारों ने व्यक्ति का पक्ष लिया है। नाटकों का विषय सामाजिक होने के कारण इब्सन युग में नाटकों के पात्र अभिजात वर्ग तक ही सीमित न रहे। समाज की समस्याओं की विस्तृत व्याख्या, नवीन तत्त्वों की ओर संकेत, बुद्धिगत का प्रतिपादन और जन साधारण की जीवन व्याख्या है।

इस काल के एकांकियों का मूल स्वर यथातथ्यवाद था। समाज का स्वाभाविक यथार्थवादी स्वरूप चित्रित किया गया। समाजवादी राजनीति की विषमताओं पर झूठी कल्पना या भावुकता की लीपापोती कर उसे छिपाने के स्थान पर यथातथ्यवादियों ने अकृत्रिम यथार्थवाद का वर्णन किया; समाज को जैसा देखा, वैसा चित्रित कर दिया। इन एकांकीकारों का विश्वास था कि युगों की रूढ़ियों तथा बन्धनों में बँधे रहने के कारण कृत्रिम भावुकता और मार्मिकता में पड़कर तथा केवल सौन्दर्य पूजा में निमग्न रहकर मानव प्रकृति, समाज तथा संस्कारों का वास्तविक रूप सभ्यता के आवरण में आवृत हो गया है। यही वास्तविक रूप अब उनके यथार्थवादी साहित्य में अनुप्राणित हो रहा है। वर्तमान संघर्ष एवं उत्पादन में कल्पना या आदर्शवाद की कोई आवश्यकता नहीं समझते। यूरोपीय यथातथ्यवाद के अनुसार एकांकी सृजन करने वाले नाट्यकारों का उद्देश्य जीवन भर की विषमताओं के मूल का अनुसंधान और उसके समाधान स्वरूप जीवन की नवीन यथार्थवादी प्रणाली का आयोजन है। इब्सन की प्रकृति की ओर लौट चलने की विचारधारा का प्रत्येक स्थान पर आदर हुआ। यूरोप की भाँति भारत में जो भी अस्वाभाविक या कृत्रिम सभ्यता के प्रतीक तंत्र थे, उनका इस युग ने बहिष्कार किया। बर्नार्ड शॉ और इब्सन का प्रभाव हमारे कई नाट्यकारों पर लम्बा होकर पड़ा। कई एकांकीकारों में तो पाश्चात्य प्रभाव की यह भावना इतनी मुखर हो गयी कि वे उसे पचा भी न सके।

आधुनिक हिन्दी एकांकी टेकनीक की दृष्टि से परिष्कृत हुआ है। हिन्दी पाश्चात्य एकांकीकारों की रीतियों तथा कला का अनुकरण प्रारंभ हुआ है। अनेक एकांकियों के अनुवाद किये गये हैं। डॉ. रामकुमार वर्मा, भुवनेश्वर, सेठ गोविन्ददास, अश्क, पं. उदयशंकर भट्ट, लक्ष्मीनारायण मिश्र, सत्येन्द्र शरत्, जनार्दन मुक्तिदूत आदि एकांकीकारों ने पाश्चात्य टेकनीक के प्रयोग हिन्दी में सफलता से किये हैं। इब्सन, मेटरलिंक तथा बर्नार्ड शॉ की स्वाभाविकता, यथातथ्यवाद, अस्वाभाविकता का बहिष्कार, बनावटी भावुकता के प्रति प्रतिक्रिया, वर्तमान संघर्षमय जीवन के चित्रण में आस्था आज हमारे एकांकी साहित्य में प्रविष्ट हो चुकी है।

हमारे जीवन की सर्वतोमुखी अभिव्यक्ति एकांकी में हो रही है। संस्कृति की व्याख्या, इतिहास और राष्ट्रीयता के प्रति आस्था, दैनिक जीवन की समस्याओं का हल एकांकियों में हो रहा है। ऐतिहासिक और राष्ट्रीय विषयों ने हिन्दी में अधिक एकांकियों का निर्माण कराया है।

कथानक के सम्बन्ध में पुरानी मान्यताएँ नष्ट हो चुकी हैं। कुछ एकांकीकार, जिनमें डॉ. रामकुमार वर्मा प्रमुख हैं, का विचार है कि सफल एकांकी बिल्कुल पूर्ण होना चाहिए। पढ़ने या देखने के पश्चात् नाट्यकार के लिए कुछ कहना शेष न रह जाना चाहिए। इसके विपरीत कुछ एकांकीकारों का, जिनमें श्रीयुत उपेन्द्रनाथ अश्क और सत्येन्द्र शरत् प्रमुख हैं, विचार है कि एकांकी की समाप्ति के पश्चात् पाठक या दर्शक के मन में नाटकीय पात्रों की आगामी परिस्थितियों के प्रति उत्सुकता पैदा होनी चाहिए। दर्शकों के मन में यह भावना होनी चाहिए कि कितना अच्छा होता अगर नाटक और आगे चलता तथा सब चीजें पूरी तरह समाप्त हो जातीं; तो उस एकांकी की सफलता में संदेह नहीं किया जा सकता। अश्क जी के एकांकी 'देवताओं की छाया में', 'पापी', 'लक्ष्मी का स्वागत', 'चरवाहे', 'चुम्बक', 'भँवर', 'उड़ान' आदि अपनी समाप्ति पर मन में एक टीस या कसक सी छोड़ जाते हैं और ऐसा लगता है कि नाटककार यदि चाहे तो आगे भी इन पात्रों के आगामी उतार-चढ़ाव की गाथा चित्रित कर सकता है। सत्येन्द्र शरत् के 'तार के खम्भे' के पाँचों एकांकी भी इसी प्रकार का कथानक रखते हैं। यह नाटक के विकास-संघर्ष को पार कर एकांकी प्रारम्भ होते ही चरमोत्कर्ष की ओर बढ़ते हैं और वहाँ सदैव के लिए समाप्त न होकर, रुक जाते हैं। इन्हें बाद में और भी बढ़ाया जा सकता है। कुछ तो कथानक एकदम समाप्त हो जाते हैं किन्तु कुछ समाप्त होने पर भी कुछ अधूरा सा छोड़ जाते हैं। इन नाटकों की समाप्ति के पश्चात् उन्हीं कथानकों को आगे बढ़ाकर दूसरे एकांकी तैयार किये जा सकते हैं, या फिर इन्हें ही विकसित करके एक बड़ा नाटक बनाया जा सकता है।

एकांकियों में चित्रित मूल विचारधाराओं में यथार्थवाद प्रमुख रूप से हमारे सामने आया है। जीवन जीने की वस्तु है। उसमें दुःख, तकलीफ, प्रतियोगिता आर्थिक संकट, संघर्ष, छीनाझपटी, आनन्द सभी कुछ है, उससे आँख मिलाकर संघर्ष करना पुरुषत्व है, न कि काल्पनिक सुख की खोज में जीवन की कठिनाइयों से भागना। जो प्रत्यक्ष है वही सत्य है।

अतएव भौतिक जीवन के चित्र हमारे सामने आये हैं। पुराना वासनायुक्त सौन्दर्य आज बासी हो गया है।

आज तो जो प्रत्यक्ष है, जीवनप्रद है, वही सुन्दर है। प्रगतिवादियों ने पुरानी सौन्दर्य कल्पनाओं को छोड़कर वस्तुजगत की सत्यता को अपनाया है।

प्राचीन संस्कृत तथा आदर्शों के पुनर्निर्माण का भी प्रयत्न हमारे एकांकीकारों ने किया है। इन एकांकियों का मूल आधार व आदर्श प्राचीन भारतीय कथानकों, आदर्श नायकों और घटनाओं का समीचीन मूल्यांकन है। पौराणिक, ऐतिहासिक व साहित्यिक सभी मूलों से रूप ग्रहण किया है परन्तु आधुनिक एकांकी की सबसे बड़ी विशेषता यह है कि उन्हें वर्तमान में दिखाया गया है।

कुछ एकांकी नितान्त वर्तमान, आर्थिक, सामाजिक और राजनैतिक उत्पीड़न के द्योतक हैं। उनमें आज की समस्याएँ मुखरित हुई हैं। शोषक वर्ग के विरुद्ध भी काफी लिखा जा चुका है। मार्क्सवाद का प्रभाव एकांकियों पर पड़ा है।

राष्ट्रीय चेतना अधिक सजग है। यद्यपि साम्यवादी की प्रमुखता है। परन्तु गाँधी-नीति के अनुयायियों का भी स्वर है। राजनैतिक तथा सामाजिक समस्याओं ने महत्त्वपूर्ण स्थान ले लिया है। पलायनवादी विचारधारा के विपरीत इन एकांकियों में वर्तमान संघर्षमय जीवन को अपनाने की प्रवृत्ति है। इन एकांकीकारों का विश्वास है कि अतीत चाहे जितना आकर्षक हो, परन्तु वर्तमान समय तथा उसकी उगती हुई नई समस्याओं से भागकर कल्पना के साम्राज्य में शरण लेना कायरता है। अतः इन एकांकियों की समस्याएँ वर्तमान, राजनैतिक एवं सामाजिक संघर्ष से उत्पन्न जटिल परिस्थितियों से सम्बन्धित हैं।

पात्र—आज का एकांकीकार यथासंभव कम पात्रों को स्टेज पर लाता है। पुराने एकांकियों में अनेक पात्र (उदाहरणार्थ, देखिए चतुरसेन शास्त्री का सीताराम जिसमें 16 पात्र हैं) होते थे, जिससे सबका चित्रण यथोचित रूप में ही होता था। अब यथासम्भव कम पात्र रखे जाते हैं। ये पूरक रूप से नायक नायिका और खलनायक होते हैं। कुछ मोनोड्रामें भी लिखे जा रहे हैं, जिनमें केवल एक ही पात्र होता है।

कुछ एकांकीकार (जिनमें सत्येन्द्र शरत् प्रधान हैं) ऐसे एकांकियों की रचना कर रहे हैं, जिनमें स्त्री पात्र है ही नहीं। एकांकी नाटक जीवन की उद्दीप्त घड़ी की या किसी महत्त्वपूर्ण घटना के एक पहलू की झाँकी मात्र है। उस घड़ी में स्त्री-पात्र अनिवार्य हों, ऐसी बात नहीं। पुरुषों के जीवन में ऐसी अनेक घटनाएँ तथा घड़ियाँ होती हैं, जिनमें नाटकीयता भी होती है और संघर्ष भी और किसी स्त्री से उनका किसी प्रकार का भी सम्बन्ध नहीं होता। ऐसे एकांकी लिखना अपेक्षाकृत कठिन भी है। हमारे रूढ़िग्रस्त समाज में रंगमंच पर स्त्री पुरुष के एक साथ आने के मार्ग में रुकावटें भी हैं। इसी कारण ऐसे एकांकियों की माँग की गई जिनमें केवल पुरुष पात्र हो। कॉलेज और विश्वविद्यालयों में ऐसे एकांकियों की माँग अत्यधिक है। हमारे देश में अभिन्य कला के इतने पिछड़ जाने के अनेक कारणों में से एक कारण यह भी है कि अभी शिक्षितों में इतनी जागृति नहीं हुई है कि पुरुष और

स्त्री रंगमंच पर साथ-साथ अभिनय कर सकें। आज के समय से सामाजिक जागृति के युग तक जो रिक्त है, उसको पूरा कर, इन दोनों सिरों को जोड़ने के लिए पुरुष प्रधान (और स्त्री प्रधान भी) नाटाकों की आवश्यकता है।

संविधान—इन एकांकियों का संविधान रंगमंच है। आज का नाट्यकार रंगमंच तथा अभिनय का विशेष ध्यान रखता है। प्रायः अभिनय के लिए ही इनकी रचना भी की जाती है। यह अपने वर्तमान रूप में बिना किसी असाधारण परिवर्तन के सरलता से अभिनीत हो सकते हैं। इसी कारण इन एकांकियों में यथासम्भव पूर्व कथा नहीं दी जाती, क्योंकि दर्शकगण उससे कोई लाभ नहीं उठा सकते। वैसे ज्यों-ज्यों एकांकी विकसित होते जाते हैं, त्यों-त्यों पाठकों एवं दर्शकों को पात्रों के मनोभाव एवं स्थिति का ज्ञान होता चलता है।

इसी प्रकार इन एकांकियों में पात्रों का परिचय भी एकांकीकार द्वारा नहीं दिया गया है। मुख्य पात्र स्वयं ही अपनी बातचीत में एक-दूसरे के द्वारा अपना परिचय पाठकों एवं दर्शकों को देते हैं। पुरानी परिपाटी के एकांकीकारों ने पात्रों का परिचय स्वयं दिया है। पाठकों के दृष्टिकोण से यह ठीक है क्योंकि इससे उन्हें नाटक समझने में कठिनाई नहीं होती लेकिन आज की दृष्टि से यह भी अस्वाभाविक है। एकांकी तो जीवन का एक चित्र है। उसमें कृत्रिमता के लिए तनिक भी गुंजाइश नहीं है। आज का एकांकीकार पात्रों के नाम तथा उनका परिचय भी धीरे-धीरे पात्रों के ही द्वारा एक-दूसरे के नाम लेकर पुकारने को प्रकट करता है।

इन एकांकियों का मूलाधार विकास है। इनमें नाटकीय कथावस्तु का क्रमिक विकास ही है जिसमें मौलिक संघर्ष की प्रधानता है। आरम्भ में नायक और उसके प्रतिद्वन्द्वी की झलक हमें मिल जाती है; इनमें पारस्परिक संघर्ष चलते हैं। यह संघर्ष चरम सीमा पर पहुँचकर समाप्त हो जाता है। साथ ही एकांकी भी समाप्ति पा लेता है। कहीं-कहीं अन्तःसंघर्ष की प्रधानता है।

रेडियो एकांकी इस युग की माँग है। रेडियो के लिए हमारे यहाँ सफल प्रयोग किए जा रहे हैं। रेडियो एकांकी प्रारम्भ से अंत तक प्रभावोत्पादक हो रहे हैं। इसमें सर्वश्री रामकुमार वर्मा, विष्णु प्रभाकर, रामचरन तिवारी, रामसरन शर्मा, हरिश्चन्द्र खन्ना, फकीरचन्द्र माथुर, जनार्दन मुक्तिदूत, लक्ष्मीनारायणलाल का कार्य विशेष उल्लेखनीय है।

भाषा—प्राचीन परिपाटी के एकांकियों की भाषा साहित्यिक और कृत्रिम होती थी, अब यथार्थवाद की ओर वृत्ति अधिक है। बहुत से एकांकीकार एकांकी को अभिनय की वस्तु मानते हैं और इसलिए उसमें साहित्यिक भाषा का प्रयोग नहीं करते। आज के जागरूक कलाकार के सामने भाषा का प्रश्न जटिल रूप में उपस्थित है। उसे यह तो ध्यान रखना ही पड़ता है कि उसके पात्र ऐसी ही भाषा का प्रयोग करें जो प्रतिदिन प्रयोग में लाई जाती हो तथा जिससे नाटक वास्तविक व बिल्कुल सच्चे मालूम पड़ें; किन्तु साथ ही यह भी बात ध्यान में रखनी पड़ती है कि उसके नाटकों की भाषा आज से दस साल बाद भी नयी स्वाभाविक ही रहे तथा इतनी पुरानी व निर्जीव न हो जाये कि नाटक खेलने योग्य न रहें।

आज का एकांकीकार भाषा को यथासम्भव सरल, स्वाभाविक और दैनिक जीवन जैसी गतिशील रखना चाहता है, साथ ही वह यह भी ध्यान रखता है कि भाषा बनावटी तथा अस्वाभाविक प्रतीत न हो। अस्वाभाविकता से बचने के लिए इन नाटकों में स्वगत कथन का प्रयोग बिल्कुल नहीं किया जाता। आज का एकांकीकार स्वगतकथन को अस्वाभाविक और कृत्रिम मानता है। उसे पात्रों के कथोपकथन इस चतुराई से लिखने पड़ते हैं कि स्वगत की आवश्यकता ही न रहे। यों दैनिक जीवन में हम कभी स्वगत का प्रयोग नहीं करते हैं। फिर एकांकियों में ही क्यों इनका प्रयोग किया जाये?

अस्वाभाविकता से मुक्त होने के लिए आज का नाट्यकार पात्रों द्वारा शेर, दोहे या गाने प्रयोग में नहीं लाता। दैनिक जीवन में हम हँसते रोते हुए कभी कविता का प्रयोग नहीं करते। यह बड़ा अस्वाभाविक प्रतीत होता है कि पात्र अपने मनोभाव गद्य बोलते-बोलते पद्य में प्रकट करने लगें। अतः कविता का प्रयोग बिल्कुल नहीं किया जा रहा है।

रंगमंच निर्देश—इस दृष्टि से नये एकांकीकार बहुत आगे बढ़े हैं। आज के एकांकी में निर्देशों की सहायता से रंगमंच की पूर्ण व्यवस्था समझा दी जाती है कि किस स्थान का दृश्य उपस्थित किया जा रहा है; कैसा कमरा है; कितने दरवाजे-खिड़कियाँ तथा सामान हैं; प्रवेश-द्वार किधर है; कमरे में क्या-क्या सामान है; कौन-कौन व्यक्ति उपस्थित हैं; उनका रंग, रूप, ड्रेस, चाल-ढाल, बैठने का ढंग, आदतें इत्यादि स्पष्ट रूप से कह दी जाती हैं। दूसरे, ये निर्देश पात्रों की रूप कल्पना तथा उनके अभिनय को भली भाँति प्रस्तुत कर देने में सहायता करते हैं।

कुछ एकांकीकारों के प्रारम्भिक रंगमंचीय निर्देश बहुत बड़े हैं। इनमें कथा का प्रारम्भिक भाग दे दिया जाता है, जिससे एकांकी पढ़ने वाला कथानक के प्रारम्भिक भाग से परिचित हो जाये। एकांकी विकास-संघर्ष से प्रारम्भ होकर चरमोत्कर्ष की ओर तीव्रता से बढ़ते हैं। प्रारम्भ एकदम हो जाता है।

कुछ साहित्यकारों ने निर्देशों में प्रभाव-व्यंजना के निमित्त काव्यात्मक रंगमंच-निर्देश प्रयुक्त किये हैं। इनमें काव्य-मधुरिमा फूटी है, उपमाओं का परिष्कृत प्रयोग है। इनका अभिप्रायः यही है कि एकांकी पढ़ते समय भी पाठक रस और आनंद ले सके। ये काव्यमय संकेत पात्रों की मुद्रा तथा रंगमंचीय परिस्थिति की कल्पना को सजीव और रंगीन बना देते हैं। इनका रंगमंच पर प्रदर्शन किसी प्रकार भी नहीं हो सकता। नये रंगमंच पर स्टेज डाइरेक्टर के लिए लिखे ही जाते हैं। इस श्रेणी के एकांकीकारों में श्री भुवनेश्वर, डॉ. रामकुमार वर्मा और श्री लक्ष्मीनारायण मिश्र प्रमुख हैं। ये एकांकियों को सुपाठ्य, मनोरंजक और रस परिपाक में सहायक बनाते हैं।

हिन्दी में नवीन एकांकी साहित्य

यूरोप में कृत्रिम भावुकता—घ्योमविहार करनेवाली कला की आराधना एवं सौन्दर्य की प्रतिष्ठा मर्यादा का अतिक्रमण—ऐसे साहित्य की सृष्टि में लीन हो गयी जिसका सम्बन्ध जीवन से नगण्य सा रहा गया था। इस सारहीन काल्पनिक कला आराधना के विरुद्ध यथार्थवाद की प्रतिक्रिया सहज स्वाभाविक थी। जनता को वह साहित्य रुचिकर प्रतीत हुआ, जिसमें उनके वास्तविक जीवन के घात-प्रतिघात, दुःख-वेदनाएँ या वर्तमान सामाजिक, राजनैतिक अथवा आर्थिक संघर्ष से उत्पन्न नाना जटिलताओं को कल्पना या भावुकता से अपेक्षाकृत अधिक महत्त्व दिया गया था। इब्सन, मेटरलिंक तथा बर्नार्ड शॉ इत्यादि से प्रभावित नाट्यकारों का विचार था कि अतीत या भविष्य चाहे कितना भी आकर्षक क्यों न हो, वर्तमान जीवन तथा समाज की समस्याओं से पलायन कर व्योमविहार करना व्यर्थ है।

नये एकांकीकारों का मूल स्वर यथार्थवाद है। वे समाज के स्वाभाविक यथार्थवादी स्वरूप चित्रित कर जनता का ध्यान जटिल विषमताओं की ओर आकृष्ट करना चाहते हैं। इन एकांकीकारों का विश्वास है कि समाजवादी राजनीति की विशेषताओं, आर्थिक शोषण, सामाजिक असमानता पर झूठी कल्पना या भावुकता की लीपापोती के स्थान पर उसका यथार्थवादी चित्रण कर दिया जाये, समस्या या विद्रूपता को इस प्रकार उभारा जाये कि जनता स्वयं उन पर विचार कर सके।

नवीन एकांकीकारों ने हिंदी एकांकी को अनेक रूपों में ग्रहण किया है। पौराणिक, ऐतिहासिक, राजनैतिक, सामाजिक, साहित्यिक—सभी दिशाओं में आधुनिक एकांकी विकास पथ पर अग्रसर हो रहा है। उनमें आज का उत्पीड़न सामाजिक प्रतियोगिता, सेक्स, आर्थिक संकट, शोषण, भावसंवाद इत्यादि सभी का स्वर है। राष्ट्रीय नवनिर्माण सजग है यद्यपि साम्यवाद धीरे-धीरे अपना प्रभाव दिखा रहा है। टेकनीक की दृष्टि से इनमें पात्र कम हैं। कुछ एकांकीकार ऐसे एकांकियों की सृष्टि कर रहे हैं जिनमें स्त्री-पात्र नहीं है। इनका संविधान रंगमंचीय है जिससे स्कूल, कॉलेज या विश्वविद्यालयों में इनका अभिनय हो सके। मुख्य पात्र स्वयं ही अपनी बातचीत में एक-दूसरे का अपना तथा परिस्थिति का परिचय प्रदान करते हैं। रेडियो-एकांकी तेजी के साथ विकसित हो रहा है। ये एकांकीकार ऐसी स्वाभाविक पात्रों की वय, शिक्षा, वातावरण के अनुसार कर रहे हैं, जिससे नाटक वास्तविक जीवन के जीते-जागते टुकड़े प्रतीत होते हैं। इनमें स्वगत कथन का प्रयोग नहीं है। अस्वाभाविकता से मुक्ति के लिए शेर, दोहे, या गानों का प्रयोग नहीं है। रंगमंच निर्देश की दृष्टि से नये एकांकीकार बहुत आगे बढ़े हैं। निर्देशों की सहायता से रंगमंच की रत्ती-रत्ती व्यवस्था (कभी-कभी चित्र द्वारा) स्पष्ट कर दी जाती है। कुछ ने प्रभाव-व्यंजना के विभिन्न काव्यात्मक रंगमंच-निर्देश प्रस्तुत किये हैं, जिनमें काव्य-मधुरिमा, मुहावरों का प्रयोग, चित्रोपमता, उपमाओं के कलात्मक प्रयोग हैं। संक्षेप में, पुरानी जीर्ण-शीर्ण परम्पराओं का

परित्याग कर नया एकांकी साहित्य, पाश्चात्य शैली का उच्चकोटि का साहित्य, हमारे सामने आ रहा है।

नये हिन्दी एकांकी साहित्य का अध्ययन हम निम्न वर्गों के अन्तर्गत कर सकते हैं—

(1) सामाजिक व्यंग्यात्मक एकांकी, जिसमें समाज सुधार, संस्थाओं, रूढ़ियों अथवा व्यक्ति, जीर्ण-शीर्ण परम्पराओं को आलोचना का विषय बनाया गया है।

(2) राजनैतिक राष्ट्रीय नवनिर्माण।

(3) ऐतिहासिक आदर्शवाद।

नवीन एकांकी साहित्य का अन्तरंग दर्शन : सामाजिक समस्या एकांकी इस धारा के अर्न्तगत भारतीय समाज की भिन्न-भिन्न समस्याओं का चित्रण हुआ है। सामाजिक जीवन में जो-जो उथल-पुथल हुई है, उनका चित्रण उनमें हुआ है।

श्री चन्द्रकिशोर जैन के सामाजिक एकांकियों—'इंसाफ', 'पहली भेंट', 'कानून', 'पूत की सगाई', 'अस्पताल का कमरा', 'रानी', 'बसेरा', 'विद्रोही', में राष्ट्र के नवनिर्माण के लिए उपयुक्त संकेत है। 'विषकन्या' में नारी की विवशता और अजेय प्रतिहिंसा का अद्‌भुत चित्रण हुआ है। 'पहली भेंट' में नारी के दैवी और आसुरी दोनों रूपों का चित्रण मनोवैज्ञानिक दृष्टिकोण से हुआ है। 'हीरे का टुकड़ा' में मीर खां भारतीय मूल-चरित्र का प्रतिनिधि होकर हमारे सामने आता है। 'अस्पताल का कमरा' में नारी दैत्य है, नारी ही देवता है; नर के लिए आज नारी विलास की एक मशीन मात्र है, इसकी यहाँ एक साफ तस्वीर खींच दी गयी है। कानून आज के समाज विधान का एक ऐसा चित्रण हमारे सामने प्रस्तुत करता है, जिससे प्रतीत होता है कि हमारे चारों ओर किस प्रकार तर्क पर पालिश चढ़ी हुई है। गुलामी और गरीबी सभी का चित्रण इन नाटकों में है।

श्री प्रेमनारायन टण्डन का 'कन्वेसिंग' सार्वजनिक नेताओं के अनुभवहीन व्याख्यानों, मिथ्या दम्भ तथा कुटिलता का चित्रण करता है। 'प्रेरणा' में ऐश्वर्य की लालसा, 'प्रेमी' में रोमांस की निराशा, 'बचपन के साथी' में धोखेबाज नेताओं की प्रतिष्ठा के गुप्त रहस्य खोले गये हैं। आपके नाटकों की समस्याएँ मध्यवर्ग के सार्वजनिक जीवन से सम्बन्धित हैं—सार्वजनिक कार्यकर्ताओं; म्युनिसपैल्टी के प्रबन्धकों तथा नेताओं का खोखलापन, मिथ्या प्रदर्शन, शरारतें चित्रित की हैं। सांकेतिक ढंग से और भी समस्याएँ इनमें उभारी गयी हैं। जैसे—'संकल्प' में विद्यार्थी जगत् की उच्छृंखलता, शृंगारप्रियता, सिनेमा का शौक आदि प्रत्येक नाटक किसी आदर्श तक पहुँचने के लिए समाज की आलोचना करता है।

श्री विष्णु प्रभाकर के अनेक सामाजिक नाटक प्रकाशित हुए हैं; जिनमें कुछ पारिवारिक हैं तथा कुछ सार्वजनिक नेताओं के जीवन पर व्यंग्य करते हैं। आपके 'माँ', 'साहस', 'गरीबी और वेश्यावृत्ति', 'पाप' (अविवाहित युवती का पाप), 'भाई', 'भगवान्', 'नया समाज', 'बँटवारा' (पारिवारिक जायदाद के बँटवारे का प्रश्न), 'विचार और कर्म', 'संस्कार और भावना' (संक्रान्ति काल में एक हिन्दू नारी का चित्र), 'ब्रह्मलोक' (जच्चा-बच्चा अस्पताल का वातावरण), 'माँ-बाप', 'प्रेयांस पहले', 'वहाँ दया पाप है' (सौन्दर्य को लेकर

पति-पत्नी के वास्तविक सम्बन्ध), 'स्वर्ग और संसार' (दहेज के दुष्परिणाम), 'श्वेत अन्धकार' (रिश्वतखोरी करनेवाले वर्ग का परिचय), सामाजिक गुत्थियों के अध्ययन हैं। 'वीरपूजा' प्रकृत चरित्र की उदात्तता पर आधारित है। 'मुरब्बी', 'रहमान का बेटा', 'मानव' चरित्रों के अध्ययन हैं। 'संयम', 'स्वतन्त्रता का अर्थ', 'मजदूर और राष्ट्र-चरित्र', 'सहिष्णुता', 'शिक्षा', 'नारी', 'अनुशासन' नागरिक जीवन के नवनिर्माण से सम्बन्धित हैं। विष्णुजी का दृष्टिकोण मानवता का विकास एवं परिपुष्टि है। वे जीवन के कल्याण के लिए आदर्शपेक्षी, गाँधीवाद के शुद्ध सांस्कृतिक रूप से प्रभावित हैं।

श्री प्रभाकर माचवे ने समाज पर तीखी व्यंग्यात्मक अन्तर्दृष्टि डाली है। 'ललित कला क्लब' में कला से कोसों दूर कला के नाम पर दिल्लगी करने, मन बहलाने, अपनी गुप्त इच्छाएँ पूर्ण करनेवाले व्यक्तियों पर व्यंग्य है। 'गुडबाई मिस्टर शर्मा' भद्दे और कुरुचिपूर्ण, सस्ते और आदर्शहीन फिल्म-निर्माताओं पर छींटाकशी करता है। गली के मोड़ पर के तीन एकांकियों 'लेटरबॉक्स', 'म्युनिसपल लालटेन', 'दीवाल' आदि में समाज का विस्तृत चित्रपट प्रस्तुत किया गया है, जिसमें मौजूदा समाज की राजनीति, व्यवहार, आदर्श प्रवृत्तियाँ, नैतिकता, खोखलापन, दुहरा व्यवहार, धर्म, संस्कृति आदि सामाजिक जीवन के अनेक क्षेत्र प्रकाश में लाये गये हैं।

ऐतिहासिक आदर्शतम्—द्विवेदी युग से चलकर यह धारा इस काल में विशेष रूप से विकसित हुई है। इसका प्रधान कारण राष्ट्रीय जगत् में आमूल परिवर्तन तथा सक्रिय क्रान्ति का उन्मेष है। इस धारा के अन्तर्गत दो प्रकार के ऐतिहासिक आदर्शवादी नाटक लिखे गये हैं—प्रथम, हिन्दू युग से सम्बन्धित नैतिक आदर्शवादी एकांकी, जिनमें अतीत, भारतीय गौरव, राजस्व के आदर्शवादी विधान और चारित्रिक दृढ़ता चित्रित है। इसमें ऐसे हिन्दू नरेशों का चरित्र चित्रण है, जो अपनी चरित्र निष्ठा, प्रजावत्सलता, सत्य तथा नैतिक आदर्शों के कारण भारतीय इतिहास के जाज्वल्यमान नक्षत्र हैं। स्वातन्त्र्य-प्राप्ति के पश्चात् राष्ट्रीय नवनिर्माण के हेतु भारतवासियों में उदात्त भावनाएँ, राष्ट्रीयता, चरित्र की महानता, अतीत गौरव जाग्रत् करना इसका अभिप्राय है।

द्वितीय श्रेणी में मुस्लिम युग की राजनैतिक स्थिति, विचारधारा और मुस्लिम सम्राटों के चरित्रों तथा तत्सम्बन्धी घटनाओं का चत्रिण है। कुछ एकांकियों का सम्बन्ध मुस्लिम सम्राटों के व्यक्तिगत जीवन से भी है और अन्तर तथा बाह्य संघर्षों के कारण एकांकियों के विषय बन गये हैं। कुछ वे एकांकी हैं जो मुस्लिम-युग में पनपते हुए हिन्दू-धर्म तथा राष्ट्रीयता से सम्बन्धित हैं।

हिन्दू-युग का नैतिक आदर्शवाद—द्विवेदी युग में इस विचारधारा के अन्तर्गत डॉ. रामकुमार वर्मा ने मुख्य कार्य किया था। 'शिवाजी', 'समुद्रगुप्त', 'विक्रमादित्य', 'चारुमित्रा', 'पृथ्वीराज की आँखें', 'कौमुदी महोत्सव', 'ध्रुवतारिका' आदि उल्लेखनीय नाटक हैं। डॉ. वर्मा का कार्यक्षेत्र निरन्तर प्रगति पथ पर है। इस धारा में आपने कुछ नवीन ऐतिहासिक एकांकियों का निर्माण किया है; जैसे—'स्वर्णश्री' (1950), 'कृपाण की धारा' (1951),

'कलंक-रेखा', 'कादम्बपाविष' इत्यादि। इनमें हिन्दू युग का गौरव, उच्च आदर्शों की प्रतिष्ठा, चरित्र गौरव आदि बड़े सजीव रूप में आया है। इनकी विशेषता एकांकियों की सांस्कृतिक पृष्ठिभूमि है, जो इतिहास की कसौटी पर अक्षरशः सत्य है। वर्माजी के अन्य ऐतिहासिक नाटकों—'प्रतिशोध', 'दुर्गावती', 'कलंक रेखा' इत्यादि रेडियो पर सफलतापूर्वक प्रसारित किये जा चुके हैं। कुछ विशेष रूप से रेडियो के लिए लिखे गये हैं। इनकी सांस्कृतिक पृष्ठभूमि में पात्रों के चरित्र को मनोवैज्ञानिक ढंग से चित्रित करने की दृष्टि रखी गयी है। अन्तर्द्वन्द्व, मानसिक प्रक्रिया, पात्रों के संस्कार तथा क्रमिक विकास हमें इन सभी एकांकियों में उपलब्ध हैं।

पं. उदयशंकर भट्ट ने प्राचीन बौद्ध संस्कृत पर एक सुन्दर ऐतिहासिक रोमांस 'शशिलेखा' (1951) की सृष्टि की है, जिसका अंत आत्मप्रकाश तथा मन शान्ति में होता है।

लक्ष्मीनारायण मिश्र ने 'कावेरी का कमल' (1951) में दसवीं-ग्यारहवीं शताब्दी में दक्षिण भारत के चोलवंश तथा भारत-रोम व्यापार, विदेशों से पारस्परिक सम्बन्ध, भारतीय सभ्यता, रोम का विलासी जीवन, चोल प्रदेश का विदेशियों से व्यवहार, शिष्टाचार, न्याय पद्धति, चोल नरेश के राजकुमार का रोम के एक श्रेष्ठी टाइटस की पुत्री रोम कन्या सोफी से प्रेम सम्बन्ध तथा विवाह को लेकर एक लम्बा एकांकी लिखा गया है। इसकी पृष्ठभूमि में भारतीय तथा रोमन संस्कृतियों का तुलनात्मक अध्ययन है।

गणेशदत्त गौड़ 'इन्द्र' ने अनेक ऐतिहासिक एकांकियों की रचना की है। आपने 'गर्धभिल्लोन्मूलन' में दुश्चरित्र गर्धभिल्ल का साहनुसाहि द्वारा बध तथा महाराज विक्रमादित्य का राजसिंहासन पर आरूढ़ होना चित्रित किया है। 'परिमार्जन' में संसार विश्रुत धर्मप्रवर्तक महात्मा बुद्ध द्वारा नर घातक डाकू अंगुलिमालि का बौद्ध-भिक्षुक बनना चित्रित है। 'नारी पाप है' में उपूलिका देश की राजकुमारी उर्वशी को मगध के राजकुमार पुष्पजीत को बचाने के लिए दासी बनकर दिखाया गया है। 'मुकुटधारी भिक्षुक' में कौशलाधिपति के प्रेम और बलिदान द्वारा काशीराज की ईर्ष्या और हिंसा पर विजय दिखाई गयी है। इन्द्रजी के ऐतिहासिक नाटकों की प्रवृति आदर्शवाद की ओर है। प्रभाकर माचवे का 'पियदस्सिन' (1948) चारों वर्षों को संघ में प्रवेश करने के पक्ष में दलीलें उपस्थित करता है। इसमें दी हुई अशोक तथा बौद्धमत सम्बन्धी जानकारी प्रसिद्ध इतिहास ग्रन्थों धर्म्मपद तथा जातकों से ली गयी है।

मदनमोहन राकेश का 'कलिंग विजय' (1947) का सम्बन्ध अशोक के राज्याभिषेक के आठवें वर्ष तथा उसकी सेनाओं के कलिंग विजय तथा वैराग्य से है। इस एकांकी की विशेषता इसकी मनोवैज्ञानिक रीति से हृदय परिवर्तन, तथा आन्तरिक द्वन्द्व का चित्रण है। 'राकेश' जी अंत तक पहुँचते-पहुँचते कुछ आध्यात्मिक से हो जाते हैं; भावुकता के स्थान पर गूढ़ चिन्तन आ जाता है। अशोक और महारानी के चरित्र कुशलता से विनिर्मित किये गये हैं। इस एकांकी को हम युद्ध के विरुद्ध चेतावनी के रूप में भी ले सकते हैं। गत

महायुद्ध के कुफल, भीषण रक्तपात, नरसंहार आदि की ओर संकेत किया गया है।

श्रीमती सरस्वतीदेवी पाणिग्राही का 'कलिंग विजय' (1938) कलिंग विजय के दिन कलिंग के राजपुत्र जयपाल तथा अशोक की पुत्री संघमित्रा की प्रेमकथा से सम्बन्धित है। संघमित्रा बंदी जयपाल को मुक्त करने की प्रार्थना करती है, किन्तु अपने स्वाभिमान की रक्षा में जयपाल आत्महत्या कर डालता है। कलिंग विजय की पृष्ठभूमि पर यह एक दुःखान्त नाटिका है।

श्री रामवृक्ष बेनीपुरी ने तीन सजीव हृदयस्पर्शी एकांकी सम्राट अशोक की तीन सन्तानों पर लिखे हैं—(1) 'संघमित्रा', (2) 'सिंहल विजय' तथा (3) 'नेत्रदान'। ये क्रमशः संघमित्रा, महेन्द्र और कुणाल के चरित्र एवं कार्य का प्रतिपादन करते है। 'कुणाल' के चरित्र को लेकर श्री गणेशदत्त गिरि 'इन्द्र' ने भी एक सुन्दर एकांकी लिखा है। श्री प्रशांत का 'हार जीत' ईसवी 200 वर्ष पूर्व बौद्धधर्म से अनुप्राणित संस्कृत का चित्र है।

श्री लक्ष्मीनारायण लाल का 'महाकाल मंदिर' (1950) मगध के सम्राट पुष्पमित्र के शासनकाल में नष्ट होते हुए मौर्य-साम्राज्य के पतन का चित्र उपस्थित करता है। इसमें चित्रित किया गया है कि किस प्रकार मन्दिरों में धर्म के नाम पर विलासिता का प्रचार प्रारम्भ हो गया था, मन्दिरों में पुजारियों का शासन था, नर्तकियाँ स्वच्छन्द रूप से नृत्य करती थीं, मदिरा पान की जाती थी। अशोक का धर्मनुशासन समाप्त हो चुका था। मौर्य-साम्राज्य घटाटोप अंधकार में भटक रहा था। इस पृष्ठभूमि पर नाट्यकार ने नर्तकी चित्रा तथा वसुमित्र की प्रेम कथा, धर्म पाखण्डियों का पर्दाफाश और मौर्य-साम्राज्य को बचाने के लिए आत्म बलिदान का एक चित्र खींचा है।

सिकन्दर महान् से सम्बन्धित कई सुन्दर एकांकी लिखे गये हैं। इनमें से सबसे उत्तम 'गांधार पतन' है जिसमें श्री प्रेमनारायण टंडन ने ऐतिहासिक आदर्शवाद की प्रतिष्ठा की है। सिकन्दर के आक्रमण का समय है, आम्भी ने उसे गांधार से जाने का मार्ग दे दिया है। देशवासी देशद्रोह से क्रुद्ध हैं। इस पर आम्भी अपनी कूटनीति समझाता है। वह यह कि सिकंदर भारत में आ जाये तो उसे चारों ओर से घेर लिया जाये। इसमें टण्डन जी के राष्ट्रीय विचार, स्वदेश प्रेम, भारतीय गौरव विषयक विचार प्रकट होते हैं। स्वाधीनता से पूर्व भारत की आकांशाएँ निहित हैं।

श्री भुवनेश्वर का 'सिकन्दर' (1950) भारतीय पण्डितों की श्रेष्ठता प्रदर्शित करता है। श्री छोटेलाल भारद्वाज का 'वीरता की कद्र' (1945) में पुरु के स्वाभिमान और आत्म सम्मान की पवित्र झाँकी दी गई है। सम्राट पुरु मरने से नहीं डरता; अतः अपना स्वाभिमान भी नहीं त्याग सकता। सिकन्दर की प्रेयसि डोरा पुरु के समीप खड़ी होती है और प्राणदण्ड की इच्छा करती है। वीर का काम वीरता की कद्र करना है। देशद्रोहियों के मन की करके मातृभूमि के गौरव के सच्चे उपासना को कुचल देना डोरा को सह्य नहीं है। पुरु के स्वाभिमान पर प्रसन्न होकर सिकन्दर उसे मुक्त कर देता है। भारतीय वीरता की उज्ज्वल झाँकी इसमें दी गयी है।

श्री सेठ गोविन्दास अपने आपमें एक संस्था हैं। चार बार के जेल जीवन में सेठजी ने नाटक पूरे और एकांकी मिलाकर लगभग 50 नाटक लिखे हैं, जिनमें कई का सफल अभिनय हो चुका है, कुछ के फिल्म बन चुके हैं। 'स्पर्द्धा', 'सप्तरस', 'पंचभूति', 'एकादशी', 'अष्टदल', 'चतुष्पद' इत्यादि आपके एकांकी नाटक संग्रह प्रकाशित हो चुके हैं। सामाजिक, ऐतिहासिक एवं राजनैतिक प्रायः सभी प्रकार के नाटक आपने सफलतापूर्वक लिखे हैं; किन्तु आपका क्षेत्र राजनीति है, जिसमें आपका समस्त जीवन व्यतीत हुआ है।

वर्तमान राजनीति का परिचय एवं अनुभव प्राप्त कर आपने नाट्य जगत् में प्रवेश किया है। अपने नाटकों में आपने वर्तमान राजनैतिक एवं सामाजिक जीवन का यथार्थ चित्र खींचा है। इनमें ऐसे व्यक्तियों पर भी व्यंग्य हैं, जो स्वार्थी मिनिस्टर हैं, रंगे सियार काउन्सिल के मेम्बर हैं, जो देश भक्त और जन सेवा का स्वाँग भर अपना उल्लू सीधा करते हैं, जिनकी दृष्टि में स्वार्थ और यशोलिप्सा के अतिरिक्त अन्य किसी तत्त्व का महत्त्व नहीं है। अपने राजनैतिक जीवन के समस्त अनुभव, भारतीय जीवन का बहुमुखी जीवन, समाज के सभी वर्गों, सभी समस्याओं, सभी आन्दोलनों के चित्र इनकी कृतियों में हैं। सामाजिक एवं राजनैतिक जीवन पर उन्होंने स्वस्थ आलोचना की है।

उनकी कृतियों की पृष्ठिभूमि में आदर्शवाद मिलता है। राजनीतिक जीवन को भी उन्होंने मुख्यतः आदर्श की प्रेरणा से सेवा के लिए ही ग्रहण किया है वह उनके लिए एक नैतिक कार्य है। सेठजी बापू के निकट सम्पर्क में रहे हैं। आपने विनोबाजी सम्बन्धी एक मधुर संस्मरण भी नाटक के रूप में लिखा है। विनोबाजी को अंग्रेजी शिक्षा की तीव्र इच्छा थी, किन्तु बापू के सम्पर्क में आकर उनकी अंग्रेजी शिंक्षा की तीव्र इच्छा समाप्त हो गई। उन्हें ज्ञान होता है कि वे अपनी हिन्दी की शिक्षा द्वारा ही माँ-बाप, परिवार तथा देश की सेवा कर सकते हैं। नाटक की शैली इतनी सजीव है कि समग्र राजनैतिक जीवन हृदयपटल पर मूर्तिमान हो उठता है। इसमें पर्याप्त मौलिकता और रोचकता है। महात्मा गाँधी सम्बन्धी नाट्य साहित्य में यह सर्वथा नवीन चीज है।

प्रो. प्रकाशचन्द्र गुप्त के शब्दों में, "इनकी साहित्यिकता के अलावा इनका बड़ा गुण हम यह समझते हैं कि इनके नाटकों का जीवन रंगमंच पर भी हो सकता है; इनकी अपील वाचनालय तक ही सीमित नहीं। सफल अभिनय के लिए नाटक में गतिमान कथानक और जीवित कथोपकथन की विशेष आवश्यकता होती है। सेठजी के कथानक चलायमान होते हैं, इनका कथोपकथन सरल और स्वाभाविक है। उनके अनेक दृश्य स्मृति पर पत्थर की लकीर की तरह खिंच जाते हैं।"

'कुछ आप बीती, कुछ जग बीती' सेठ जी का एक महत्त्वपूर्ण एकांकी संग्रह है। आपके नाटकों का अनुवाद अंग्रेजी भाषा में भी हो चुका है।

विभाजन तथा तज्जनित रक्तपात—15 अगस्त 1947 के लिए एक राष्ट्रीय महापर्व था। किन्तु स्वतन्त्रता के साथ-साथ देश के बँटवारे से देश में जो भयंकर रक्तपात, नरहत्या, साम्प्रदायिक खूँरेजी हुई, इसकी छाप एकांकी साहित्य पर पड़ी है। प्रो. बोरगाँवकर के नाट्य

साहित्य में 1946 से 1949 तक की समस्त राजनैतिक सिद्धान्तों और घटनाओं के चित्रण में व्यंग्य का सम्मिश्रण है।

श्री विष्णुकांत मालवीय का '15 अगस्त' तथा श्री खुशालसिंह का 'नमाज के वक्त' (1948), प्रो. बोरगाँवकर के '15 अगस्त' में देश का बँटवारा, मुस्लिम लीग का धार्मिक पागलपन, कलकत्ता और नोआखाली की हत्याएँ, हिन्दू संगठन में साम्प्रदायिकता की बीमारी, मनुष्य में प्रतिशोध की भावना, बर्बरता, लीगी तथा कांग्रेसी दृष्टिकोणों का तुलनात्मक अध्ययन प्रस्तुत किया गया है। आपके शरणार्थी में उस भीषण परिस्थिति की झाँकी दी गई है, जिसमें दो तीन महीनों के अन्दर 30-40 लाख लोगों को इधर से उधर जाना पड़ा था। '30 जनवरी' में महात्मा गाँधी की हत्या का चित्रण है। इसकी मूल भावना यह है—"दुष्टता का अनुच्छेदन सज्जनता से ही हो सकता है, प्रतिशोध से नहीं।" बँटवारे की अमानुषिक बर्बरता का चित्रण करते हुए श्री उदयशंकर भट्ट का 'पिशाचों का नाच', श्री लक्ष्मीनारायण मिश्र के 'विषपान' (1947), 'देश के शत्रु' और 'स्वर्ग में विप्लव', प्रो. बोरगाँवकर का '6 अगस्त' आदि प्रकाशित हुए हैं। श्री हरिवल्लभ ने प्रतिशोध में साम्प्रदायिक मारकाट में हिंदू-मुसलमानों की एकता का आदर्श चित्र प्रस्तुत किया है।

स्वातन्त्र्य प्राप्ति के पश्चात् कई और समस्याएँ देश के सम्मुख आयीं—1. शरणार्थियों की समस्या, 2. अपहृता महिलाओं की समस्या 3. काश्मीर की समस्या, 4. कांग्रेस राज्य के गुण-दोष। इन सभी पर नाट्यकारों ने नाटकों का निर्माण किया।

शरणार्थी-समस्या—इन सब पर पृथक् से एकांकी नाटक प्रकाशित हुए हैं। शरणार्थी समस्या पर श्री प्रताप मगनलाल का 'शरणार्थी' (1950), श्री विष्णु प्रभाकर के 'चन्द्रकिरण', 'मानव', 'वीर पूजा', 'प्रतिशोध', 'प्रेम' इत्यादि; प्रो. बोरगाँवकर का 'शरणार्थी' शरणार्थियों की कठिनाइयाँ, छोड़ी हुई सम्पत्ति की हानि, मानसिक अन्तर्द्वन्द्व, पुनःस्थान सम्बन्धित सैकड़ों तकलीफें, अन्य प्रान्त वालों का उनके प्रति दुर्व्यवहार, कंटकमय जीवन तथा अन्य समस्याओं पर प्रकाश डालते हैं।

अपहृत महिलाएँ—अपहृत महिलाओं के सम्बन्ध में श्री विष्णु प्रभाकर का 'वीर पूजा', 'चन्द्रकिरण'; श्री हरिश्चन्द्र खन्ना का 'मुक्ति के पथ पर'; श्री नाथसिंह का 'अपहृता'; श्री चन्द्रशेखर नागर का 'त्याग या ग्रहण' (1949); श्री आरसी प्रसाद सिंह का 'कलंक मोचन' (1950); प्रो. बोरगाँवकर का 'शुद्धि' (1948) आदि नाटक प्रकाशित हुए हैं। परिस्थितिवश भ्रष्ट की हुई स्त्रियों को अपनाने के पक्ष का इनमें जोरदार समर्थन है।

काश्मीर की समस्या—काश्मीर की समस्या पर श्री विष्णु प्रभाकर के 'देवताओं की घाटी', 'रक्त चन्दन', प्रो. वी. पी. खन्ना का 'अभिशाप', श्री लक्ष्मीनारायण अग्रवाल का 'जल रहा है काश्मीर', श्री वृन्दावनलाल वर्मा का 'काश्मीर का काँटा' आदि उत्तम नाटक हैं।

कांग्रेस का भ्रष्टाचार—कांग्रेस राज्य की निर्बलताएँ, भ्रष्टाचार तथा त्रुटियों की आलोचना करते हुए निम्न एकांकी प्रकाशित हुए हैं—श्री विष्णु का 'काँग्रेस मैन बनो' अवसरवादियों पर व्यंग्य करता है। श्री प्रतापनारायण श्रीवास्तव का 'स्वराज्य की तस्वीर'

(1951) राष्ट्रीय जीवन के अधःपतन का चित्र अंकित करता है। हमारे कार्यकर्त्ताओं तथा स्वतन्त्रता संग्राम के सैनिकों में जो धन व पदलोलुपता प्रवेश कर गई है, उनका नाट्यकार ने आकर्षक ढंग से मनोरम संवादों द्वारा चित्रण किया है। श्री वामन मल्हार जोशी एम. ए. का 'स्वराज्य साधना' (प्रहसन) चतुर्दिक संघर्ष और पीड़ा का चित्रण करता है। श्री विश्वनाथ काले का कुछ पहलू (1946) स्वराज्य के कुछ चिन्तनीय पहलुओं की ओर हमारा ध्यान आकृष्ट करता है। श्री रामरतन द्विवेदी का 'दस वर्ष बाद' तमाम त्रुटियों से मुक्त अगले दस वर्षों का एक आदर्श चित्र अंकित करता है।

एकांकी नाटकों में सांस्कृतिक नैतिक चेतना

यद्यपि आधुनिक युग बुद्धिवादी है और विज्ञान का भौतिकवादी दृष्टिकोण हिंदी नाट्यकारों के सम्मुख रहा है, तथापि आज भी अनेक साहित्यकार ऐसे एकांकी नाटकों की रचना कर रहे हैं, जिनका आधार पौराणिक है तथा उद्देश्य नैतिक। इन एकांकी नाटकों में भारतीय संस्कृति के पुनरुत्थान का प्रयत्न है। इनका कथानक धार्मिक है तथा भावना में नैतिक आदर्शवाद की प्रतिष्ठा है। इन एकांकी नाटकों में आज के सामाजिक, आर्थिक या राजनैतिक प्रश्नों का सीधा आरोप नहीं है। इनकी समस्याएँ भारतीय संस्कृति की वे समस्याएँ हैं, जो प्राचीनकाल से चली आई हैं। "अतीत पर नीति की विजय दिखाना और कुछ अंशों में प्राचीन गौरव को जाग्रत् करना इन एकांकी नाटकों का उद्देश्य है।" इन नाटकों में प्राण संस्कृत नाट्य साहित्य से है। देश में आज जो सांस्कृतिक पुनरुत्थान का आन्दोलन चल रहा है उसका प्रतिबिम्ब हिन्दी एकांकियों में दीख पड़ता है। विज्ञान और भौतिकवाद के इस युग में अतीत भारतीय संस्कृति को जाग्रत करने की अतीव आवश्यकता है। सांस्कृतिक पुनरुत्थान की भावना जिन हिंदी एकांकीकारों में व्यापक रूप से मिलती है, उनमें सर्वश्री उदयशंकर भट्ट, सद्गुरुशरण अवस्थी, रामकुमार वर्मा, प्रो. बृहस्पति, प्रभाकर माचवे, शम्भूदयाल सक्सेना, गणेशदत्त गौड़ 'इन्द्र', डॉ. सरनामसिंह अरुण इत्यादि प्रमुख हैं। इन एकांकीकारों ने अनेक सांस्कृतिक नैतिक प्रश्नों का विवेचन कर आदर्श उपस्थित किये हैं।

सांस्कृतिक पुनरुत्थान का स्वर श्री उदयशंकर भट्ट के एकांकी नाटकों में सबसे ऊँचा है। भारतीय संस्कृति के अनेक युगचित्र आपके एकांकियों में हैं। पुराणों तथा ब्राह्मण-ग्रन्थों के आधार पर भट्टजी ने प्रागैतिहासिक काल की भौगोलिकता, आदिम स्त्री-पुरुष का सांस्कृतिक विकास, सभ्यता का निर्माण, मानव-मन में जिज्ञासा, तर्क बुद्धि का विकास इत्यादि का विवेचन आपके आदिमयुग संग्रह के एकांकियों में है।

आदिमयुग एकांकी हिन्दी-नाट्य जगत् में अभूतपूर्व है। इस एकांकी में काल के बंधन को तोड़कर आदि पुरुष स्वायंभुव मनु एवं शतरूपा के द्वारा उस आदियुग की जीवन झाँकी देने का सफल प्रयत्न है। स्वायंभुव मनु और शतरूपा तथा उनके पुत्र-पुत्रियाँ सब वैदिक एवं पौराणिक पात्र हैं, किन्तु इन पात्रों का चारित्रिक विकास स्वाभाविक हुआ है। यदि

पुराणों में मत्स्य, वराह, कच्छप अवतारों की कथा के द्वारा मनुष्यों के पूर्वजों का इतिहास है, तो कोई कारण नहीं कि स्वायंभुव मनु और शतरूपा का वर्णन अतिरंजित होते हुए भी मूलतः वास्तविक न हो। स्वायंभुव का अर्थ है अपने आप उत्पन्न होने वाले का पुत्र। भट्टजी ने स्वायंभुव मनु और शतरूपा की संतान का वर्णन श्रीमद्‌भागवत के आधार पर किया है। भाषा तथा भाव के अनुसार मानव सृष्टि का क्रमिक विकास चित्रित करते हुए भट्टजी ने रूढ़ शब्दों का पात्रों द्वारा प्रयोग कराया है। फिर क्रमशः यौगरूढ़ि और यौगिक शब्द लिये हैं। सांस्कृतिक विकास की जिस शृंखला का निर्देश इस एकांकी में हुआ है, उसमें एकांकीकार सर्वथा मौलिक है।

द्वितीय एकांकी 'प्रथम विवाह' एक वैदिक कल्पना के आधार पर खड़ा किया गया है, प्रारम्भ में जब आर्य एक भ्रमणशील जाति थे, न उनमें कोई सामाजिक आचार-विचार था, न बंधन। कदाचित् उस युग में वेदों की ऋचाओं का गायन प्रारम्भ नहीं हुआ था। आर्य पर्वतों से उतरकर भारत में पदार्पण कर रहे थे। 'प्रथम विवाह' उसी समय का एक चित्र है। काद्रवेय काद्रवेयी का चित्रण संसार के सबसे भोले, निरीह, सच्चे मनुष्य का चित्रण है। वरुण पंचजन उस समय के परम विद्वान आर्य थे जिन्होंने समाज में मर्यादा की स्थापना की। एकांकी अभूतपूर्व है।

भट्टजी का तृतीय एकांकी 'वैवस्वत मनु और मानव' जल प्लावन के पश्चात् आर्य संस्कृति के विकास का एक चित्र प्रस्तुत करता है। जल प्रलय के पश्चात् जब मानव सृष्टि समाप्त हो चली थी, उसके बहुत बाद का कथानक इस एंकाकी में है। वैवस्वत मनु ही हमारे सृष्टि नाटक की सामाजिक रंगभूमि के प्रधान पात्र हैं। पुराणों में अब तक की सारी सृष्टि को चौदह मन्वंतरों में बाँटा गया है। स्वायंभुव मनु से लेकर वैवस्वत मनु तक का काल अब तक बीता है। पुराणों में विस्तार से इसका वर्णन है। श्री उदयशंकर भट्ट के अनुसार मनु नाम एक ऐसे व्यक्ति विशेष का है, जिसका प्रभाव उस युग पर पूर्ण रूप से था। मनु युग का अर्थ है एक प्रकार के ज्ञान प्रसार, विशेष सामाजिक, राजनैतिक धार्मिक व्यवस्था का प्रचलन। भट्टजी ने मनु के जन्म संवत् तथा पौराणिक बारीकियों में पड़कर एक कुशल चित्रकार की भाँति जल प्लावन के पश्चात् आर्य-संस्कृति का चित्र उपस्थित किया है। उस काल में मानव जाति अज्ञान की रात्रि के ब्राह्म मुहूर्त में अँगड़ाइयाँ ले रही थी। गहन अंधकार को विदीर्ण कर भारत में आत्मचिंतन का प्रकाश उदित हुआ था। नाट्यकार ने इस एकांकी का कथानक शतपथ ब्राह्मण, वाल्मीकि रामायण, महाभारत, पुराण आदि सभी से मनु सम्बन्धी सामग्री लेकर किया है। कथानक को प्रस्तुत करने में मौलिकता तथा प्रतिभा की छाप है।

कुमारसंभव में भट्टजी ने मध्यकालीन संस्कृति का एक चित्र खींचा है। इसमें कालिदास के जीवन सम्बन्धी एक छोटी सी घटना को कथानक के रूप में ले लिया है। पार्वती का शृंगार वर्णन करने के कारण कालिदास को यह शाप मिला था कि वे उस काव्य को भी पूर्ण न कर पायेंगे। विद्वानों का विचार है कि चन्द्रगुप्त के पुत्र समुद्रगुप्त के उत्पन्न होने

के उपलक्ष्य में कवि ने इसकी रचना की थी तथा काव्य कुमार को भेंट किया था। इन्हीं सब आधारों का अध्ययन कर नाट्यकार ने इस एकांकी की पृष्ठभूमि का निर्माण किया है। प्रसंगवश कुछ देवताओं को भी पात्र बनाया गया है; किन्तु ये पात्र मानव की सहानुभूति तथा हृदय लेकर प्रस्तुत किये गये हैं।

चारों एकांकी भारत के तीन युगों की संस्कृतियों के सभ्यता के विकास स्तरों के चित्र हैं। बौद्धिक तत्त्व की प्रचुरता के बावजूद ये कौतूहलप्रद हैं। हिन्दी में इस ढ़ंग के एकांकी का सूत्रपात करने का श्रेय भट्टजी को है। इनमें लोकल कलर बड़ी कुशलता से मिश्रित किया गया है। प्राणिविज्ञान, वनस्पतिविज्ञान, पुराण और प्रारम्भिक जीवन दर्शन का सुन्दर समन्वय हुआ है।

भट्टजी के भाव नाट्य (1) विश्वामित्र (1928), (2) मत्स्यगंधा (1935), (3) राधा (1941), (4) कालिदास, (5) मेघदूत, (6) विक्रमोर्वशी, (1942-44) सास्कृतिक दृष्टिकोण से लिखे गये हैं।

'विश्वामित्र' में हमारी संस्कृति में नर-नारी के पारस्परिक संघर्ष का संकेत है। इन्द्र की प्रेरणा से मेनका द्वारा विश्वामित्र का पतन नहीं दिखाया गया है। स्वच्छन्द रूप से बन में घूमती हुई उर्वशी और मेनका विश्वामित्र को तप करते हुए देखती हैं। उर्वशी को नर से घृणा है। वह सोचती है कि यदि ऋषि तप में सफल हो गया तो नारी को और भी नाच नचाएगा। वह मेनका को उकसाती है, जो विश्वामित्र का तप भंग कर दिखला देती है, किन्तु जीवनोल्लास में वह इतना डूब जाती है कि अपनी पूर्व प्रतिज्ञा भूल जाती है कि 'निवृत्ति का प्रवृत्ति में परिवर्तन और प्रवृत्ति का पुनः निवृति की ओर प्रत्यावर्तन ही 'विश्वामित्र' की कथावस्तु है।' इसके भाव, हलचल गति, सजीवता मानों जीवन का एक जिंदा टुकड़ा हमारे सामने है।

'मत्स्यगंधा' में नारी-जीवन की उस निर्बलता को चित्रित किया गया है, जो कि अन्तहीन यौवन और कलंकहीन रूप प्राप्त करने की लालसा में व्यक्त होती है। पराशर ऋषि का वरदान जीवन में सत्य बनकर उद्‌भासित होता है, किन्तु वैधव्य में यह वरदान उसके लिए अभिशाप बन जाता है। 'राधा' में राधा को परकीया नायिका के रूप में चित्रित किया गया है। राधा का अपूर्व त्याग देखकर कृष्ण कह उठते है कि 'कृष्ण राधामय हुआ है, आज राधा कृष्णमय।'

'कालिदास' में कवि की रचनाओं के द्वारा उसके मानस के प्रत्यक्षीकरण की चेष्टा की गई है। कालिदास की रचनाओं के मर्मस्थलों की रूपकात्मक परिणति प्रस्तुत कर दी है। 'मेघदूत' में कालिदास के खण्डकाव्य 'मेघदूत' का रूपान्तर है; 'विक्रमोर्वशी' कालिदास के इसी नाम का एकांकी है। इनके पद्यों में लाक्षणिक तथा प्रतीक-भावना से काम लिया गया है। उनके रूप में अनेक जीवन के रूपक क्रमशः उपस्थित हो गये हैं।

भट्टजी के भाव-नाट्य पौराणिक होते हुए भी आधुनिक बुद्धिवादी और मनोवैज्ञानिक ढंग से जीवन की समस्याओं का समाधान प्रस्तुत करते है। कला की दृष्टि से इनमें काव्य

और नाटक का आनंद आता है। इनकी पृष्ठभूमि सांस्कृतिक है।

डॉ. रामकुमार वर्मा का 'अंधकार' (1942) दार्शनिक एकांकी है, जिसमें प्रेम तथा वासना का सापेक्ष सम्बन्ध प्रदर्शित किया गया है, "प्रेम में दिव्यता है, प्रकाश है; वासना उसका अंधकार है। अंधकार ही स्वयं अपनी उपयोगिता है। वह स्वयं मनुष्य के लिए अनिवार्य है। उसका दमन, उसे दूर करने का प्रयत्न ही अवांछनीय है।" जीवन के इसी तत्त्व का यहाँ उद्घाटन हुआ है। 'राजरानी सीता' में भारतीय संस्कृति के अन्तर्गत निष्ठा एवं पतिव्रत, धर्म की महत्ता का प्रतिपादन किया गया है। संसार में किसी देश की रानी में वह निष्ठा नहीं जो भारतीय नारी के पास है। इसी निष्ठा से भारतीय संस्कृति देदीप्यमान है। वर्माजी के रम्य रास में योगेश्वर कृष्ण की आध्यात्मिक लीलाओं पर प्रकाश डाला गया है।

सद्गुरुशरण अवस्थी ने सांस्कृतिक क्षेत्र में उच्च चिन्तन का प्रवेश किया है। इनके अधिकांश एकांकी गूढ़ दार्शनिक विवादों तथा बौद्धिक तत्त्व से परिपूर्ण हैं। चिन्तन का धरातल बहुत ऊँचा होने के कारण इनके नाटकत्व, अभिनेयता एवं वाग-वैदग्ध्य की गति क्षीण हो गई है। 'मुद्रिका' में विविध मतों का व्यर्थ विभेद दिखाया गया है तो 'महाभिनिष्क्रमण' में दार्शनिक विचारविनिमय है। 'बालिवध' में राम के आर्य-संस्कृति के सिद्धान्त की ऊँचाई चित्रित की गई है। 'कैकेयी' में अप्रत्यक्ष रूप से राम का आदर्श, राजाओं का गौरव, जनता के नायक का चित्र खींचा गया है। 'शम्बूक' में वर्ण-व्यवस्था तथा 'विभीषण' में डिक्टेटरशिप तथा सच्चे राजा के आदर्श का विवेचन है। 'शकुन्तला' में आर्य गृहस्थ, गुरुजनों की आज्ञा का पालन और नियन्त्रण पर विचार किया गया है। 'तुलसीदास' में अंध प्रेम की तुच्छता तथा लोकमर्यादा का महत्त्व चित्रित है। 'अहल्या' में त्याग और पतिव्रत की गरिमा, संयम की महत्ता, मर्यादा की सीमा उपस्थित की गई है। नारी-जगत् का मनोवैज्ञानिक एवं संस्कृति का भी विश्लेषण किया गया है। आज के युग में नारी-समाज सौन्दर्य के पीछे पागल हो रहा है; किन्तु यह महापतन का एक कारण बन सकता है। इन्हीं सौन्दर्य-साधकों पर व्यंग्य करते हुए नाट्यकार ने लिखा है—

"अहल्या—सुन्दरता के लिए मरनेवाली रमणियो! मेरे उदाहरण से सीखो! इस सुन्दरता ने मेरा नाश किया। महाराज इन्द्र को चोर बनाया। हमारा घर बिगाड़ा। पति को शत्रु बना दिया। उनके अनुपम प्यार को दम घोंटनेवाले तिरस्कार में बदल दिया।"

'सती का अपराध' में भारत की महिलाओं की बेबसी मुखरित हो उठी है। 'त्रिशंकु' में जगत् की मृग-मरीचिका और तृष्णा की विवेचना है। 'बलिवामन' में अतिवाद मानवता के झुकने की सीमा, अविवेकपूर्ण याचना को पूर्ण करने की मूर्खता दिखाई गई है। 'सुदामा' में मैत्री का आदर्श; 'ध्रुव' और 'प्रहलाद' में भक्ति; 'एकलव्य' में सामाजिक परम्पराओं का चित्रण किया गया है। 'ईश्वर' में गहन दार्शनिक वाद-विवाद, ईश्वर और आत्म-सम्बन्धी ज्ञान का विवेचन है। अवस्थीजी का उद्देश्य प्राचीन वैदिक, पौराणिक, अर्द्धऐतिहासिक कथानकों तथा नायकों को नवीन दृष्टिकोण से देखना है। भारतीय संस्कृति की तर्कपूर्ण

व्याख्या यहाँ उपलब्ध है।

पौराणिक नैतिक आदर्शवाद—राजनैतिक युग होने के कारण यह विचारधारा अपेक्षाकृत क्षीण रही है, यद्यपि कुछ-न-कुछ पौराणिक नाटक भी प्रकाशित हुए हैं। इन नाटकों में नैतिक आदर्शवाद की उद्‌भावना है। देश की नाना हलचलों के मध्य परमार्थ तत्त्व तथा पौराणिक हिन्दू-आदर्श का शुद्ध स्वरूप पूर्णरूपेण निरूपित नहीं हो सका है।

श्री रामचन्द्र तिवारी के 'गंगावतरण', 'पसीने की पुत्री' और 'कृष्णार्जुन-युद्ध' में पुराने पौराणिक पात्रों को नये तरीके से प्रस्तुत किया गया है। आपके अनुसार स्वार्थसंयम संस्कृति का आरम्भ है और किसी भी समाज की सांस्कृतिक उच्चता उस समाज के व्यक्तियों तथा वर्गों के स्वार्थ-संयम के परिमाण से नापी जा सकती है। 'पसीना की पुत्री' में विष्णु तथा लक्ष्मी के सम्बन्ध को तथा 'कृष्णार्जुन-युद्ध' में गालव के व्यवहार को नयी शब्दावली द्वारा अभिव्यक्त मन्तव्यों के प्रकाश में चित्रित किया गया है, यद्यपि घटनाएँ पुरानी ही हैं।

श्री प्रभाकर माचवे ने पुराने पौराणिक पात्रों में आधुनिक समस्याएँ तथा विभिन्न विचार-धाराएँ फिट कर सर्वथा नये प्रकार के नाटकों को जन्म दिया है। आपके 'पंचकन्या' क्रम के पाँच नाटक—'अहल्या', द्रोपदी', 'मंदोदरी', 'तारा' और 'सीता'—के कथानकों को आधुनिक समस्याओं से परिवेष्टित कर दिया है। उनमें जो मानवोपरिउद्‌भूत, न मानी जानेवाली बातें थीं, उन्हें निकालकर सम्भव और बुद्धिसंगत बनाने के लिए कल्पना का आश्रय ग्रहण किया गया है। इन पौराणिक नाटकों में आपने आधुनिक समस्याओं—तलाक, अपहृता नारियों की समस्या, आधुनिक संस्कृति, प्रेम-सम्बन्धी पाश्चात्य मनोविज्ञान आदि को भी मिश्रित कर दिया है। इनके अतिरिक्त प्रभाकर माचवे के 'उत्तर रामचरित', 'अमृतपत्रिका', कूर्मांचल' आदि भी नवीन दृष्टिकोण से ओत-प्रोत हैं।

श्री लक्ष्मीनारायण लाल की 'उर्वशी' भावात्मक शैली में 'कला कला के लिए' का आदर्श चित्रित करती है। इसमें प्रेम की उपेक्षा-भरी हृदय की कसक, वेदना और पुरुष का हृदय विजित करने के लिए विविध घात-प्रतिघात चित्रित किये गये हैं। 'उर्वशी' में चरित्र तो महाभारत-काल के हैं पर उनका गठन बहुत अंशों में आधुनिक हो गया है। उर्वशी की ओर से असावधानी उस अर्जुन के लिए बहुत स्वाभाविक नहीं लगती, जिसका उद्देश्य उस समय दिव्यास्त्रों की प्राप्ति और महाभारत के भावी युद्ध में विजय प्राप्त करना है। उर्वशी अपना प्रणय-निवेदन अर्जुन से जिन शब्दों में करती है—जितना खुलकर और जितने भावावेश में करती है, उससे वह थोड़ा चिंत्य हो उठा है। इसमें भावावेश अधिक है।

श्री विष्णु प्रभाकर के कई सफल पौराणिक नाटक प्रकाशित हुए हैं, जिनमें 'नहुष का पतन' (नहुष की प्रसिद्ध कथा के आधार पर), 'श्रद्धा और विवेक' (राम-हनुमान युद्ध की कथा), 'शिवरात्रि' (व्याघ्र और हिरनी की कथा) तथा 'भगवान के दस अवतारों का वैज्ञानिक विवेचन' विशेष उल्लेखनीय हैं।

श्री गणेशदत्त गौड़ 'इन्द्र' ने अनेक पौराणिक कथानकों को उभारा है तथा 'मीठा जहर', 'लीला-चमत्कार', 'भक्तराज नंद', 'जित देखो तित वही वही है', 'जय बोलती हड्डी',

'देवलोक में दीपोत्सव' आदि धार्मिक नाटकों की रचना की है। नाटकों की घटनाएँ साधारण हैं; आन्तरिक भावों तथा नैतिकता से स्पष्टीकरण का प्रयास किया गया है। इनके संवादों में गद्य-पद्य का प्रयोग है। जीवन की अनुभूतियों को भावपूर्ण कथोपकथनों में व्यक्त किया गया है।

श्रीराम शर्मा राम का 'जलदान' (1949) दानवीर कर्ण तथा उसकी माता कुन्ती की भेंट पर आधारित है। माँ की ममता तथा पुत्र के उपालम्भन का सजीव हृदयस्पर्शी वर्णन किया गया है। कर्ण का वध हो जाता है। श्मशान में माता कुन्ती चुपचाप खड़ी रहती है। वह पाण्डवों की माता बनकर दीनता की साकार मूर्ति दिखाई गई है। इसका अंत सशक्त और प्रभावशाली है।

श्री प्रशांत के 'सती सुभद्रा' और 'खोये हुए भगवान' धार्मिक नाटक हैं। 'खोये हुए भगवान' उस समय से सम्बद्ध हैं जब भगवान राम और जानकी स्नान करके चित्रकूट में वापस आ रहे हैं। भगवान के साथ अगस्त्य ऋषि का शिष्य सुतीक्षण भी है। शिष्य शालग्राम से जामुन तोड़ता है, पत्थर का शालग्राम खो जाता है तो उसके स्थान पर एक जामुन रख देता है। अगस्त्य ऋषि उसे यह कहकर निकाल देते हैं कि यदि मेरे पास आना है, तो भगवान को साथ लाना। इस नाटक का अंत तब होता है जब भगवान राम आश्रम में पहुँच जाते हैं। नाटक में नवीनता तो है ही, मृदु हास्य भी है। पौराणिक जीवन के विनोद की एक झाँकी मिलती है।

'सती सुभद्रा' (1936) चित्रसेन, कृष्ण, गालव, अर्जुन, नारद इत्यादि पात्रों के बल पर खड़ा होता है। इसमें गालव ऋषि का चित्रण कुशल करों से हुआ है। चित्रसेन के अभयदान में महात्माजी की अहिंसा का कुछ स्वर है। सुभद्रा के उज्ज्वल चरित्र की स्मृति-रेखा मन पर खिंच जाती है। 'गुरुदक्षिणा' (1944) का कथानक पौराणिक है, किन्तु इसमें वृद्ध-विवाह की समस्या का चित्रण है। मधुव्रत कुलपति वृद्ध होने पर भी पुनः विवाह करना चाहता है। आधुनिक शिक्षित समाज में ऊँची आयु में विवाह करने की दुष्ट वृत्ति को आलोचना का शिकार बनाया गया है।

श्री भारतभूषण अग्रवाल का 'महाभारत की साँझ' में महाभारत-काल का सुन्दर वातावरण उपस्थित किया गया है। श्री रामवृक्ष बेनीपुरी का 'सीता की माँ' (1650) स्वोक्ति रूपक की कल्पना का आनंद, भाषा का सौन्दर्य और नाटकीयता की दृष्टि से सर्वथा नवीन प्रयोग है।

डॉ. सरनामसिंह शर्मा अरुण के अनेक पौराणिक-धार्मिक नाटक प्रकाशित हुए हैं; जैसे—'नन्दीग्राम का तपस्वी', 'स्वर्णमृग', 'साधना', 'परित्याग' इत्यादि। इनकी विशेषता मनोवैज्ञानिक का आधार है। नाट्यकार की दृष्टि अन्तर्जगत् के भावों को समझने तथा उनकी अभिव्यंजना में विशेष रूप से रही है। रस और वातावरण की दृष्टियों से ये पूर्ण हैं। आपका 'जयमाला' नल-दमयन्ती के स्वयंवर को लेकर विरचित उसी शैली का एकांकी नाटक है। 'प्रसाद' के अनुकरण पर इसमें हास्य-विनोद लाने का प्रयत्न किया गया है।

इसमें दृश्यों की अधिकता है। 'साधना' उद्धव तथा गोपियों का कृष्ण के सम्बन्ध में सुन्दर पौराणिक नाटक है, जिसमें ज्ञान तथा भक्ति का तुलनात्मक विवेचन किया गया है। आपके पौराणिक एकांकियों में सर्वोत्कृष्ट 'नन्दीग्राम का तपस्वी' है, जिसमें भरत का चित्रण गौरवपूर्ण ढंग से प्रदर्शित किया गया है।

दार्शनिक विवेचना-प्रधान एकांकी—अध्यात्म से सम्बद्ध कुछ गम्भीर एकांकी प्रकाशित हुए हैं, जिमें गूढ़ तात्त्विक विवेचन के साथ गम्भीर विचारधारा का प्रतिपादन है जो अन्तर्जगत् के भावों और चिन्तन की उद्‌भावना करती है। इस वर्ग में प्रो. सद्‌गुरुशरण अवस्थी का 'पादरी' (1946), 'ईश्वर' (1947), प्रो. पुरुषोत्तम डबराल शास्त्री एम. ए. का 'ज्ञान की तलवार' (1944), अज्ञात का 'कुन्ती और युधिष्ठिर' (1946), श्री कृष्णचन्द्र मुद्‌गल का 'अंत' (1951), श्री प्रेम का 'तमसो मा ज्योतिर्गमय' (1951), आदि आते हैं। श्री देवीलाल सामर के 'ईश्वर की खोज' तथा 'आत्मा की खोज' (1950), दार्शनिक विवेचन प्रस्तुत करते हैं। बुद्धितत्त्व की प्रधानता होने के कारण इन नाटकों में जनरुचि-रंजन के तत्त्व कम हैं। सरदार मोहनसिंह का 'नई गीता' (1924) उपास्य तथा उपासक की अभिन्नता, प्रेम और ज्ञान की एकता का प्रतिपादन करता है। मध्य में वर्त्तमान परिस्थितियों पर भी मार्मिक टिप्पणियाँ हैं। 'खुदा और शैतान' (1924) में पाप और धर्म, सत्य और असत्य, खुदा और शैतान का दार्शनिक निरूपण है। स्वामी सत्यभक्त का 'ईश्वर की उत्पत्ति' (1933), डॉ. सरनामसिंह शर्मा अरुण का 'क्रोध-विजय' उत्कृष्ट कोटि के आध्यात्मिक नाटक हैं।

डॉ. सरनामसिंह शर्मा का 'क्रोध-विजय' विशेष उल्लेखनीय है, जिसमें क्रोध और क्षमा पात्र हैं तथा धर्मराज के सामने अपना अभियोग ले जाते हैं; तर्क-वितर्क चलता है और अंत में न्यायाधीश क्रोधित हो उठते हैं। अंत में क्रोध अपनी विजय उद्‌घोषित करता है।

डॉ. रामकुमार वर्मा के 'अंधकार' और 'उत्सर्ग' आध्यात्मिक नाटक हैं। 'अन्धकार' में यह स्पष्ट किया गया है कि प्रेम आवश्यक है, वह बिना वासना के नहीं हो सकता; उसे अनुशासित करने का परिणाम कभी शुभ नहीं, यह अंधकार रहेगा ही। इससे यह भी स्पष्ट है कि "धर्म जीवन के लिए विष है, धर्म से मनुष्य का जीवन अंधकार से भर उठता है; धर्म और प्रेम में विरोध है।" 'उत्सर्ग' में बुद्धिवादी और बुद्धिजीवी के ऊपर हृदय की विजय की कल्पना है।

प्रो. इन्दुशेखर के नाट्‌यरूपक 'जीवन' में आनंद और विश्वास का वास्तविक सम्बन्ध क्या है, आनंद को विश्वास की विशेष आवश्यकता है या नहीं; कला, आशा, संतोष के सम्बन्ध क्या हैं—ऐसे अनेक दार्शनिक प्रश्नों की मीमांसा की गई है।

डॉ. रामकुमार वर्मा के महत्त्वपूर्ण पौराणिक नाटक 'भरत का भाग्य' (1952) में भरत के चरित्र की निस्पृहता, वैराग्य, भ्रातृस्नेह तथा श्रद्धा पर प्रकाश डाला गया है। कुछ भाव देखिए—"यदि स्वर्ग का राज्य भी मेरे अधिकार की परिधि से बाहर है तो वह भी मेरे लिए नरक के समान कष्टदायक है...मेरी श्रद्धा जिनके चरणों में है, उन्हें संसार मुझसे दूर हटाता

है। यह संसार जीवन की अनुभूतियों को असम दर्पण से देखता है... मेरे प्रभु! तुम्हारे वियोग के क्षण मुझे शत्रुओं के वाणों की भाँति लगते हैं। तुम्हारे हाथ कब उन वाणों को मेरे शरीर से दूर करेंगे?''—भरत के इस निष्कपट, निश्छल प्रेम, सत्य और नयाय के पथ से वस्तुवादी संसार की विषमता दूर हो सकती है।

प्रो. बृहस्पति का सम्पूर्ण एकांकी-साहित्य पौराणिक पुनरुत्थान से सम्बद्ध है। आपका 'सागर-मंथन' उस घटना से सम्बद्ध है जब देवों तथा असुरों में युद्ध चलता था। देवताओं की ही पराजय होती थी; कारण, राक्षसों के गुरु शुक्राचार्य की विद्या से राक्षस पुनर्जीवित हो उठते थे। समस्या यह थी कि शुक्राचार्य से संजीवनी विद्या कैसे मिले। देवताओं के गुरु बृहस्पति अपने पुत्र कच को उनके समीप भेजते हैं। कच गुरु के पास जाता है, गुरु की पुत्री देवयानी उससे प्रेम करने लगती है; पर कर्तव्य से बँधा हुआ कच गुरुकन्या से विवाह नहीं करता। वह देवयानी से शापित होकर लौटता है। भगवान ब्रह्मा की सम्मति से देवताओं ने समुद्र को मथकर अमृत प्राप्त करने का आयोजन किया। इस एकांकी में शुक्राचार्य से कच के द्वारा संजीवनी प्राप्त किये जाने का कारण कल्पित है और पुराण-वर्णित स्थिति से सर्वथा भिन्न है। शुक्र को महाकवि कहा गया है। कच के काव्य से प्रभावित होकर नीतिज्ञ शुक्राचार्य कुछ क्षणों के लिए सहृदय बन जाते हैं, और कच को अभीप्सित वर का वचन दे देते हैं, और इस प्रकार इस रूपक के कच को शुक्राचार्य से संजीवनी सीखने का अवसर अकस्मात् और अनायास रूप में मिल जाता है।

''विश्वामित्र' में वशिष्ठ से बदला लेने के लिए क्रोधी विश्वामित्र की तपस्या भंग करने के लिए इन्द्र का मेनका को भेजना, शकुन्तला का जन्म, त्रिशंकु का यज्ञ और विश्वामित्र की उसमें सहायता, अंत में गुण-कर्म के अनुसार फलसिद्ध का मर्म प्रकट होना चित्रित है। 'महापण्डित' में संस्कृत-साहित्य के प्रसिद्ध महाकवि माघ का चरित्र-गौरव प्रकट किया गया है। यह वैदिक धर्म के उत्कर्ष का चित्र है। बौद्धों का प्रभाव उनकी अराष्ट्रीयता के कारण नष्ट हो चुका था। माघ निरन्तर काव्य-रचना में संलग्न रहे भिक्षुक उनके द्वार से धनी होकर लौटते और छात्र विद्वान होकर देश-देशान्तर में फैलते गए। महापण्डित माघ का यश दिग्दिगंत में फैल गया। इसमें किंवदंतियों का आश्रय लिया गया है और कुंडलवाली मुख्य घटना की भी कल्पना की गई है। भोज, माघ एवं माघ-पत्नी के अतिरिक्त इसके अवशिष्ट सब पात्र कल्पित हैं।

'मेघ का कवि' में महाकवि कालिदास के कवि-जीवन की कल्पित कहानी भी है। उन दिनों कवि ने अपने नवप्रणीत नाटक 'मालविकाग्निमित्र' में महाराज अग्निमित्र एवं उनकी नई महारानी मालविका की प्रणयलीला का चित्रण किया गया था। उस दिन इस नाटक का सफल अभिनय भी हुआ था। इसी नाटक के सम्बन्ध में एक विवाद उपस्थित होता है, जिसमें कालिदास की पत्नी विद्योत्तमा मध्यस्थ बनती है। उनके निष्पक्ष निर्णय से महाकवि कालिदास प्रभावित हुए और उनके स्वभाव में विचित्र परिवर्तन आ गया। उनके शरीर में कुष्ठ रोग प्रकट हो गया; वह 'कुमारसम्भव' में वर्णित महादेव की शृंगारलीलाओं

के दण्डस्वरूप था। कालिदास के अन्य महाकाव्यों का निर्माण किस प्रकार हुआ, यह चित्रित करते हुए एकांकी तत्सम्बन्धी सांस्कृतिक पृष्ठभूमि हमारे सामने लाता है। मेघ के कवि कालिदास ने संस्कृत में दूत-काव्य शैली का प्रवर्तन किया।

'स्वर्ग में क्रांति' में ब्रह्मलोक में निर्वाचन के रोग को फैलते हुए दिखाया गया है। स्वर्ग में लोगों को यह आपत्ति है कि ब्रह्मा का कार्यालय क्यों नहीं समाप्त होता, निर्वाचन होना चाहिए। पुराने वातावरण में नये विचार रखकर हास्य की सृष्टि की गई है। 'अतीत' में उस समय का चित्र है जब आचार्य कुमारिल भट्ट ने मीमांसा शास्त्र का प्रवर्तन करके नास्तिकों के दाँत खट्टे कर दिये थे और देश-देशान्तरों से अनेक विद्यार्थी आकर ज्ञानामृत लाभ करते थे, उस अतीत के गुरुकुलों के अनुशासनपूर्ण जीवन की एक झलक दी गई है। ये सभी एकांकी आदर्शवाद की विवेचना करते हैं।

हिन्दी प्रहसन

संस्कृत नाट्य साहित्य के अनुसार, रूपक के दस भेदों में, प्रहसन अपना विशेष महत्त्व रखता है। मूलतः यह एक ही अंक का होता है। प्रहसन की परिभाषा करते हुए श्री विश्वनाथ ने निर्देश किया है—

"भाणवत्संधि संध्यङ्ग लास्याङ्गाङ्कै विनिर्मित्तिम्"

भाण की भाँति प्रहसन में एक अंक होता है। पर आगे चलकर प्रहसन में एक अंक की सीमा का पालन न हुआ, दो अंकों में भी लिखा जाने लगा। प्रहसन की आत्मा हास्यव्यंग्य है। अच्छे प्रहसन की सफलता इसमें है कि वह किस तीखेपन से किसी विशेष सामाजिक कुरीति, राजनैतिक, आर्थिक, धार्मिक, वैयक्तिक जीवन पर प्रहार करता है। उसमें किसी प्रकार की कुरूपता, असंगति अनौचित्य, अनैतिकता, पाखण्ड आदि को व्यंग्य का शिकार बनाया गया है। संस्कृत नाटकों का विदूषक प्रहसनात्मक दृश्यों का प्राणस्वरूप होता था। आधुनिक प्रहसनों में विदूषक जैसी परम्परा लुप्त हो चुकी है।

प्रहसन समाज का चाबुक है। जिस प्रकार चाबुक मारकर घोड़े को ठीक मार्ग पर किया जाता है, उसी प्रकार व्यंग्य-बाण के द्वारा प्रहसन समाज की मर्यादा स्थिर रखता है। अधिकतर प्रहसन समाज की विद्रूपताओं को उभारने के उद्देश्य से प्रणीत हुए हैं। व्यक्तियों की विचित्रताएँ लेकर प्रणीत प्रहसनों में लोकप्रियता का अभाव रहता है, जब तक कि ये व्यक्ति किसी वर्ग विशेष का प्रतिनिधित्व न करें। समाज में फैले हुए दुर्गुण व्यक्ति की आड़ लेकर जनता के समक्ष प्रस्तुत किये जा सकते हैं। जब समाज नाना कुरीतियों, वर्ग वैमनस्य, कुत्सित दाँव-पेंच, रूढ़ियों, भ्रममूलक आशाओं, निरर्थक पार्टी बन्दी, प्रपंचपूर्ण कार्यों, अस्वाभाविक जीवन, आदर्श झगड़ों, धार्मिक पाखण्ड का कटीला बन जाता है, तब उन जटिलताओं को सुलझाने के हेतु प्रहसन की रचना होती है। यही कारण है कि हमें उस समाज तथा काल में विशेष रूप से प्रहसन मिलते हैं, जिसमें समाज की अवस्था पतित है और वह न्यूनताओं से पूर्ण है। समाज की जितनी भी गिरी हुई अवस्था होगी, प्रहसन में उतना ही तीखा व्यंग्य होगा।

यह परिताप का विषय है कि हिन्दी के पास अपना रंगमंच नहीं रहा है। फलतः हिन्दी नाटकों के साथ ही प्रहसन के आरम्भिक प्रयोग शिथिल से हैं। मुसलमानी शासन के उत्तरार्द्ध में नाट्य-कला एक प्रकार से समाधिस्थ-सी कर दी गई थी; समाज में नाटक को

ऊँची दृष्टि से न देखा गया, कुशल अभिनेताओं का अभाव रहा। अतः नाटक के क्षेत्र में कोई बड़े प्रयोग न हो सके। प्रहसन प्रायः बड़े नाटकों के मध्य में मनोरंजन के लिए ही प्रयुक्त होते रहे। आधुनिक एकांकी कला के अन्तर्गत प्रहसन का विशेष रूप से प्रसार हुआ है।

यों तो साधारण कोटि के प्रहसन हिन्दी में प्रारम्भिक काल में भी लिखे गये हैं, किन्तु इनका विकास अंग्रेजी भाषा साहित्य के सम्पर्क से विशेष रूप में हुआ है। 19वीं शताब्दी में भारतीय साहित्य पर अंग्रेजी का प्रभाव अत्यधिक पड़ा है। अंग्रेजी के माध्यम हो जाने के कारण हमारे पाठक एवं लेखक, पाश्चात्य शैली पर प्रहसनों का निर्माण करने लगे थे। भारतेन्दु काल में प्रहसनों का प्रारम्भिक प्रयोग प्रारम्भ हुआ। इस काल के प्रहसन साधारण कोटि के हैं; जिनमें नाट्यकार का मूल तात्पर्य आवश्यकता से अधिक स्पष्ट हो गया है। स्थान-स्थान पर शेर-दोहों का प्रयोग है। सामाजिक कुरीतियों—मद्यपान, असंगत प्रेम, वेश्यावृत्ति, छल-कपटपूर्ण व्यवहार, रूढ़िवादी चरित्र, धार्मिक पाखण्ड, मूर्खतापूर्ण व्यवहार को प्रहसनात्मक ढंग से प्रस्तुत किया गया। भारतेन्दु ने संस्कृत नाट्यशास्त्र की नींव पर हिन्दी प्रहसनों का प्रासाद निर्मित किया है।

हिन्दी के प्रारम्भिक प्रहसन के प्रयोगकर्त्ताओं में भारतेन्दु हरिश्चन्द्र का नाम विशेष उल्लेखनीय है। यों तो बालकृष्ण भट्ट, देवकीनन्दन त्रिपाठी, राधाचरण गोस्वामी, किशोरीलाल गोस्वामी, प्रतापनारायण मिश्र प्रभृति नाट्यकारों ने प्रारम्भिक प्रयोग किये थे; किन्तु भारतेन्दु जी का कार्य युगान्तकारी था। भारतेन्दु जी के 'अन्धेर नगरी', 'वैदिकी हिंसा हिंसा न भवति' आदि में उच्चकोटि का साहित्यिक व्यंग्य था। बालकृष्ण भट्ट के 'शिक्षादान', 'जैसा काम वैसा परिणाम' (संवत् 1934), 'कालिराज की सभा', 'रेल का विकट खेल', 'बाल विवाह' आदि प्रकाशित हुए हैं। 'शिक्षादान' में आधुनिक शिक्षित युवक का पाखण्ड तथा अस्वाभाविक आदर्श, अशिष्टता, दुःशीलता, कुसंगति को व्यंग्य का शिकार बनाया गया है। एक पढ़ा-लिखा बड़े घर का लड़का जो बाहर से सभ्यता का आवरण चढ़ाये हुए है, कुसंगति में पड़कर अपने चरित्र को दूषित करता है, उसका व्यंग्यपूर्ण खाका भट्ट जी ने प्रस्तुत किया है। भट्ट जी के प्रहसन सुधारवादी हैं। 'शिक्षादान' के अन्त में भरतमुनि का वाक्य लिखा गया है—

> होंहि एक पतिव्रत-रत सब भारत नर वर।
> तजहिं कुपथ, पथ गहहि धर्म कर दुर्मति तज कर।।
> तजे वेश्यासंग रमन करहिं श्रद्धा निज तिय पर।
> जासों सुधरहिं दशा हीन भारत के सत्वर।।

श्री देवकीनन्दन त्रिपाठी के दो प्रसिद्ध प्रहसन प्रकाशित हुए हैं, 'कलियुगी जनेऊ' तथा 'कलियुगी विवाह' (संवत् 1943)। अपने प्रहसनों में त्रिपाठी जी झाड़-फूँक, टोना, जादू, पुरोहितों की अशिक्षा, मूर्खता, रूढ़िवादिता, धोखेबाजी, यज्ञोपवीत की दुर्दशा, ब्रह्मचर्य आश्रम की दुर्दशा का निदर्शन किया है। छोटे बच्चों के विवाहों के दुष्परिणाम भी व्यक्त किये हैं।

'कलियुगी जनेऊ' में उन पुरोहितों पर व्यंग्य है, जो अशिक्षित होते हुए जनता को मूर्ख बनाते और ठगते हैं। वे नहीं जानते कि वेदों में क्या है, फिर भी जनता और विशेषतः स्त्रियों को धोखा देते हैं, रुपया और पवित्रता नष्ट करते हैं। मन्त्रों का नाम कुछ का कुछ उच्चारण किया करते हैं। इस प्रहसन में एक पुरोहित का अतिरंजित चित्र देखिए—

"पुरोहित गजवदन—तो चुप रहो, अब वेदारम्भ हो (हाथ पकड़कर), पूषा, वेदा गणपति कासा फिंकबा, मानहानि; जरा मरण पतयो विषा, वेद, उग्राः क्यः!!

नौनीतराय—भाई, इसमें तो कोई सिफ्त की बातें नहीं हैं। कोई अच्छा सा ऋचा पढ़ाइए। यह तो दयानन्दियों का सा खेल मालूम पड़ता है।

गजवदन—लीजिए! दण्ड, पादुका, मिसरी, चन्दन, कज्जल, चांस्तु, गुंज, गोद स्वाहः स्वाहः।

मकरू—लाला, एक ऋचा हमहूँ पढ़बै। देखई कैसन बा।

गजवदन—(हाथ पकड़कर पढ़ता है) ऋण स्वाहाः, धन स्वाहाः, कुल स्वाहाः, विद्या विनय स्वाहाः, ढोल स्वाहाः, ढमार स्वाहाः, पण्डित स्वाहाः, जिजमान स्वाहाः, सर्व स्वाहाः हरि भजे। वेश्या मनोर्जुजे उफाली सेवे गाजी, प्रपद्मे स्वाहाः।"

दूसरे प्रहसन 'कलियुगी विवाह' में वर्तमान समय के अस्त-व्यस्त रीति से प्रचलित विवाह की दुर्दशा चित्रित की गई है। अन्त में नाट्यकार ने लिखा है—

> गर्ग ओ गौतम शाण्डिल नाम ले बेचउ पूत कुलीन कहाओ।
> बेद ओ शास्त्र पुरानहु को तुम भूरि प्रपंच से धूरि मिलाओ।।
> तीन और चारहु पाँच वरस्सि के बालक ब्याहि कुरीति बढ़ाओ।
> नारी बड़ी नर छोटहु ता पर भारत के मुख खाक लगाओ।।

आपका तृतीय प्रहसन 'जयनारसिंह की' है। यह अंग्रेजी प्रभावित नाटक है, जिसका उद्देश्य ओझा आदि वंचकों की धूर्तता, धोखेबाजी का भण्डाफोड़ करना है। त्रिपाठी जी के प्रहसन, सुधार की वृत्ति से ओत-प्रोत हैं। मध्य में गीतों के प्रयोग, रस-निष्पत्ति के लिए रखे गये हैं।

पं. प्रतापनारायण मिश्र के दो प्रहसन हैं—(1) 'जुआरी खुआरी' और (2) 'कलि कौतुक'। इनमें सभ्य पुरुषों के चरित्रों की निर्बलता, मांस मदिरा सेवन की बुराइयाँ, व्यभिचार, साधुओं-भांडों की दुष्टता चित्रित है। मिश्र जी की दृष्टि चरित्र-चित्रण पर रहती थी।

श्री किशोरीलाल गोस्वामी का 'चौपट चपेट' प्रसिद्ध प्रहसन है, जिसमें त्रिया-चरित्र की कहानी को एकांकी का रूप दे दिया गया है। इसमें लम्पटों की दुर्दशा का मनोहर चित्र खींचा गया है। श्री अनन्तराम पाण्डे का 'कपटी मुनि' प्रहसन 1903 में प्रकाशित हुआ था। यह सुधारवादी वृत्ति का प्रहसन है।

द्विवेदी-युग (1903-1918)

सुधारवादी युग होने के कारण इस युग में प्रहसनों का कार्य वेग से चलता रहा। इस युग में दो शक्तिशाली प्रहसनकार दृष्टिगोचर होते हैं—प्रो. बदरीनाथ भट्ट तथा जी. पी. श्रीवास्तव। भट्ट जी के अनेक प्रहसन प्रकाशित हुए हैं, जैसे—'मिस अमेरिकन', 'विवाह विज्ञापन', 'लबड़धौंधौं' (एक छोटे प्रहसनों का संग्रह) 1928 में प्रकाशित हुए। इनका हास्य शिष्ट, साहित्यिक, सभ्यतापूर्ण और सुरुचि का द्योतक है। श्री जी. पी. श्रीवास्तव ने प्रहसन वृहत संख्या में लिखे हैं; जैसे—'मरदानी औरत', 'गड़बड़झाला', आदि (1917), 'कुरेस मैन' (1923), 'पत्र-पत्रिका सम्मेलन' (1925), 'बंटाढार' (1924), 'न घर का ना घाट का' (1925), किन्तु ये अपने प्रहसनों में उच्चकोटि का शिष्ट साहित्यिक हास्य न दे सके। इनके प्रहसनों में साहित्यिक हास्य की अपेक्षा धौल-धप्पे का हास्य अधिक है। श्रीवास्तव जी ने चुंगी की उम्मीदवारी, पूँजीपतियों, साहूकारों की चरित्रहीनता, साहित्य में अश्लीलता, नेताओं की चरित्रहीनता, मिथ्याचार आदि पर समाज सुधार की दृष्टि से प्रकाश डाला है।

इस काल के एक सफल प्रहसनकार पण्डित हरिशंकर शर्मा कविरत्न हैं। 1924-25 में आर्यसमाज से प्रभावित होकर आपने आर्य मित्र में प्रहसन लिखने आरम्भ किये थे। आपके बिरादरी विभ्राट्, पाखण्ड प्रदर्शन, स्वर्ग की सीधी सड़क, बुढ़ऊ का ब्याह आदि प्रहसन शिष्ट हास्य के उदाहरण हैं। शर्मा जी की शैली बदरीनाथ भट्ट-स्कूल के हास्य-व्यंग्य वाली है। आप समाज के मिथ्याचारपूर्ण जीवन से असंतुष्ट रहे। आपने सामाजिक जीवन के अन्तर्गत छलकपटपूर्ण जीवन, ऊँच-नीच का भेद, रूढ़िवादी चरित्र, पण्डित और धर्माचार्यों का जीवन, धार्मिक पाखण्ड आदि पर बौद्धिक कटाक्ष किया है।

पं. रूपनारायण पाण्डेय का 'प्रायश्चित्त प्रहसन' (1928) मनोरंजक प्रहसन है। आपके प्रहसनों में 'मूर्ख मण्डली' महत्त्वपूर्ण रचना है। आपने देशी होकर विदेशी चाल चलने वालों का हास्य-व्यंग्यमय खाका खींचा है। आपका हास्य शिष्ट और सभ्यतापूर्ण है।

पाण्डेय बेचन शर्मा 'उग्र' प्रहसनों के क्षेत्र में पर्याप्त प्रसिद्धि प्राप्त कर चुके हैं। आपके 'उजबक' तथा 'चार बेचारे' (1925) सफल हास्य व्यंग्यात्मक रचनाएँ हैं। 'चार बेचारे' के चारों प्रहसन—(1) 'बेचारा संपादक', (2) 'बेचारा अध्यापक', (3) 'बेचारा सुधारक', (4) 'बेचारा प्रचारक' 1922-1925 तक के मध्य में लिखे गये थे। सन् 1941 में आपने एक बड़ा मनोरंजक गीति प्रहसन प्रकाशित किया। हवाई हैदराबाद हिन्दी साहित्य सम्मेलन में आपने साहित्य जगत् में फैली हुई अनेक भ्रान्तियों पर व्यंग्य किया है। आपके प्रहसनों में बात को साफ-साफ कह देने का फक्कड़पन है और है कठोर निर्मम व्यंग्य।

श्री सुदर्शन का 'आनरेरी मजिस्ट्रेट' जनता में से बनाये हुए मजिस्ट्रेटों की कलई खोलता है। जिन्हें जनता की सेवा करने के लिए प्रायः चुना जाता है, वे लोग प्रायः अपढ़, मूर्ख, अशिक्षित और डरपोक होते हैं। उनमें शासन की कोई योग्यता नहीं होती, यद्यपि न्याय का दण्ड उनके कर कमलों में दे दिया जाता है। इस प्रहसन में ऐसे ही जन सेवकों के चित्र हैं।

पण्डित रामनरेश त्रिपाठी के साहित्यिक प्रहसन महत्त्वपूर्ण हैं। 'स्त्रियों की कौंसिल' प्रहसन में स्त्रियों की कलहप्रियता, असहिष्णुता, ईर्ष्या तथा लड़ने-झगड़ने पर मीठा व्यंग्य है। 'सीजन डल है' में डॉक्टरों के मिथ्याचार का चित्रण है। इसमें यह चित्रित किया गया है कि किस प्रकार डॉक्टर लोग जनता को शक-शुबहे में डालकर रखते हैं। डॉक्टर का मानसिक अन्तर्द्वन्द्व मनोवैज्ञानिक दृष्टि से विशेष सफल रहा है। हास्य-व्यंग्य की झलक के साथ इसमें आदर्श की प्रतिष्ठा भी की गई है।

आधुनिक युग में प्रहसन की परम्परा विशेष रूप से तीव्र हो उठी है। भारत का स्वतन्त्र होना, देश का विभाजन, नोआखाली तथा पाकिस्तान में भीषण नरमेध, स्त्री और बालकों के प्रति क्रूर पैशाचिक कार्य, नर-हत्याकांड आदि कठिनाइयाँ; त्रस्त समाज में महँगाई, चोरबाजारी, घूसखोरी तथा जीवन के लिए आवश्यक एवं अनिवार्य वस्तुओं का अभाव, सरकार की निश्चेष्ट वृत्ति आदि घटनाओं के कारण समाज की दशा गिर गई है। उसमें नाना प्रकार की प्रतिकूल परिस्थितियाँ उत्पन्न हो गई हैं। वस्तुतः प्रहसनकार का कार्य पुनः तेजी से चल रहा है। आधुनिक एकांकी में अनेक नाट्यकारों ने व्यंग्यात्मक प्रहसनों का निर्माण किया है।

डॉ. रामकुमार वर्मा ने कई सुन्दर प्रहसनों का निर्माण किया है, जैसे—'छींक' (1950), 'छोटी सी बात' (1949), 'फैल्ट हैट' (1949), 'घर और बाहर, (1951)। इन प्रहसनों में नाना प्रकार की सामाजिक चरित्रगत विद्रूपताओं को उभारा गया है। 'छींक' में आपने एक पुराने विचारों के पण्डित पंचम मिसिर का व्यंग्यमय चित्र प्रस्तुत किया है। पंचम मिसिर में पुरानी जीर्णशीर्ण परम्परा के ध्वंसावशेष हैं, जो कहते हैं—

"**पंचम**—हमारे शास्त्रों और पुराणों में कुछ लिखा है, वह झूठ थोड़ा ही हो सकता है! आजकल की दुनिया बदल गई है; चारों तरफ क्रिस्तानी विद्या फैली हुई है। कोई पुराणों की बात नहीं मानना चाहता, पर जब तक दुनिया में पंचम मिसिर है, तब तक तो पुराणों की बात मनवाकर ही रहूँगा....।"

'छींक' वर्मा जी के शुद्ध हास्य और सरल व्यंग्य का अच्छा उदाहरण है। 'घर और बाहर' (1951) में वर्मा जी ने हिन्दी के कवियों की अपरिपक्व, प्रयोगवादी, बिगड़े भाव, अशुद्ध छन्दवाली कविता-पद्धति की खिल्ली उड़ाई है। आज कवि व्यापारी बन गया है, क्योंकि सम्मेलनों में कविता के नाम पर व्यापार चल पड़ा है। वास्तविक कविता का रसपान न होकर गलेबाजी का बोलबाला है; प्रदर्शनी तक में कवि सम्मेलन का आयोजन किया जाता है। पच्चीस प्रतिशत कवि सम्मेलन सेठों की थैलियों में उलझे रहते हैं। इन दुष्प्रवृत्तियों पर वर्मा जी ने व्यंग्य किया है इस प्रहसन का एक अंश देखिए—

"**पतंगजी**—कलकत्ता बड़ा नगर है। वहाँ कवि सम्मेलन चाहे तो प्रतिदिन अवतार ले सकता है।

अनंगजी—इस कवि सम्मेलन के सभापति कौन होंगे?

पतंगजी—सभापति? नगर के लक्ष्मी-पुत्र श्री अमोलकचन्द बागडिया।

अनंगजी—जिन पर इनकमटैक्स का मामला चला था।

पतंगजी—किन्तु वे तो निर्दोष थे; उन्होंने बहुत-सी संस्थाओं को दान दिया। उसी सफलता की बधाई के लिए यह कवि सम्मेलन है !

अनंगजी—अच्छा, तो कवि सम्मेलन की एक कोटि यह भी निकली ! बधाई दिलावन कवि सम्मेलन ! तब तो आप बधाई देनेवाली कविता जरूर पढ़ेंगे !

पतंगजी—फिर उन्होंने मेरी भेंट भी तो पूरी कर दी है।

अनंगजी—अच्छा ! कितनी?

पतंगजी—प्रथम श्रेणी के तीन टिकेट और 201 रुपये ऊपर से...। यह तो आपको ज्ञात ही है कि मैं स्वर से अपनी कविता पढ़ता हूँ...यदि कविता के साथ तानपूरा बजाऊँ, तो सारे कवि सम्मेलन में मेरी कविता ही सर्वश्रेष्ठ करतल ध्वनि प्राप्त करेगी...।''

डॉ. रामकुमार वर्मा के प्रहसन शिष्ट हास्य के उदाहरण हैं। जिस कुरीति पर आपने व्यंग्य किया है, उसको उपहासजनक परिस्थिति में चित्रित कर दिया है।

सेठ गोविन्द दास के कई सफल प्रहसन प्रकाशित हुए हैं—'वह मरा क्यों?', 'अधिकार-लिप्सा', 'धोखेबाज', 'चौबीस घण्टे', 'हार्स पावर'। सेठजी ने सभ्य जगत् की विद्रूपताएँ, दुरभिसंधि, मिथ्या दिखावा, राजनैतिक पार्टीबन्दी, थोथी विचारधारा तथा हलके नेतृत्व का मजाक बनाया है। इन प्रहसनों में सेठ जी ने राजनैतिक जीवन के कई पहलुओं पर व्यंग्यात्मक प्रकाश डाला है। जिस विद्रूपता ने उन्हें जिस प्रकार प्रभावित किया, समाज में उन्हें जो विकार प्रतीत हुए, उन्हें अतिरंजित रूप में आपने व्यक्त किया है। अतएव कहीं-कहीं उनमें शुष्कता मिल सकती है, किन्तु पात्रों तथा स्थितियों में कृत्रिमता नहीं है। धोखेबाज में चरित्र-चित्रण बड़े व्यंग्यात्मक रूप में किया गया है। चौबीस घण्टे में रेडियो की घड़घड़ाहट से परेशान व्यक्ति का व्यंग्यात्मक चित्र खींचा गया है।

श्री उदयशंकर भट्ट के अनेक प्रहसन निकले हैं, जैसे—'दस हजार', 'गिरती दीवारें', 'दो अतिथि', 'नये मेहमान', 'वर-निर्वाचन', 'नेता'। ये प्रहसन आधुनिक सभ्य जीवन की हास्य-व्यंग्यमय आलोचना हैं। 'वर निर्वाचन' में आपने आधुनिक ढंग की तितलियों का उपहास उड़ाया है। 'नेता' समाज सुधारकों की विकृतियाँ उभारता है। 'नये मेहमान' और 'दो अतिथि' में समाज के अनेक व्यक्तियों पर व्यंग्य है। इनमें कल्पना के चमत्कार पाने की सतत चेष्टा में जीवन के भेदाभेद पहचानने का भी प्रयत्न है। चमत्कार को जीवन के साथ घटाकर यथार्थ बातों को लाने की चेष्टा है; नाटक के सौंदर्य बोध के साथ वस्तु की अभिनव ग्रन्थना को नाटक का उत्कर्ष मानकर चलने का प्रयास है; विस्मयात्मक अन्त और संवाद की प्रगल्भता पर जोर दिया गया है।

श्री उपेन्द्रनाथ अश्क के 'तौलिये', 'पक्का गाना', 'अजो दीदी', 'अम्बा' आदि उत्तम प्रहसन हैं। 'पक्का गाना' रेडियो पर प्रोग्राम में आने वाले पक्के गानों का मजाक है। 'अजो दीदी' मनोवैज्ञानिक वातावरण के मध्य एक मनोवैज्ञानिक समस्या का चित्रण है। आदमी जो स्वयं कर नहीं पाता, उसे अपनी सन्तान द्वारा पूर्ण कराना चाहता है; उसका स्वाभाविक

विकास नहीं होने देना चाहता और जीवन की भूख-प्यास को सिद्धान्त के नाम पर समाप्त करने की इच्छा रखने वाले कैसे मुँह की खाते हैं, इसका भी 'अजो दीदी' एक उपहासात्मक उदाहरण है। 'अश्क' की पृष्ठभूमि मनोवैज्ञानिक है। उनमें मानसिक हास्य को समझने की अपूर्व क्षमता है। उच्च स्तर के दर्शक वर्ग को ध्यान में रखकर ये प्रहसन लिखे गये हैं। मानसिक असंगति, अनौचित्य, किसी कार्य को करने में अति और अस्वाभाविक जीवन को आपने व्यंग्य का शिकार बनाया है।

नये एकांकीकारों में सर्वश्री विष्णु प्रभाकर, रामसरन शर्मा, मधुकर खेर, रामचन्द्र तिवारी, भगवतीचरण वर्मा, सरनामसिंह शर्मा, प्रभाकर माचवे, बेढब बनारसी आदि नाट्यकारों ने प्रहसनों में नवीन जागृति का शंख फूँका है।

श्री विष्णु प्रभाकर के 'कांग्रेसमैन बनो', 'व्यंग्य', 'भूख', 'गीत के बोल', 'पुस्तक कीट', 'कार्यक्रम', 'कला का मूल्य' इत्यादि उत्तम प्रहसन हैं। 'प्रोफेसर लाल' नामक प्रहसन में आपने शीशे और बोलने की मशीन के सहारे भाषण देना सीखने वालों पर व्यंग किया है; गीत के बोल में सिनेमा के गीतों पर हास्य की उत्पत्ति की है; 'भूख' में एक पत्नी के होते हुए दूसरे विवाह के इच्छुकों का मजाक बनाया है; 'सरकारी नौकरी' प्रहसन में क्लर्क जीवन की एक झाँकी उपस्थित की है; 'पुस्तक कीट' रट्टू विद्यार्थियों का व्यंग्यमय चित्र है; कार्यक्रम जनतन्त्र के मंत्रियों पर आक्षेप व व्यंग्य उपस्थित करता है; 'कांग्रेसमैन बनो' अवसरवादी कांग्रेस नेताओं पर व्यंग्य है। 'व्यंग्य' प्रहसन मनोवैज्ञानिक तथ्यों पर आधारित है। व्यंग्यात्मक रूप में इसमें यह चित्रित किया गया है कि जो तथ्य हम जीवन में नहीं सह सकते, उसे कहानी में स्वीकार कर लेते हैं। कला का मूल्य प्रहसन सम्पादकों की मिथ्या प्रशंसा व गरीब लेखकों का शोषण उपस्थित करता है। विष्णुजी का दृष्टिकोण मानववादी है। वे आदर्श के बिना जी नहीं सकते और यथार्थ के अभाव में चल नहीं सकते।

श्री प्रभाकर माचवे के प्रहसन बौद्धिक विचार के चिन्तन के परिणाम हैं। 'अदालत के पास होटल', 'गली के मोड़ पर', 'यदि हम वे होते', 'वधू चाहिए', 'नाटक का नाटक', 'पागलखाने में' आदि का व्यंग्य तीखा है। आपने आधुनिक छलकपट, सभ्यता का ढोंग, पाखण्ड तथा सभ्य कहलाने वाला जीवन अपने प्रहसनों का विषय बनाया है। आपके प्रहसनों की पृष्ठभूमि मनोवैज्ञानिक है। भारतीय शिष्ट समाज के अनेक अछूते विषय लेकर आपके प्रहसन रचे गये हैं। ये प्रहसन अंग्रेज लेखकों से विशेष प्रभावित हैं। परिस्थिति, चरित्र एवं कथोपकथन-प्रधान तीनों प्रकार के प्रहसन लिखे गये हैं। आपके चरित्र प्रधान प्रहसन विशेष सफल रहे हैं।

मधुकर खेर के कई प्रहसन बड़े सफल रहे हैं, जैसे—'नारी की पसन्द', 'यह पाकिस्तान है', 'देशभक्ति' आदि। 'यह पाकिस्तान है' प्रहसन में पाकिस्तान में छाई धर्मान्धता, अन्धविश्वास, ढोंग और रूढ़ियों का व्यंग्यात्मक ढंग से पर्दाफाश किया गया है। लेखक ने चित्रित किया है कि पाकिस्तानी मुल्लाओं ने वहाँ के सामान्य नागरिकों का जीवन दूभर कर दिया है। 'नारी की पसन्द' में नई रोशनी में पले हुए नवयुवकों को व्यंग्य का शिकार

बनाया है। 'कलियुगी अवतार', 'फिल्मी कहानी', 'अखिल भारतीय फासिस्ट विरोधी सम्मेलन' भी सफल प्रहसन हैं।

श्री जयनाथ नलिन, एम. ए. के सात प्रहसन प्रसिद्ध हो चुके हैं—'लोमड़ियों का शिकार', 'लखनवी बहादुर', 'नवाब का इन्साफ', 'शतरंज के खिलाड़ी', 'बटेरों के शौकीन', 'लस्सी का गिलास', 'संवेदना-सदन'। इनमें 'संवेदना-सदन' सर्वश्रेष्ठ प्रहसन है। इसमें दिखाया गया है कि आधुनिक सभ्य संसार में दिखावट इतनी बढ़ गयी है कि शोक के समय रोने के लिए भी लोगों के पास अवकाश नहीं है ! एक व्यक्ति शोक मनाने वाली 'संवेदना-सदन' संस्था खोलता है, जहाँ से मृतकों को रोने के लिए शोक मंडलियाँ भेजी जाती हैं। जिसे हम समाज की सभ्यता कहते हैं, वह सत्य से कितनी दूर है, यह स्पष्ट कर दिया गया है। मनुष्य धन का कितना गुलाम हो गया है; व्यापार व्यसन कितना बढ़ गया है कि धन समेटने की धुन में मानव की सहृदयता, करुणा, सरसता, सहानुभूति, संवेदना को उसके लालच का जलता रेगिस्तान पी गया है। व्यक्ति, समाज, सभ्यता, कला, संस्कृति और नाटक के पात्रों पर भी इसमें मीठा तीखा व्यंग्य है।

आधुनिक व्यंग्यकार लेखिकाओं में श्रीमती विमला लूथरा, एम. ए. के कुछ प्रहसन बड़े तीखे हैं—'प्रीतिभोज' (1948), 'टाट और सुतली' (1949), 'मुन्ने का नामकरण' (1948), 'धोबी का आगमन' (1949), 'सगाई का प्रबंध' (1949), 'ऑल इण्डिया रेडियो पर तानसेन', 'टिकट चेकर'। लेखिका में चरित्रों को व्यंग्यात्मक रूप में प्रस्तुत करने की अद्‌भुत क्षमता है। हमारी सभ्यता को स्थान-स्थान पर पछाड़ा है। 'सगाई का प्रबन्ध' में सगाई के समय गृह की आन्तरिक व्यवस्था का अतिरंजित स्वरूप प्रकट किया है। 'ऑल इण्डिया रेडियो पर तानसेन' में रेडियो का मौजूदा प्रबन्ध, व्यवस्था, बोलने की प्रणाली पर व्यंग्य किया है। विमला लूथरा के प्रहसन परिस्थितिप्रधान हैं। अपने अनुभव तथा निरीक्षण से लेखिका ने कुछ ऐसी परिस्थितियों का निर्माण किया है कि असंगत देखकर बरबस हँसी आ जाती है। उन परिस्थितियों में कथावस्तु को इस प्रकार फिट किया गया है कि हास्य स्वाभाविक रूप से प्रकट हो जाता है। 'संसार का आठवाँ आश्चर्य' (1950) में शाहजहाँ के युग का व्यंग्यमय चित्रण है। यह कल्पना करने में कि शाहजहाँ के समय में भी आजकल के पी. डब्ल्यू. डी. जैसा विभाग था, इतिहास के साथ स्वच्छन्दता बढ़ती गई है। ये प्रहसन अंग्रेजी पद्धति से विशेष रूप में प्रभावित हैं।

श्री रामसरन शर्मा ने रेडियो पद्धति पर सुन्दर प्रहसन लिखे हैं। उन्हें सीधी-सादी शैली पसन्द नहीं है। वे भुवनेश्वर तथा प्रभाकर माचवे जैसी हास्य व्यंग्यमय शैली में लिखते हैं, जिसमें कटाक्ष और व्यंग्य का सम्मिश्रण है। इनमें हमारे समाज की मूर्खताओं, रूढ़ियों का थोथापन, सभ्यता के दिखावे पर प्रहार है। आपके लिखे हुए 'बीमार बीवी', 'भूतों की दुनिया', 'बेचारी चुड़ैल', 'पत्रकारिता', 'वकालत', आदि प्रहसन प्रसारित हो चुके हैं। 'पत्रकारिता' में आपने आजकल के सिनेमा से प्रभावित सस्ते रोमांस और उथली पत्रकारिता पर व्यंग्य किया है। प्रेम जैसी पवित्र भावना आज कैसी उथली होकर सस्ती

हो रही है, इसका चित्रण किया गया है। 'वकालत' में वकीलों के मिथ्या दिखावे पर व्यंग्य है। शर्माजी का क्षेत्र चरित्रप्रधान प्रहसनों की रचना है। गर्व, पाखण्ड, अहंकार, लालसा, मोह, स्वार्थ को मिथ्या प्रदर्शन का आधार मानकर मानवीय भावों का चित्रण करते हुए इनके प्रहसनों की रचना हुई है। आपके चरित्र विशेष टाइप के व्यक्तियों का चित्रण कर व्यंग्य करते हैं।

श्री ज्योतिप्रसाद मिश्र 'निर्मल' के प्रहसन 'हजामत', 'घर और बाहर', 'वरयात्रा', 'सुहागरात' (1939), 'राबर्ट नैथनियल ओझा' (1937), समाज का दिखावा, झूठी नेतागीरी, आर्य समाजियों का उपदेशकथन, विद्यार्थियों की अनैतिकता, मिथ्याचार की आलोचना से सम्बन्धित उच्चकोटि के प्रहसन हैं। इनमें मौलिक सूझबूझ और चरित्र-चित्रण की गहराई है। टेकनीक संस्कृति से विशेष रूप में प्रभावित है।

श्री सुबोध मिश्र सुरेश के कुछ प्रहसन समाज तथा व्यक्ति पर विद्युत्प्रकाश डालते हैं—'खाँव खानसामा', 'साहित्यिक सनक', 'घनचक्कर', 'प्रेमी की पूजा' आदि। 'खाँव खानसामा' में देशी होकर विलायती भोजन करने वाले अधकचरे साहबों का व्यंग्य चित्र खींचा गया है। 'घनचक्कर' में कर्जदार और कंजूस व्यक्तियों पर व्यंग्य है। 'साहित्यिक सनक' में सम्पादकों का चित्रण है, जो एडीटर, कम्पोजीटर, प्रूफरीडर अर्थात् सब कुछ स्वयं होते हैं और मिथ्या प्रदर्शन करते हैं। रोमांटिक प्रवृत्ति के व्यक्तियों का भी उपहास किया गया है। एक स्थान पर कहा गया है—"दुनिया की खोपड़ी औंधी हो गई है। अब लड़कियाँ प्रेम की कैसी-कैसी लीलाएँ प्रदर्शित करती हैं—चाय की प्याली हाथ में, मुँह से निकला—'आह!' हाथ काँप गया, प्याली चूर-चूर हो गयी! सूखी जमीन पर चहलकदमी करते वक्त मुँह से निकला—'आह!' हाथ काँप गया, प्याली चूर-चूर हो गयी! जमीन पर चारों खाने चित हो गयी, डॉक्टर के यहाँ आदमी दौड़ाया! शीशे के पास गई, आले पर दृष्टि पड़ी, मुँह से निकला—'आह!' पाउडर स्नो की डिब्बी चकनाचूर होने लगी, पिताजी ने मनिहारी दुकान की ओर मोटर दौड़ा दी....।"

मिश्रजी के प्रहसनों में गम्भीरता कम है, साधारण कोटि का हास्य अधिक है। इनकी रचनाएँ जी. पी. श्रीवास्तव के 'धौलधप्पे' वाले हास्य की याद दिलाती हैं।

श्री गिरवरलाल के राजनैतिक प्रहसन 'डबल रोटी पर संकट' (1938), 'पद्म-पुराण' (1938), 'सपने की मुलाकात' (1938) राष्ट्रीय तथा अन्तर्राष्ट्रीय समस्याओं पर प्रकाश डालती हैं। 'सपने की मुलाकात' में मुसोलिनी-हिटलर की वार्ता का एक प्रसंग देखिए!

"**हिटलर**—तुम सब जगह पोलिटिक्स में सीधे से काम लेना चाहते हो।

मुसोलिनी—क्या यह कोई बुरी बात है?

हिटलर—क्यों नहीं? सिर्फ बुरी ही नहीं, बल्कि बेवकूफी है....पोलिटिक्स कभी सच पर चलती है; कभी झूठ पर, कभी अकड़ दिखलाती है और कभी चापलूसी। यह वेश्याओं की तरह अनेकों रुख दिखलाती है....।"

श्री वामन मल्हार जोशी एम. ए. का 'स्वराज्य साधना' देश के नेताओं का कोरे गीत

गाना, बाजे बजाना, प्रोपेगण्डा करना, जिधर देखो उधर झगड़े लेकर निकलना, क्रान्ति के गीत मात्र गाने पर व्यंग्य करता है। इसमें कांग्रेस, समाजवाद, सनातन हिन्दू धर्म आदि के दृष्टिकोण को स्पष्ट किया गया है। परस्पर लड़ने-झगड़ने से कितनी हानि हो सकती है, इसका भी संकेत है। श्रीमती विवेकवती का एक वक्तव्य देखिए—

"**विवेकवती**—जिन्हें कुछ करके दिखाना है, वे अपना समय इन झगड़ों में क्यों खर्च करें? अरे, काम करने वालों को तो दम मारने तक की फुरसत नसीब नहीं होती है। जो निठल्ले हैं, बेकार हैं, आलसी हैं, वे ही झगड़ते हैं। जिन्हें देश की सेवा करनी है, उनके सामने तो हजारों काम ऐसे पड़े हैं कि आपसी झगड़ों की याद तक नहीं आ सकती। देश की बुराइयों को दूर करने के लिए हममें से अनेकों को अनेक जन्म लेने पड़ेंगे।"

श्री तस्करानन्द का 'धर्मराज का दरबार'; श्री ज. प्र. मि. का प्रहसन 'ब्याह, ब्याह, ब्याह'; श्री भाई जी का 'फैशनवाली' (1939); श्री सुरेश का 'अपनी-अपनी डफली' (1938) आधुनिक सभ्यता का पर्दाफाश करते हैं। श्री रघुबरदत्त का 'मुफ्त में यश' (1939) सिफारिशी व्यक्तियों का व्यंग्यात्मक चित्रण प्रस्तुत करता है। ये सब प्रहसन आधुनिक सभ्यता के पाखंड, अनौचित्य, अनैतिकता तथा अस्वाभाविकता की विवेचना प्रस्तुत करते हैं।

श्री सुशील कुमार चौबे, एम. ए. के पाँच शिष्ट प्रहसन उपलब्ध हैं—'फैशन का खब्त', 'यह रेडियो स्टेशन है', 'लालाजी के घर में भूत', 'पहली अप्रैल', 'मेहमान'। ये प्रहसन आधुनिक पाश्चात्य सभ्यता के अस्वाभाविक जीवन, मूर्खतापूर्ण कार्य, भोजनप्रियता तथा वितण्डावाद पर व्यंग्य कसते हैं। सभी प्रहसनों में शिष्टता की रक्षा का पूर्ण प्रयत्न है। 'फैशन का खब्त' तथा 'यह रेडियो स्टेशन है', हिन्दी के श्रेष्ठ प्रहसनों में परिगणित किये जा सकते हैं और अंग्रेजी प्रहसनों के समकक्ष रख सकते हैं। इनकी विशेषता यह भी है कि इनका सरलता से अभिनय किया जा सकता है।

ऊपर जिन प्रहसनों का विवेचन किया गया है, वे दो प्रकार के हैं—(1) परिस्थिति प्रधान और (2) चरित्रप्रधान। हिन्दी एकांकी जगत् में कथोपकथन प्रधान प्रहसनों की रचना का श्रेय श्री बेढब बनारसी को है। आपका 'अनसुनी' प्रहसन दो ऐसे बहरे प्रोफेसरों का चित्र प्रस्तुत करता है, जो परस्पर एक दूसरे की बात नहीं समझते, अपनी मनगढ़न्त हाँकते चलते हैं, अन्त में लड़ बैठते हैं। इस प्रहसन में वाक्चातुर्य, विद्वत्ता एवं शब्द ज्ञान का अच्छा प्रदर्शन हुआ है। व्यंग्य, श्लेष और शाब्दिक प्रयोगों के द्वारा बेढबजी ने उपहास का वातावरण उपस्थित किया है। इसकी विशेषता यह है कि यह शिष्ट सम्भाषण से नहीं गिरने पाया है। कुछ प्रहसन लेखकों ने तकियाकलाम की शाब्दिक प्रवृत्ति देकर हास्य की उत्पत्ति की है, जैसे 'अश्क' जी का एक प्रहसन 'हुजूर, मेरा नाम बेट्रिस है'। शाब्दिक एवं भावसमूहों की पुनरावृत्ति में हास्य की आत्मा निहित है।

श्री चन्द्रकान्त के कथोपकथन प्रधान एकांकी विशेष सफल रहे हैं। आपके 'खानदानी नौकर' (1950), 'पागलखाना', 'बात की बात' (1950), 'कलाकार' (1950), 'कारोबार'

(1950) कथोपकथन के हास्य से परिपूर्ण हैं। इनमें पात्रों द्वारा जो बातचीत कराई गई है, वह जंजीर की कड़ी की तरह परस्पर मिली-जुली है। 'बात की बात' इनमें सबसे सुन्दर प्रहसन है। इनमें बातचीत की लड़ी के द्वारा हास्य विनोद की उत्पत्ति की गई है। श्री चन्द्रकान्त के ये ऐसे आयुध हैं, जो अपने वार में अचूक हैं। इनमें स्वाभाविक रूप से हास्य की उत्पत्ति की प्रतिभा विद्यमान है। हिन्दी नाट्य साहित्य में प्रहसन विकास पथ पर अग्रसर हो रहा है। प्रारम्भिक प्रहसनों में जो निम्न स्तर की सुधारवादी प्रवृत्ति थी, जिस भोंडे मजाक का प्रदर्शन होता था, उससे वह हटकर आधुनिक प्रहसन शिष्टता और अंग्रेजी के अनुकरण पर चल रहा है। कुशल नाट्यकारों की दृष्टि हिन्दी के इस उपेक्षित अंग की ओर गई है। विदूषक-प्रधान प्रहसन की परिपाटी हिन्दी नाटक में लुप्तप्राय है। व्यंग्य, श्लेष और हास्य द्वारा उच्चकोटि के शिष्ट हास्य की सृष्टि की जा रही है।

ध्वनि-एकांकी

गत पाँच-छह वर्षों में रेडियो ने हिन्दी एकांकी के विकास में विशेष योग दिया है। ध्वनि-नाटक की टेकनीक, रंगमंचीय नाटक की टेकनीक से पृथक् है। ध्वनि तत्त्व के विशेष उपयोग, संवादों की सजीवता, संगीत के कलात्मक प्रयोग तथा ध्वनि-आलेखन की निजी विशेषताओं द्वारा रेडियो नाटक विविध शैलियों में विकसित हो रहा है।

ध्वनि-एकांकी की एक स्वतन्त्र टेकनीक है। रेडियो नाटकों में संकलन-क्रय की नये ढंग की व्यवस्था है। कार्य संकलन तथा स्थल संकलन की मर्यादा से उसमें एक सम्पूर्ण कार्य का एक ही स्थान पर पूर्ण एवं केन्द्रित होना आवश्यक है। रेडियो एकांकीकार का मुख्य साधन ध्वनि है। कथोपकथन ही पात्रों के चरित्र, क्रिया-कलाप, गतिविधि, प्रवेश प्रस्थान आदि की सूचना देकर कथा सूत्र को आगे ढकेलता है। इसमें ध्वनि की विशेषता है। ध्वनि के उतार-चढ़ाव से विभिन्न पात्रों की वय, मनःस्थिति तथा विचारधारा का ज्ञान कराया जाता है। ध्वनि नाटक केवल कान का आलम्बन है। पात्रों के संवाद के अतिरिक्त इसमें कृत्रिम साधनों का भी उपयोग किया जाता है; उदाहरण के लिए, रेल का चलना, घोड़े का दौड़ना, आँधी-तूफान, पानी का बरसना-बहना, गली बाजार की चहल-पहल, मेघ गर्जन इत्यादि का आभास रिकार्ड बजाकर कराया जाता है। ध्वनि को यन्त्रों द्वारा घटाने-बढ़ाने और पृष्ठभूमि में संगीत मिलाने के साधनों का भी ध्वनि एकांकी में महत्त्वपूर्ण स्थान है।

रेडियो नाटक में पात्रों की संख्या कम होनी चाहिए, क्योंकि विभिन्न पात्रों की स्थिति भिन्न-भिन्न ध्वनियों पर ही निर्भर होती है। अनेक पात्रों के संलाप ध्वनि नाटक को दुरूह बनाते हैं। पात्रों का परिचय, प्रवेश प्रस्थान की सूचना, स्थान, समय तथा दृश्य-विशेष की सूचना पात्रों अथवा सूत्रधार की बातचीत द्वारा व्यक्त की जाती है। संवादों तथा सूत्रधार द्वारा दिये हुए कथा संकेतों में वर्णनात्मकता तथा चित्रमयता रहती है। अनावश्यक प्रसंगों अथवा संवादों को स्थान नहीं दिया जाता, क्योंकि इससे श्रोताओं का ध्यान मुख्य विषय से हट जाता है तथा रसानुभूति में व्यवधान उपस्थित होता है। ध्वनि-एकांकी में निःशब्दता का भी उतना ही महत्त्व है, जितना कि शब्द का।

स्टेज-इफेक्ट देने के लिए अन्य साधनों के साथ संगीत का विशेष स्थान है। दृश्यान्तर की अभिव्यक्ति विराम (Pause) अथवा संगीत की स्वरलहरी द्वारा की जाती है। ध्वनि नाट्य की सफलता के लिए नाट्यकार के अतिरिक्त अभिनेता, रंगमंच संचालक आदि को

सम्मिलित रूप से कार्य करना पड़ता है। रेडियो अभिनेता का कार्य रंगमंचीय अभिनेता की अपेक्षा कठिन है, क्योंकि उसे समस्त अभिनय कंठ ध्वनि से ही प्रकट करना पड़ता है। रेडियो में एकांकी नाटक के अनेक रूप प्रचलित हैं—नाटक, रूपक, संगीत रूपक, प्रहसन, संवाद, प्रकरी (किसी कौतूहल घटना को मनोरंजक अभिनय से प्रतिपादित करना), अन्तर्दृश्य, प्रस्थापक और इतवृत्ति।[1]

रेडियो एकांकी नाटक—रेडियो नाटक के अन्तर्गत वे रचनाएँ आती हैं, जिनमें पात्रों द्वारा ही कथा वस्तु का आरम्भ होकर कौतूहल की अनेक परिस्थितियाँ पार कर चरम सीमा में कथानक की परिणति होती है और कथानक मूल सत्य या समस्या को प्रकट करता है। इसका आकार ध्वनि नाटकों के अन्य रूपों की अपेक्षा बड़ा होता है, दृश्यों की प्रचुरता रहती है, कहीं-कहीं कथानक भूतकाल के चित्र तथा तदनुकूल वातावरण उपस्थित करता है। कथा भाग को एकसूत्र में नियोजित रखकर कार्य-संकलन का पूर्ण निर्वाह किया जाता है। एकांकी की इस कला के परिमार्जन का प्रयत्न विशेष रूप से डॉ. रामकुमार वर्मा द्वारा हुआ है।

डॉ. रामकुमार वर्मा की कुछ कृतियाँ इस शैली का सफल उदाहरण हैं। उनके 'दुर्गावती', 'स्वर्णश्री', 'कलंक रेखा', 'ध्रुवतारिका', 'तैमूर की हार' इत्यादि रेडियो की प्रेरणा से रचे गये हैं। 'औरंगजेब की आखिरी रात', 'पुरस्कार', 'कलाकार का सत्य', 'फैल्ट हैट', 'छोटी सी बात', 'आँखों का आकाश' रंगमंच पर अभिनय की कसौटी पर सफल होने के अतिरिक्त रेडियो पर सफलतापूर्वक प्रसारित हो चुके हैं तथा ध्वनि-नाट्य के रूप में भी मान्य हुए हैं। डॉ. वर्मा की टेकनीक सबसे उत्तम है। इस दिशा में वे विशेष पटु हैं। उनकी पटुता का रहस्य इस बात में है कि वे समस्त कथानक को केवल एक बड़े दृश्य में इस प्रकार नियोजित करते हैं कि बिना समय के विस्तार तथा बिना स्थानों के परिवर्तन के ही कौतूहल का संचय कर मनोविज्ञान द्वारा अपनी कहानी को पूर्ण कर देते हैं। कार्य संकलन का भी निर्वाह हो जाता है और जीवन का उद्दीप्त क्षण भी हमारे सम्मुख आ जाता है। उनके एकांकी अनेक दृश्यों में नहीं बैठते, वरन् एक ही दृश्य में अपने समस्त कथा सूत्रों को एक स्थान पर केन्द्रित रखते हैं। चरित्र तथा घटना का दिग्दर्शन एक ही दृष्टि में करा सकने की क्षमता उनके रेडियो एकांकियों में है।

श्री उपेन्द्रनाथ 'अश्क' के 'लक्ष्मी का स्वागत', 'अधिकार का रक्षक', 'जोंक', 'आपस का समझौता', 'छठा बेटा', 'हुजूर मेरा नाम बेटिस है', 'पापी', 'कैद और उड़ान', 'स्वर्ग की झलक', 'भँवर', 'अजो दीदी' इत्यादि नाटक रेडियो पर सफलतापूर्वक प्रसारित हो चुके हैं। उन्होंने ''वर्तमान सामाजिक व्यवस्था के चक्र में उलझे हुए मानव के अन्तर्मन में बसनेवाली पीड़ा, घायल संस्कार और 'प्यासी खूँख्वार प्रवृतियाँ' चित्रित की हैं। वातावरण निर्माण, संकेत-गुम्फन तथा मनोवैज्ञानिक गहराइयों का चित्रण 'अश्क' की अपनी

1. डॉ. रामकुमार वर्मा द्वारा लिखित 'ध्वनि नाटक की शैली'।

विशेषताएँ हैं। 'अश्क' का 'पापी' तो रेडियो पर इतना लोकप्रिय हुआ है कि वह न केवल दो बार इण्टर-स्टेशन प्ले के रूप में प्रसारित किया गया, प्रत्युत् आठ-दस बार पृथक् रूप में समय-समय पर भिन्न-भिन्न रेडियो स्टेशनों से भी प्रसारित हुआ है। 'पापी' जैसी नाटकीयता, बोधगम्यता और मनोरंजकता 'अश्क' के लगभग सभी रेडियो नाटकों में है।

पं. उदयशंकर भट्ट के नये एकांकियों पर ध्वनि नाटक की पद्धति की विशेष छाप है। उन्होंने अपने 'आदिम युग', 'कुमारसम्भव', 'आत्मदान', 'गिरती दीवारें','जवानी' नाटकों में आंगिक अभिव्यक्ति को कम करके, उन्हें ध्वनि से पूर्ण किया है। आपके नये एकांकी रेडियो तथा रंगमंच दोनों के लिए उपयुक्त हैं।

नयी पीढ़ी के रेडियो नाटककारों में सर्वश्री विष्णु प्रभाकर, रामचन्द्र तिवारी, लक्ष्मीनारायणलाल, हरिश्चन्द्र खन्ना, रामकरन शर्मा, विश्वम्भर 'मानव', प्रभाकर माचवे, जयनाथ नलिन, चिरंजीत आदि प्रमुख हैं। इन नाट्यकारों की भी अपनी-अपनी विशेषताएँ हैं, जो इनके नाटकों में विभिन्न प्रकार से अभिव्यंजित हुई हैं।

श्री विष्णु प्रभाकर के रेडियो नाटकों ने ध्वनि नाटकों में अपना विशेष स्थान बना लिया है। उन्होंने ध्वनि नाटक के क्षेत्र में कई प्रकार के सफल प्रयोग किये हैं। आपके 'उपचेतना का छल', 'मैं दोषी नहीं हूँ', 'क्या वह दोषी था?', 'संस्कार और भावना', 'मुरब्बी', 'धरोहर', 'रक्त चन्दन', 'देवताओं की घाटी', 'बीर पूजा', 'इन्सान', 'हत्या के बाद', 'बँटवारा', 'बन्धन मुक्त' इत्यादि नाटक ध्वनि टेकनीक पर निर्मित हुए हैं। इनमें सामाजिक, राजनीतिक तथा देश की अन्य सामयिक समस्याओं पर मनोवैज्ञानिक अन्तर्दृष्टि से प्रकाश डाला गया है। श्री विष्णु प्रभाकर का क्षेत्र मनोविज्ञान है। पात्रों के अन्तर्मन का सूक्ष्म विश्लेषण इनके नाटकों में उपलब्ध है। विष्णु प्रभाकर मानवतावादी हैं तथा गाँधीवाद का प्रभाव यत्र-तत्र उनके नाटकों पर मिलता है। विष्णु प्रभाकर का हृदय रोमानी नहीं है। वे या तो जीवन के कल्याण के लिए आदर्शपेक्षी हैं, जिनमें गाँधीवाद का शुद्ध सांस्कृतिक रूप है और है तर्क चिन्तन परम्पराओं का सामूहिक शिवरूप, मानव की आकांक्षा का विशाल जीवन या फिर व्यंग्य द्वारा चित्रित वर्तमान समाज व्यवस्था की नग्न ध्वंसावस्था के रूप दर्शन, जिसमें उनकी कला पीड़ाओं को प्रतिबिम्बित करके शान्त हो जाती है।

श्री प्रभाकर माचवे के 'मेहमान', 'मकान', 'सेवाग्राम का संत', 'कला किसकी?', 'मृत्योर्माऽमृगमय', 'नाटक का नाटक' (चार भाग), 'पागलखाने में', 'पंच कन्या' क्रम में पाँच नाटक; 'संकट पर संकट' इत्यादि रेडियो पद्धति पर लिखे गए हैं। इनमें समाज के जीर्ण-शीर्ण बन्धनों पर कटु व्यंग्य है। इनका मनोवैज्ञानिक दृष्टिकोण इन्हें समस्याओं के मर्म परखने की विशेष क्षमता प्रदान करता है।

श्री जयनाथ नलिन के 'फिलासफर', 'मेहमान', 'कैन्वेसिंग', 'सागर तट पर', 'फिल्मी कहानी', 'डेमोक्रेसी', 'चित भी मेरी पट्ट भी मेरी', 'महालक्ष्मी', 'चोली', 'संवेदना सदन' आदि नाटक प्रसारित हो चुके हैं। उनके व्यंग्य चुटीले, रागद्वेष शून्य एवं आह्लादप्रद होते हैं। समाज और जीवन की स्वाभाविक निर्बलताओं को वे बड़े व्यंग्यात्मक रूप में उभारते हैं।

श्री हरिशंकर खन्ना के कई नाटक रेडियो पर बड़ी सफलता से प्रसारित किये गये हैं। रेडियो निर्देशक होने के कारण आप रेडियो की कमजोरियों से पूर्ण परिचित हैं तथा बड़ी कुशलता से वातावरण निर्मित करते हैं। आपके 'स्वयंवर', 'अपमान', 'मुक्ति के पथ पर' तथा 'अचैतन्य' आदि सफल नाटक हैं।

श्री विन्ध्याचल प्रसाद गुप्त के सात ऐतिहासिक रेडियो नाटक प्रसारित हो चुके हैं– 'शकुन्तला', 'सम्राट अशोक', 'हार-जीत', 'भाई बहन', 'मरकर भी अमर', 'सिराजुद्दौला', 'कुँवरसिंह'। इनमें से अधिकांश पटना रेडियो पर प्रसारित हुए हैं। इनमें दृश्यों की अधिकता है। हार-जीत के प्रथम दो दृश्यों में हुमायूँ की कहानियों पर प्रकाश डाला गया है। तृतीय दृश्य में अकबर के जीवनकाल का प्रारम्भ हो जाता है और पूरा एकांकी अकबर के चरित्र पर प्रकाश डालता है। इसमें कथानकों का आधिक्य होने के कारण घटनाओं की गति क्षिप्र है। किन्तु नाट्यकार ने संवादों को सजीव बनाने की ओर विशेष ध्यान दिया है। इनके अन्य रेडियो एकांकियों में भी घटनाओं की प्रमुखता है और पात्रों के चरित्र पर प्रकाश डालने का पर्याप्त प्रयत्न किया गया है।

श्री अमृतलाल नागर के निम्नलिखित महत्त्वपूर्ण एकांकी प्रकाशित हो चुके हैं : (1) 'उजाले से पहले'– यह मोहनजोदड़ो की प्रागैतिहासिक पृष्ठभूमि पर विरचित सुन्दर रचना है। इस नाटक में इतिहास स्वयं एक पात्र बनकर धन और ज्ञान के पद का संघर्ष परिलक्षित करता है। (2) 'भारतेन्दु-कला'– इस रेडियो नाटक में भारतेन्दुजी की विभिन्न साहित्यिक कृतियों के द्वारा उनके व्यक्तित्व का निरूपण किया गया है। (3) 'गूँगी'– यह समाज की उन लाखों देवियों का प्रतीक है, जो बगैर जबान खोले समाज की रूढ़ियों के जघन्य अत्याचारों को सहन करती हैं। टेकनीक की दृष्टि से इस नाटक में एक नयी परम्परा स्थापित की गयी है। रेडियो एकांकी में जहाँ स्वर से ही चित्र बनते हैं, नाटक की प्रमुख नायिका गूँगी है। (4) 'उतार-चढ़ाव'– यह एक मनोवैज्ञानिक नाटक है। परिस्थितियाँ और इन्सान दोनों ही एक-दूसरे को परिवर्तित करने की सामर्थ्य रखते हैं। इसमें चित्रित किया गया है कि इन दोनों का उतार-चढ़ाव ही जीवन है। (5) 'चक्करदार सीढ़ियाँ और अन्धेर'– यह भी मनोवैज्ञानिक रेडियो नाटक है, जिसमें पागलों के अन्तर्द्वन्द्व का चित्रण किया गया है।

इनके अतिरिक्त नागरजी ने ऋग्वेदकाल तथा महाभारतकाल के सामाजिक जीवन में नारी का स्थान दिग्दर्शित कराते हुए, बीस मिनट की अवधि के दो नाटक लिखे हैं। इनमें जीवन का सुविकास तथा रस का पोषण साहित्यिक रूप में उपलब्ध है।

पटना रेडियो से प्रफुल्लचन्द्र ओझा 'मुक्त' के भी अनेक सामाजिक नाटक प्रसारित हुए हैं। कवि और कहानीकार 'मुक्त' जी ने नाटकों के क्षेत्र में भी अभूतपूर्व सफलता प्राप्त की है। वे मान्ते हैं कि आज की आर्थिक विषमता ने हमें देह धर्मी बना दिया है, यद्यपि संस्कारतः हम मनोधर्मी (या आत्मधर्मी) रहे हैं। यही उनके नाटकों की मूल समस्या है। सभ्यता के विकास ने मनुष्य के जीवन को कृत्रिम बना दिया है और मनुष्य-मनुष्य के बीच

अलंघ्य दीवारें खड़ी कर दी हैं। उनकी यह भी मान्यता है कि प्राचीन को सर्वथा नष्ट करके नवीन की प्रतिष्ठा से मनुष्यता का यथार्थ कल्याण नहीं हो सकता, बल्कि इसके लिए प्राचीन के साथ नवीन का सहज सामंजस्य अपेक्षित है। अपने रेडियो-नाटकों में 'मुक्त' जी ने इन्हीं समस्याओं की अवतारणा की है। वे सच्ची मनुष्यता को ही सबसे बड़ी चीज मानते हैं। आपने दो सौ से अधिक नाटक और रूपक लिखे हैं।

रूपक—रेडियो-रूपक में एक प्रवक्ता या सूत्रधार नाटक के कथानक एवं वातावरण का परिचय देता चलता है। मध्य में आनेवाले प्रसंगों को नाटकीय अभिनय के द्वारा व्यक्त किया जाता है। कथा सूत्र का वर्णन कर दिया जाता है, जिससे कहानी पूर्ण हो जाती है। रूपक का प्रयोग बड़ी रचनाओं का रेडियो-रूपान्तर करने में भी किया जाता है। अनेक उपन्यासों, बड़े नाटकों, पाश्चात्य एवं भारतीय कहानियों के रेडियो रूपक सफलतापूर्वक प्रसारित किये जा चुके हैं। रूपकों में कहा अधिक जाता है और वर्णन इस प्रकार किया जाता है कि श्रोताओं पर उनका उचित प्रभाव पड़े। इसमें सूत्रधार का पार्ट प्रमुख होता है और रंगमंच के निर्देश कम होते हैं। यदि रूपकों का रंगमंच पर अभिनय करना हो, तो उनमें उचित परिवर्तन करना पड़ता है और सूत्रधार का भाग भी अन्य पात्रों में समाविष्ट कर दिया जाता है। रंगमंच पर अभिनय करते समय सूत्रधार वाला भाग, सम्भव हो सके तो, मूक अभिनय के रूप में दिखाया जा सकता है। ध्वनि-रूपक में नाटक-गत काल, स्थान और कार्यसंकलनों का निर्वाह सूत्रधार की नियोजना से कर लिया जाता है। बहुकाल तथा बहुस्थान सम्बन्धी वस्तु भी सूत्रधार द्वारा अल्प समय सीमा के भीतर वर्णित होती है।

ऑल इण्डिया रेडियो, दिल्ली के अनेक रूपक 'नव भारत' के अन्तर्गत प्रसारित हुए हैं, जिनके द्वारा जन-जागरण; सामाजिक, राष्ट्रीय, सांस्कृतिक तथा आर्थिक पुनर्निर्माण के प्रयत्न किये गये हैं। इनमें से पं. उदयशंकर भट्ट के 'गाँधी का रामराज्य', 'धर्म-परम्परा', 'एकला चलो रे', 'अमर अर्चना', 'वन महोत्सव', 'हिमालय के शिखर से', 'मेघदूत' आदि प्रसिद्ध हैं।

श्री विष्णु प्रभाकर के रूपकों की संख्या सबसे अधिक है। इनकी सबसे प्रसिद्ध रूपक रचना 'हमारा स्वाधीनता संग्राम' (1950) है, जिसमें छह रूपकों में भारत की आजादी की लड़ाई का इतिहास दिया गया है। ये छह रूपक ऑल इण्डिया रेडियो के दिल्ली स्टेशन के लिए लिखे गये थे और उनके स्कूल विभाग के अन्तर्गत अक्टूबर, 1949 से मार्च, 1950 तक प्रसारित किये गये। इनमें अनेक कवियों की कविताओं का भी यत्र-तत्र प्रयोग है।

इनके अतिरिक्त विष्णु प्रभाकर के निम्नलिखित रूपक प्रसारित हैं—(1) यू. एन. ओ. और यूनेस्को, (2) संयम, (3) स्वतन्त्रता का अर्थ, (4) मजदूर और राष्ट्रचरित्र, (5) काम, (6) सर्वोदय, (7) राष्ट्र-चरित्र, (8) सहिष्णुता, (9) शिक्षा, (10) नारी, (11) अनुशासन, (12) नया समाज, (13) कांग्रेस और सांस्कृतिक उन्नति, (14) पड़ोसी, (15) समाज सेवा, (16) राजस्थान, (17) मध्यभारत, (18) विन्ध्यप्रदेश, (19) बच्चे और उनके माता-पिता, (20) नया काश्मीर, (21) जमींदारी उन्मूलन, (22) पंचायत। इनमें केवल शुष्क प्रचार मात्र

नहीं है, प्रत्युत हृदय को स्पर्श करने के गुण एवं लक्ष्य के प्रति तन्मयता है। राजस्थान, मध्यभारत, और विन्ध्यप्रदेश आदि रूपकों में तीनों प्रान्तों के इतिहास के ज्वलन्त क्षणों को चित्रित किया गया है।

ऐसे परिचयात्मक रूपक हिन्दी के अन्य पाठ्यकारों ने भी लिखे हैं, जिनमें सर्वश्री रामचन्द्र तिवारी, चिरंजीत, गिरिजाकुमार माथुर, प्रभाकर माचवे, देवीदयाल चतुर्वेदी मस्त, हंसकुमार तिवारी, प्रफुल्लचन्द्र ओझा मुक्त, अमृतलाल नागर आदि के नाम विशेष उल्लेखनीय हैं।

श्री प्रभाकर माचवे के 'गली के मोड़ पर', 'लेटर बॉक्स', 'म्यूनिसिपल', 'लालटेन', 'दीवाल' मनोवैज्ञानिक और काल्पनिक रूपक हैं, जिनमें 'म्यूनिसिपल', 'लालटेन', 'दीवाल' तथा 'लेटर बॉक्स' में समाज तथा मानव की अन्तःप्रवृत्तियों की आलोचना की गयी है। 'लालटेन' दर्शन है। 'दीवाल' मनुष्य की विज्ञापन प्रियता पर व्यंग्य करती है और 'लेटर बॉक्स' अन्तर्मन को जाननेवाला है। इन रूपकों में बाजार के जीवन की झाँकियाँ दी गयी हैं। इस शैली के रूपकों में स्थूल कथानक या घटनावली नहीं दी गयी है, बल्कि श्री माचवे ने एक ऐसी मनोधारा का विश्लेषण किया है, जो तटस्थ होकर हमारी दुनिया को देखती है। 'यदि हम वे होते' क्रम के चार रूपकों—'पुरुरवा-उर्वशी', 'दुष्यन्त-शकुन्तला', 'संयोगिता-पृथ्वीराज', 'सलीम-मेहरून्निसा'—में नाट्यकार ने आजकल के कल्पना प्रिय रोमाण्टिक युवक-युवतियों के दिमाग की सनक का चित्रण किया है।

डॉ. रामकुमार वर्मा के दो रूपक बड़े सफल रहे हैं—'प्रसाद की कला' (1948) तथा 'ज्यों की त्यों धरि दीनी चदरिया' (1950)। 'प्रसाद की कला' में रेडियो रूपक के माध्यम से प्रसादजी के समस्त नाटकों की झाँकियाँ अभिनय के रूप में प्रस्तुत की गयी हैं। प्रतिन्यास के रूप में 'प्रसाद' के नाटकों पर समीक्षात्मक दृष्टि से प्रकाश डाला गया है। 'प्रसाद' के प्रथम नाटक 'सज्जन' के विषय में प्रतिन्यास कहता है—

"यही रही पहली झाँकी, संस्कृत नाटक के इसमें प्राण हैं, तो पारसी थियेट्रिकल कम्पनी का शरीर है। एक कैरेक्टर गाना गाता है, दूसरा कविता पढ़ता है, तीसरा जोर से बोलता है। कथा पुरानी है, लेकिन इसमें प्राण नहीं हैं। यहाँ प्रसाद जी संस्कृति के पुराने और हिन्दी के नये नाटक के रास्ते पर चल रहे हैं।

"आइए, दूसरी झाँकी देखें। 'अजातशत्रु' में पश्चिमी नाट्यकला आ गयी है, लेकिन यह कथा अधिकतर एलिजबेथन काल की कला से भरपूर है। इसमें स्वगत कथन और अभिनयात्मकता का विशेष प्रभाव है। 'अजातशत्रु' ने जयशंकर प्रसाद को प्रथम श्रेणी का नाटककार घोषित कर दिया।

"अब उनकी कला की तीसरी और आखिरी झाँकी देखिए। उसमें पश्चिम की नाट्यकला का स्वतन्त्र प्रभाव है। प्रसाद की मौलिकता अन्तिम सीमा पर पहुँच गयी है। उसमें मनोवैज्ञानिक सरसता का पूर्ण उदय हो गया है, जैसे पूर्णमासी का चाँद हो। 'चन्द्रगुप्त' में अभिनय पूर्ण है।"

इस प्रकार डॉ. वर्मा ने 'प्रसाद' के नाटकों की झाँकियाँ बड़े मनोहारी ढंग से प्रस्तुत की हैं। जीवन कैसा है, यह प्रसाद के पात्रों द्वारा कहलवा दिया गया है।

दूसरे रूपक 'ज्यों की त्यों धरि दीनी चदरिया' में अमर सन्त और महाकवि कालिदास का जीवन परिचय दिया गया है।

श्री अमृतलाल नागर के कुछ रूपक बड़े गम्भीर और दार्शनिक हैं; जैसे 'दीपदान', 'महानिशा, 'रत्ना के प्रभु'। इनका अर्थ-गाम्भीर्य दर्शनीय है। 'अबीर गुलाल' नामक रूपक में नागरजी ने त्यौहार और वर्ग संघर्ष की समस्या चित्रित की है। 'सीता' में आदर्श और वास्तविकता के दो रूप प्रस्तुत किये गये हैं। इसमें सीता का अभिनय करनेवाली एक अभिनेत्री का मानसिक संघर्ष चित्रित किया गया है। पर्दे के पीछे में कला और संस्कृति का नारा लगाकर मानव संस्कृति को पतन के मार्ग पर ले जानेवाले भारतीय फिल्म जगत् की एक झाँकी दी गयी है। 'चन्दन वन' में कालिदास और शेक्सपियर की पुस्तकों तथा बुद्ध, ईसा और गाँधी की मूर्तियों को अपने ड्राइंग रूम की सजावट का सामान मानकर सभ्यता और संस्कृति की डींग हाँकनेवाले समाज का कुसंस्कृत रूप प्रस्तुत किया गया है। इन रूपकों का उद्देश्य रस का पोषण करते हुए, जीवन का सुविकास करना है।

संगीत रूपक—रेडियो रूपक में जब प्रवक्ता अथवा पात्र या दोनों ही पद्य या प्रगीत में घटनाओं का वर्णन तथा मनोभावों को व्यक्त करते हैं अथवा कथावस्तु का अभिनय करते हैं, तो संगीत रूपक का आविर्भाव होता है। संगीत रूपकों की रचना रेडियो के अतिरिक्त स्वतन्त्र रूप से भी हो रही है।

दिल्ली रेडियो से पं. उदयशंकर भट्ट के कुछ उत्कृष्ट पद्य रूपक प्रसारित हो चुके हैं। उनके भाव नाट्यों में 'विश्वामित्र', 'मत्स्यगन्धा' और 'राधा' प्रधान हैं, जो पौराणिक होते हुए भी आधुनिक बुद्धिवादी और मनोवैज्ञानिक ढंग से जीवन की समस्याओं का समाधान प्रस्तुत करते हैं। कला की दृष्टि से इन भाव नाट्यों में कविता और नाटकीय तत्त्वों का मणिकांचन सहयोग है। भट्टजी के तीन ध्वनि रूपक 'कालिदास', 'मेघदूत' तथा 'विक्रमोर्वशी' विशेष उल्लेखनीय हैं। कालिदास में नाट्यकार ने कालिदास के अन्तर्जगत् के विश्लेषण की ओर विशेष ध्यान दिया है। इसमें कालिदास की रचनाओं के मर्मस्थलों की रूपकात्मक परिणति प्रस्तुत की गयी है। 'मेघदूत' में कालिदास के महाकाव्य 'मेघदूत' का रूपान्तर है। 'विक्रमोर्वशी' कालिदास का ही एक नाटक है। ये रूपक ध्वनि 'रूपक' साहित्य के उन नये रूपों में से हैं, जिनका निर्माण रेडियो की प्रेरणा से हुआ है। इनमें भट्टजी ने ध्वनि रूपकों की सभी टेकनीकों का उपयोग सफलता से किया है तथा गीत तत्त्व की प्रधानता रखी है। कोमल तथा उदार भावों को ज्यों का त्यों उँडेल दिया गया है। भट्टजी ने मौलिकता, निजी शैली और उद्भावना के साथ महाकवि कालिदास की रचनाओं को स्वतन्त्र रचना के समान प्रस्तुत किया है। तीनों ध्वनि नाट्यों को लिखने में भट्टजी को सफलता प्राप्त हुई है। शैली सरल, स्वाभाविक और प्रभावोत्पादक है। कालिदास में पात्रों द्वारा कालिदास के समय की संस्कृति के कतिपय उदाहरण को दिखाकर तत्कालीन संस्कृति का संक्षिप्त

वर्णन सूत्रधार द्वारा कराया गया है। 'एकला चलो रे' (1948) में लोक कल्याण एवं साम्प्रदायिकता दूर करने के लिए की गयी महात्मा गांधी की नोआखाली यात्रा का चित्रण है। प्रारम्भ में मानव जाति के कल्याण के लिए नवीन दिशा, नवीन प्रकाश, ज्ञान और विवेक देनेवाले विश्व की अन्य विभूतियों--बुद्ध, ईसा, मुहम्मद इत्यादि—का भी संकेत है।

कविवर सुमित्रानन्दन पन्त ने कई सफल संगीत-रूपक लिखे हैं—'फूलों का देश', 'मानसी', 'विद्युत वसना' इत्यादि। इनमें प्रायः सभी रेडियो पर प्रसारित हो चुके हैं। ये संगीत-रूपक सांकेतिक हैं। इनमें नवयुग का सन्देश भरा हुआ है। 'शरद् चेतना' नामक संगीत रूपक में आपने प्रकृति-सौन्दर्य का बड़ा मर्मस्पर्शी चित्र प्रस्तुत किया है। ग्रीष्म, शरद्, बसन्त, हेमन्त, शिशिर आदि इसके पात्र हैं, जो इन ऋतुओं में होनेवाले वातावरण का संगीतमय वर्णन करते हैं। पन्तजी का 'रजतशिखर' नामक एक संग्रह प्रकाशित हो चुका है, जिसमें काव्य-सौष्ठव तथा वर्णन की चित्रोपमता है। खेद है, संगीत-रूपक की दृष्टि से रेडियो पर ये सफल नहीं हो सके हैं। काव्य के क्षेत्र में 'रजतशिखर' के संगीत-रूपक अपना स्थायी महत्त्व रखते हैं।

संगीत-रूपक-लेखकों में श्री चिरंजीत का नाम विशेष उल्लेखनीय है। श्री चिरंजीत के संगीत-रूपकों की माँग दिल्ली-रेडियो पर अधिक रही है। भारतीय संगीत का आपका अध्ययन गहन है। दिल्ली-रेडियो से 'सनातन-संगीत' नामों से जो आठ-नौ भागों में संगीत का कार्यक्रम प्रसारित हुआ था तथा जिसमें भारतीय संगीत के आरम्भ तथा विकास की खोज की गयी थी, वह आपका ही लिखा हुआ था। श्री चिरंजीत ने पश्चिमी शैली के 'ओपेरा' के ढंग पर कुछ बड़े कलात्मक और सुन्दर गीत-नाट्यों की रचना की है। तीन गीत-नाट्य विशेष रूप से उल्लेखनीय हैं। 'मधुमिलन' प्राचीन गणराज्यों के वातावरण से सम्बन्धित एक नर्तकी और चित्रकार की प्रेम-गाथा है। 'प्रथम दर्शन' में दुष्यन्त एवं शकुन्तला की प्रथम भेंट का संगीतमय चित्रण प्रस्तुत किया गया है। 'जीवन-साथी' एक ग्रामीण रूपसी के आत्म-बलिदान की कथा है। पश्चिमी 'ओपेरा' के ढंग का एक सुन्दर गीत-नाट्य 'शहनाई के आँसू' पर्याप्त लोकप्रियता प्राप्त कर चुका है। श्री चिरंजीत के संगीत-रूपकों की विशेषता यह है कि उन्होंने पश्चिमी 'ओपेरा' की मर्यादाओं, अभिप्रायों तथा शैलियों का सफलतापूर्वक पालन किया है। आपके संगीत-रूपकों में 'मेघदूत' (1946) उल्लेखनीय है। कालिदास की रचना को गीत-नाट्य के रूप में रेडियो पर प्रस्तुत करने का यह सफल प्रयास था। बाद के 'मेघदूत'-रचयिताओं को इससे प्रेरणा प्राप्त हुई है।

श्री गिरिजाकुमार माथुर के कुछ बड़े मर्मस्पर्शी और उच्चकोटि के संगीत-रूपक प्रसारित हो चुके हैं। माथुरजी संगीत-रूपकों के क्षेत्र में प्रयत्नशील हैं और आपके रूपक जनता बड़े चाव से सुनती है।

श्री हंसकुमार तिवारी की प्रवृत्ति संगीत-प्रधान रूपकों की ओर विशेष रूप से रही है। आपके संगीत-रूपकों में 'मिलन-यामिनी', 'मेघदूत' और 'कच-देवयानी' प्रमुख हैं। इनमें लघु गीतों का आधिक्य है। संवादों में भावों की अभिव्यक्ति कुशलता से की गई है।

कथानक यद्यपि पुराने हैं, तथापि उनमें गीतों का सम्मिश्रण कर भावमयी कथावस्तु को एक नये रूप में खड़ा किया है। कथानक में चरित्र-विकास की दृष्टि से कहीं-कहीं आपने स्वतन्त्रता की भी शरण ली है।

रेडियो-प्रहसन—रेडियो पर छोटी-छोटी पारिवारिक, सामाजिक और धार्मिक घटनाओं का व्यंग्य, विनोद, हास्य या परिहास द्वारा अभिनय किया जाता रहा है। इनका अभिप्राय समाज के विकारों तथा विद्रूपताओं को उभारकर उन्हें उपहास का विषय बनाना है, जिससे हम उनका उन्मूलन कर सकें। प्रहसन के अन्तर्गत सर्वश्री उपेन्द्रनाथ 'अश्क', अमृतलाल नागर, जयनाथ नलिन, चिरंजीत, प्रभाकर माचवे, रामचन्द्र तिवारी, विष्णु प्रभाकर आदि के कार्य विशेष उल्लेखनीय हैं।

श्री प्रभाकर माचवे ने नयी शैली के अनेक सुन्दर प्रहसन लिखे हैं, जिनमें आधुनिक सनक तथा पुरातन रूढ़ियों का पर्दाफाश किया गया है। आपके पास व्यंग्य का तीखा हथियार है, जिसके द्वारा आप किसी भी सामाजिक कुरीति, सनक, रूढ़ि या व्यवसाय को इस प्रकार उभार देते हैं कि वह उपहासमय प्रतीत होने लगती है। इस प्रकार के प्रहसनों में आपका 'पुराने चावल' अत्यधिक हास्य-व्यंग्य-मय प्रहसन है, जिसमें पुरानी और नयी संस्कृति की तुलना द्वारा यह दिखाया गया है कि पुराने मापदण्डों में भी कितना परिवर्तन अपेक्षित है।

श्री अमृतलाल नागर ने दो बड़े कलात्मक प्रहसन लिखे हैं—'बांकेमल' तथा 'बांकेमल फिर आ गये'। इन दोनों प्रहसनों में उच्चकोटि का हास्य प्रस्तुत किया गया है। अन्नपूर्णानन्दजी के हास्य-रस के उपन्यास 'मगनरहु चोला' का रेडियो-रूपान्तर भी आपने प्रस्तुत किया है।

श्री रामकरन शर्मा के वाग्वैदग्ध्य से युक्त हास्य-व्यंग्यमय कई प्रहसन प्रसारित हुए हैं। उन्हें सीधी-सादी शैली पसन्द नहीं। प्रभाकर माचवे और भुवनेश्वर की व्यंग्यात्मक शैली को आपने अपने प्रहसनों में अपनाया है। इनमें उच्चकोटि का परिहास मिलता है। 'बीमार बीवी', 'भूतों की दुनिया', 'बेचारी चुड़ैल', 'पत्रकारिता', 'वकालत' आदि प्रहसनों में आपकी पैनीदृष्टि सभ्य समाज तथा शिक्षित वर्ग की विद्रूपताओं की ओर गयी है। बाहर से सभ्यता, शिष्टता और थोथी शान का दिखावा करनेवालों का खोखलापन आपने बड़ी चुभती हुई शैली में दिखाया है। शर्मा जी का हास्य शिष्ट है। उन्होंने अधिकतर परिस्थिति-जन्य उपहास की सृष्टि की है।

पं. राजाराम शास्त्री के अनेक प्रहसन प्रसारित हो चुके हैं। इन्हें मनोरंजक बनाने के प्रयास में कहीं-कहीं हास्य इतना भोंडा और अतिरंजित हो गया है कि लेखक के उद्देश्य को ही क्षति पहुँचती है। उदाहरणार्थ, 'अदला-बदली' में पुरुष और स्त्री के कर्तव्यों को महत्त्वपूर्ण दिखाया गया है, किन्तु इस घरेलू लड़ाई में अतिरंजित दृश्यों से काम लिया गया है।

श्री चिरंजीत के लगभग 50 रेडियो-फीचर प्रसारित हो चुके हैं, जो उत्सवों एवं त्यौहारों के सम्बन्ध में हैं। इनमें कुछ 'लालबुझक्कड़' जैसे प्रहसन हैं। कुछ दैनिक जीवन से

सम्बन्धित शब्द-चित्र-प्रधान और कुछ दाम्पत्य-जीवन-सम्बन्धी व्यंग्य हैं। इस दिशा में आपके 'साथवाला मकान', 'मानो न मानो', 'दादी अम्मा जागीं', 'घर का मालिक', 'दफ्तर जाते समय', 'टेलीफोन पर' इत्यादि प्रहसन प्रथम श्रेणी के हैं। चिरंजीत जी प्रहसन लिखने में उतने ही सफल हुए हैं, जितने संगीत-रूपक लिखने में। इनमें समाज तथा सभ्यता की विद्रूपताओं पर मीठा व्यंग्य मिलता है।

नये रेडियो-एकांकीकारों में श्री अनिलकुमार विशेष उत्साह से कार्य कर रहे हैं। आपने सामाजिक एवं ऐतिहासिक एकांकियों के अतिरिक्त कुछ प्रतीकात्मक गीत-नाट्य बड़े सफल लिखे हैं। आपके एकांकियों का क्रम इस प्रकार है—सामाजिक : 1. 'फागुन के दिन' (फागुन में खेत की फसल करने पर लगान के नाम पर घरों से अनाज कैसे चला जाता है तथा बेचारा कृषक कैसा निरुपाय रह जाता है, इस तथ्य का चित्रण), 2. 'निर्देशक' (सिनेमा-जगत् में लेखकों पर होने वाले अत्याचार), 3. 'प्रजापति की निर्माणशाला' (मानव-जगत् की बुराइयों पर व्यंग्य), 4. 'गृहों का निर्णय' (नाटक-कम्पनी में रहनेवाले वैज्ञानिक नाट्यकार की स्थिति), 5. 'मैं' (मरने के उपरान्त क्या होगा, इसका चित्रण), 6. 'अपनेपन का निर्णय', 7. 'भूत' इत्यादि।

ऐतिहासिक चेतना के अन्तर्गत आपने 1. 'महामाया' 2. 'मजबूर' 3. 'घूंघट' 4. 'पराजय' 5. 'कैकेयी' लिखे हैं। इनके अतिरिक्त रेडियो पर रूपान्तरित नाटकों में कई कहानियों, उपन्यास तथा नाटकों के ध्वनि-संस्करण तैयार किये हैं। इसके रूपक ये हैं—1. 'इरावती' (प्रसाद के उपन्यास पर आधारित), 2. 'मृगजल' (अनन्तगोपाल शेवड़े के उपन्यास का रूपान्तर), 3. 'दासी' (प्रसाद की कहानी पर नाटक), 4. 'देवरथ' (प्रसाद की कहानी का रेडियो रूपान्तर)। गीत-नाट्यों में आपके प्रतीकात्मक 'मदन दहन' और 'जय भारत जननी' बड़े सरस बन पड़े हैं।

'प्रजापति की निर्माणशाला' में वर्तमानकाल की यंत्रणापूर्ण दुर्व्यवस्था, मानवजाति के व्यक्तिगत तथा सामूहिक दृश्यों का चित्रण मार्मिक बन पड़ा है। 'निर्देशक' में संस्थाओं द्वारा खरीदे हुए लेखकों की मजबूरियों का चित्रण किया गया है।

रेडियो-रूपान्तरों में 'मृगजल', 'इरावती' इत्यादि वृहत् उपन्यासों को इस प्रकार संक्षिप्त किया गया है कि सब अनिवार्य घटनाएँ आ गई हैं। अनिलजी ने साढ़े तीन सौ पृष्ठों को 25-30 पृष्ठों की शृंखलाबद्ध चित्रावलि में सजा दिया है। 'इरावती' बड़ा सफल रहा है। इसमें घटनाओं को इरावती पात्र के माध्यम से सँजोया गया है। उसे ही केन्द्र मानकर अन्य अवान्तर पात्रों, घटनाओं, सिद्धान्तों और विषयों को टाला है क्योंकि उपन्यास अधूरा होने के कारण इन वस्तुओं का विकास निरर्थक हो गया है। 'इरावती' और 'महामाया' का निर्माण यद्यपि रेडियो के माध्यम के लिए हुआ परन्तु इन पर मंच शैली का प्रभाव देखा जा सकता है। दृश्यों की द्रुततर गति द्वारा कथा-प्रवाह में उत्सुकता उत्पन्न करना (टैम्पो बढ़ाना) फिल्मों में देखा जाता है। फिल्म की यह टैम्पो-शैली 'इरावती' में प्रयुक्त हुई है। श्री अनिलकुमार की रेडियो-नाट्यकला उत्तरोत्तर विकास की ओर है।

इस प्रकार अनेक रूपों में ध्वनि-नाटक उन्नति कर रहा है।

प्रमुख एकांकीकार

डॉ. रामकुमार वर्मा

आधुनिक हिन्दी एकांकी-साहित्य में युगान्तर करनेवाले नाट्यकारों में डॉ. रामकुमार वर्मा प्रमुख हैं। इनके पाश्चात्य टेकनीक तथा विचारों से प्रभावित नये ढंग के एकांकियों द्वारा हिन्दी में नये युग का प्रारम्भ होता है। डॉ. वर्मा ने अनेक सामाजिक, समस्याप्रधान, पौराणिक, भौतिक हास्य-व्यंग्यमय तथा भावात्मक एकांकी प्रस्तुत करके नाट्यक्षेत्र में विविधता का संचार किया है। किन्तु ऐतिहासिक नाटकों के क्षेत्र में इनकी प्रतिभा सबसे अधिक प्रकाशित हुई है। ऐतिहासिक नाट्यकारों में ये सबसे बड़े टेक्नीशियन हैं।

इनके बारह ऐतिहासिक नाटक प्रकाशित हो चुके हैं–'शिवाजी', 'समुद्रगुप्त', 'विक्रमादित्य', 'चारुमित्रा', 'पृथ्वीराज की आँखें', 'औरंगजेब की आखिरी रात', 'कौमुदी महोत्सव', 'तैमूर की हार', 'प्रतिशोध', 'ध्रुवतारिका', 'कलंक-रेखा' और 'स्वर्णश्री'।

उन्होंने प्राचीन ऐतिहासिक घटनाएँ लेकर ऐतिहासिक पात्रों में नवजीवन तथा उसी आवेगमय स्फूर्ति का संचार किया है, जो उनके काल में रही होगी। उन्होंने न केवल अपने ऐतिहासिक पात्रों को प्रतिष्ठित विद्वानों द्वारा प्रतिपादित ऐतिहासिक अनुसंधानों के अनुसार ही प्रस्तुत कर उनके सही व्यक्तित्व की रक्षा की है, प्रत्युत् प्रत्येक व्यक्ति, दृष्टिकोण और परिस्थिति को स्पष्ट और पूरे तर्क से अपनी बात कहने का अवसर प्रदान किया है तथा तत्कालीन ऐतिहासिक, सांस्कृतिक और राजनैतिक पृष्ठभूमि में पात्रों के भावों के अनुसार कथोपकथन, भाषा तथा शिष्टाचार स्थिर किया है। अपने पात्रों और ऐतिहासिक परिस्थिति की प्रामाणिकता में रामकुमार वर्मा अंग्रेजी के सर वाल्टर स्कॉट के समकक्ष आ खड़े होते हैं। इनमें इतिहास हँसता है, खेलता है, दण्ड देता है तथा अपना जीवन एक बार पुनः जीता है। इनमें उन्होंने ऐसे आदर्शवाद की प्रतिष्ठा की है, जो जीवन की व्यावहारिकता से ओत-प्रोत होकर नैतिक दृष्टि से जनता के लिए कल्याणकारी है। सांस्कृतिक दृष्टिकोण से वे अपने क्षेत्र में 'प्रसाद' और प्रेमचन्द के समकक्ष रखे जा सकते हैं, क्योंकि उन्होंने भारतीय इतिहास के चरित्रों का विश्लेषण कर उनमें ऐसी प्राणप्रतिष्ठा की है जो ऐतिहासिक सत्य से ओतप्रोत होते हुए भी जीवन के स्पन्दन से सजीव है।

ऐतिहासिक एकांकियों का निर्माण-क्रम एवं विशेषताएँ

इनके ऐतिहासिक नाटकों का निर्माण किस क्रम से, किस व्यवस्था के अनुसार होता है सर्वप्रथम ये भारतीय इतिहास से किसी हृदयस्पर्शी घटना को चुनते हैं। यह घटना प्रायः

ऐसी होती है, जो हमारे जीवन से दूर न रहे, प्रत्युत ऐतिहासिक होते हुए भी मानव तथा समाज की स्वाभाविकता में प्रविष्ट होकर गति, प्रेरणा तथा शक्ति प्रदान कर सके।

द्वितीय तत्त्व, समकालीन परिस्थिति, देश, समाज और संस्कृति की पृष्ठभूमि का ऐतिहासिक अध्ययन है। डॉ. वर्मा का यह अध्ययन बड़ा पूर्ण होता है, तथा इनके लिए प्रामाणिक ग्रन्थों की सहायता ली जाती है। 'कौमुदी महोत्सव' में नाटककार का आदर्श चन्द्रगुप्त और चाणक्य का चरित्र-चित्रण है। इसके सम्बन्ध में जितनी खोज हुई है तथा इतिहास के विद्वानों ने जो लिखा है, या नाटककारों ने जैसा चित्रित किया है, उस सभी सामग्री का अध्ययन कर लिया गया है। डॉ. बेनीप्रसाद, डॉ. ताराचन्द, 'प्रसाद', द्विजेन्द्रलाल राय आदि के दृष्टिकोणों का अध्ययन करने के बाद डॉ. वर्मा ने स्वयं अपने मत का प्रतिपादन 'कौमुदी महोत्सव' में किया है। चन्द्रगुप्त और चाणक्य के चरित्र बौद्ध तथा ब्राह्मण ग्रन्थों, मेगस्थनीज और तत्कालीन इतिहास से सम्बन्धित समस्त ग्रन्थों के अनुशीलन पर खड़े किये गये हैं। नाटककारों की दृष्टि इन चरित्रों पर ही नहीं, प्रत्युत तत्कालीन वातावरण पर भी है। इसका कथानक 'मुद्राराक्षस' की कथावस्तु के अनुसार है, पाटलिपुत्र का भौगोलिक ज्ञान मेगस्थनीज तथा 'भारत की प्राचीन सभ्यता' से लिया गया है, और सजावट आदि का वर्णन कल्पना के बल पर है। चन्द्रगुप्त के इतिहास से उसका जो व्यक्तित्व मिला है, उसे मनोवैज्ञानिक ढंग से सुसज्जित किया गया है। चन्द्रगुप्त द्वारा प्रयुक्त उपमाएँ भी वीररस से पूर्ण हैं। उसकी बातचीत राजसी प्रवृत्ति का प्रतीक है। नाटक की पृष्ठभूमि के छोटे-छोटे संकेत भी ऐतिहासिक बल पर खड़े किये गये हैं।

डॉ. वर्मा की सांस्कृतिक पृष्ठभूमि बड़ी सच्ची रहती है। 'चारुमित्रा' में अशोक-युग की संस्कृति का चित्रण है, तो 'औरंगजेब की आखिरी रात' में मुगल-काल को मूर्तिमान कर दिया गया है। राजमहल का चित्रण, सुराहियों, हकीम, शमा की रोशनी, शहंशाह के समीप आने, बोलने, बैठने के राजसी ढंग, पोशाकें, भाषा इत्यादि सब मुगल-काल के सांस्कृतिक चित्र प्रस्तुत करने में सहायता करते हैं। इसी प्रकार 'ध्रुवतारिका' 1679 ई. की मारवाड़ की संस्कृति उपस्थित करता है। शाहजादा अकबर की पुत्री सफीयत उन्निसा राठौर वीर दुर्गादास के संरक्षण तथा राजपूताने संस्कृति में रहते-रहते हिन्दुत्व के गुणों से परिपूरित चित्रित की गयी है। इसी प्रकार 'तैमूर की हार' में नैतिक धरातल पर एक लड़के के द्वारा तैमूर को पराजित दिखाया गया है। लेकिन तैमूर के साथ जुड़ा रहने वाला तूफान और उसकी खूंरेजी प्रामाणिक हैं। 'कलंक-रेखा' में राजपूती जीवन की जीती-जागती तस्वीर है।

तृतीय तत्त्व, उस चुनी हुई ऐतिहासिक घटना या अन्तिम प्रभाव के उपयुक्त परिस्थिति का चुनाव है। परिस्थिति को चुनने में डॉ. वर्मा इस बात का विशेष ध्यान रखते हैं कि संकलन-त्रय का पूर्ण निर्वाह रहे। सभी बड़े नाटकों की कथा-वस्तु को आप इस सफलता से सजाते हैं कि घटनाएँ केन्द्रित होकर एक ही दृश्य में सिमट आती हैं। 'दुर्गादास', 'कृष्णा का बलिदान', 'अशोक' या 'चन्द्रगुप्त'—इन सभी की बड़ी-बड़ी घटनाओं को ऐसा गुम्फित किया गया है कि स्थान, काल तथा कथानक का कोई भी संकलन टूट नहीं पाता है।

घटना का विस्तार उसकी पूर्व-निश्चित सांस्कृतिक पृष्ठभूमि को सामने रखकर किया जाता है। इस कार्य में भावुकता का सबसे अधिक उपयोग किया जाता है। एकांकी की संवेदनाएँ प्रायः घटना का विस्तार निर्धारित करती हैं। कुछ ऐसे काल्पनिक पात्रों की सृष्टि कर ली जाती है, जिनके द्वारा प्रमुख पात्र के स्वभाव, चारित्रिक विशेषताओं और आवेगों का स्पष्टीकरण हो सके। डॉ. वर्मा इस बात का विशेष ध्यान रखते हैं कि पात्र तथा घटनाओं का चित्रण परिस्थिति के अनुसार सत्य हो।

पात्रों का नियोजन घटनाओं के प्रवाह में होता है। प्रमुख पात्र का मनोविज्ञाान ही इसमें सबसे महत्त्वपूर्ण है। वर्माजी ने जो महान् ऐतिहासिक व्यक्ति अशोक, चन्द्रगुप्त, राठौर, दुर्गादास, शिवाजी, समुद्रगुप्त, तैमूर या औरंगेजब चित्रित किये हैं, उनके साथ सम्बद्ध छोटी-बड़ी घटनाएँ अथवा विभिन्न नाटकीय परिस्थितियाँ भले ही काल्पनिक हों, इनमें प्रमुख पात्र की चरित्रगत विशेषताएँ या दुर्बलताएँ सदैव ऐतिहासिक सत्यता लिए होती हैं। किसी भी प्रामाणिक इतिहास में हमें वे गुण मिल जायेंगे, जो वर्माजी के औरंगजेब, तैमूर, अशोक या शिवाजी में चित्रित किये गये हैं।

ऐतिहासिक पात्रों के चरित्र-चित्रण में स्वाभाविकता लाने के लिए ये प्रायः एक सूची उन सम्भावनाओं की बनाते हैं जो उन पात्रों से सामाजिक, राजनैतिक या सांस्कृतिक क्षेत्रों में हो सकती हैं। कोई पात्र किस गुण के कारण उस दिशा में वहाँ तक जा सकता है ? उसकी चारित्रिक विशेषताएँ या दुर्गुण देखते हुए उससे क्या-क्या आशाएँ की जा सकती हैं? उसके स्वभाव में किस-किस दुर्गुण या गुण से किन-किन स्वाभाविक उच्चताओं या दुर्बलताओं की आशा की जा सकती है ?—ऐसी सभी सम्भावनाओं की सूची तैयार कर ली जाती है। इन गुणों को 'सक्रिय' बनाने के निमित्त गौण चरित्रों की आवश्यकता होती है, जो प्रमुख पात्रों की विशेषताओं अथवा दुर्बलताओं को उभार देते हैं। ये गौण पात्र अपनी पृथक् विशेषताएँ रखते हैं। उदाहरणार्थ 'स्वर्णश्री' में देवला, नामदत्त और बृहद्रथ पुष्यमित्र के चरित्र को उभारते हैं। 'औरंगजेब की आखिरी रात' में स्वयं औरंगजेब के व्यक्तित्व के दो भाग हो जाते हैं—औरंगजेब, एक मनुष्य के रूप में; औरंगजेब, एक शहंशाह। इन दोनों व्यक्तियों में पारस्परिक द्वन्द्व तथा संघर्ष चलता रहता है और औरंगजेब मनुष्य के रूप में अपने-आपको उभारता है, स्वयं अपने पूर्व कृत्यों पर विक्षोभ के अश्रु बहाता है। गौण पात्र और भी कार्य करते हैं। यह है, ऐतिहासिक घटनाओं के रिक्त अंशों को सांस्कृतिक अध्ययन के सहारे पूर्ण करना, शृंखला की कड़ियों को जोड़ते चलना। ये छोटी-छोटी बातें हमारे मनोरंजन का कारण बनती हैं, स्वाभाविकता की रक्षा करती हैं और कार्य-व्यापार की शृंखला को सुबद्ध बनाती हैं।

इनके नाटकों की मूल चेतना ऐतिहासिक तथ्यों की अनुवर्तिनी रहती है। ऐतिहासिक प्रामाणिकता की दृष्टि से 'तैमूर की हार', 'औरंगजेब की आखिरी रात' सफल रचनाएँ हैं। औरंगजेब मरते समय जो पत्र अपने पुत्रों को लिखता है, वे ऐतिहासिक सत्यता रखते हैं। अपने नाटकों को ऐतिहासिक कसौटी पर खरा उतारने के लिए नाट्यकार ने कुशलता से

ऐसी नाटकीय स्थितियों का निर्माण किया है कि पात्रों के इतिहास प्रसिद्ध गुण उभरकर स्पष्ट हो सकें। 'तैमूर की हार' में ऐतिहासिक पृष्ठभूमि बिल्कुल यथार्थ है। इसकी सामग्री लेनपूल के इतिहास से ली गई है।

आदर्शवाद की प्रतिष्ठा—जिस प्रवृत्ति का चित्रण इन ग्यारह ऐतिहासिक नाटकों में सामान्य रूप से मिलता है, वह नैतिक आदर्शवाद है। प्रायः सभी में मध्ययुगीन इतिहास को पृष्ठभूमि के रूप में चुना गया है। दो-तीन में मुगल-काल का अध्ययन है। हिन्दू-युग से सम्बन्धित 'समुद्रगुप्त', 'विक्रमादित्य', 'कौमुदी महोत्सव', 'ध्रुवतारिका' आदि नाटकों में भारतीय चरित्र की उच्चता, पवित्रता, सत्यनिष्ठा तथा प्राचीन सांस्कृतिक गौरव का चित्रण है। वर्माजी ने हिन्दू-सम्राटों को भारतीय चरित्र का प्रतीक माना है। इनमें शौर्य, देश-भक्ति, स्वाभिमान, स्वातंत्र्य-प्रेम आदि गुणों का चित्रण किया गया है।

'शिवाजी' में शिवाजी की नैतिक दृढ़ता, शौर्य, वैयक्तिक चरित्र की निर्मलता, वीरता, मरहठों का सांस्कृतिक गौरव, मातृ-भक्ति, स्वदेशानुराग, शत्रु-पक्ष की स्त्री के साथ सभ्य व्यवहार इत्यादि चित्रित किये गये हैं। शिवाजी युवा होते हुए भी सौन्दर्य की प्रतिमा गौहर बानू पर वासना-पूर्ण दृष्टि नहीं डालते, वरन उन्हें उसके सौन्दर्य में अपनी माँ जीजीबाई का मुख दीख पड़ता है। अपनी माँ की पवित्रता का दर्शन करने वाला वह वीर गौहर के बोलने में जीजाबाई का आशीर्वाद सुनता है। वह माँ के रूप में उसे प्रणाम करता है। अपनी सेना तथा नौकरों के कसूर के लिए स्वयं को जिम्मेदार समझता है। आभा जी समझते थे कि सुन्दरी गौहर पर शिवाजी आसक्त हो जायेंगे। आभाजी को शिवाजी का यह उत्तर देखिए, भारतीय-संस्कृति का कितना जीता-जागता चित्र है—

"आभा जी, तुम जानते हो कि सेना के आक्रमण में मेरा आदेश है कि शत्रुओं के देश की स्त्रियों का किसी तरह भी अपमान नहीं होना चाहिए। उन्हें माँ-बहनों के समान आदरणीय और पूज्य समझकर उनकी इज्जत करनी चाहिए। बच्चों को भी उनके माता-पिता से जुदा मत करो, गाय मत पकड़ो और ब्राह्मणों के ऊपर अत्याचार मत करो—कुरान की उतनी ही इज्जत करो जितनी भवानी की या समर्थ गुरु रामदास की वाणी की। मस्जिद का दरवाजा उतना ही पवित्र है, जितना तुम्हारे मन्दिर का कलश। शिवा को इस्लाम-धर्म उतना ही पूज्य है, जितना हिन्दू-धर्म। जमीन पर गिरा हुआ कुरान का एक-एक पन्ना शिवा ने अपनी तलवार से उठाकर मौलवियों के सिर पर रक्खा है। मेरे लिए धर्म के खयाल से हिन्दू और मुसलमान में कोई भेद नहीं...

"मेरे सेनापति होकर तुमने मेरे सिद्धान्तों के विरुद्ध क्यों ऐसा किया ? क्या तुमने मुझे सदाचार की कसौटी पर कसना चाहा था या मेरी परीक्षा ली या अपने स्वार्थ-साधन का रास्ता तैयार करना चाहा ? तुमने समझा होगा कि गौहर बानू के सौन्दर्य के सामने शिवाजी का सिद्धान्त पानी हो जायेगा, किन्तु भवानी का भक्त शिवाजी भवानी का भक्त होने की योग्यता भी रखता है। जीजाबाई का पुत्र शिवाजी शत्रु की स्त्री में भी जीजाबाई की तस्वीर देखता है।"

जिस प्रकार सूर्य के उदय होने से पहले पूर्व की दिशा में लालिमा फैल जाती है, उसी प्रकार शिवाजी के मंच पर अवतरित होने से पहले उसके गौरव की भूमिका में ही हमें उसके चरित्र का भव्य प्रकाश दिखाई देने लगता है। कथानक का निर्माण इस ढंग से किया गया है कि वह भारतीय संस्कृति के अनुकूल रहे। लेखक ने तत्कालीन ऐतिहासिक संस्कृति, वेशभूषा आदि का यथातथ्य चित्रण किया है।

'समुद्रगुप्त पराक्रमांक' 420 विक्रम संवत् के भारतीय इतिहास की पृष्ठभूमि पर महाराज समुद्रगुप्त की न्यायप्रियता और अनुपम प्रतिभा की झाँकी प्रस्तुत करता है। अपनी बुद्धिमत्ता एवं गान-विद्या के प्रयोग से समुद्रगुप्त अपराधी को खोज निकालता है। महाराज का गान-विद्या के प्रति अगाध प्रेम भारतीय परम्परा में संगीत के प्रति आदर का प्रतीक है। यह दुःखान्त जीवन की कल्याणमयी संवेदना की भूमिका है। समुद्रगुप्त न्याय का समर्थक है और उस न्याय की प्रतिष्ठा में वह मरण को भी पर्व मानता है। समुद्रगुप्त में राजनैतिक अन्तर्दृष्टि के साथ-ही-साथ कलात्मकता अपनी चरम सीमा तक पहुँचती है। इसलिए उसका दृष्टिकोण साधारण जन के दृष्टिकोण से भिन्न है।

'विक्रमादित्य' सन् 57 ई. पूर्व की उज्जयिनी की ऐतिहासिक पृष्ठभूमि पर विरचित है। इसमें सम्राट विक्रमादित्य के न्याय, तर्क, तीव्र बुद्धि, अन्तर्दृष्टि, मनोविज्ञान, आर्य-धर्म के प्रति श्रद्धा, गो-ब्राह्मण-प्रतिपालन तथा उदात्त चरित्रबल स्पष्ट किया गया है। पुष्प का एक आदर्श कर्तव्यशीला भारतीय नारी के रूप में चित्रण किया गया है। आदर्श आचरण के कारण उसका अपराध क्षमा किया जाता है। प्राचीन गौरवमय इतिहास का यह भव्य चित्र वर्तमान समाज की अनैतिकता, छल-छद्म, मायाचार, असत्य और पतन के साथ वैषम्य दिखाने के लिए प्रस्तुत किया गया है।

विक्रमादित्य के सांस्कृतिक ऐश्वर्य पर यह एक छोटी-सी समीक्षा है, जो इतिहास में सुविदित घटनाओं पर आधारित है। कथानक का निर्माण ही कुतूहल में हुआ है। अन्तर्दृष्टि हमारे प्राचीन शासकों का विशेष गुण था।

'चारुमित्रा' में नाट्यकार का प्रमुख लक्ष्य स्वामिभक्ति तथा बलिदान के आदर्श उपस्थित करना है। स्त्री-पात्रों में दया, सहानुभूति, करुणा तथा अशोक में रौद्र, वीर तथा क्रोध के भावों का मनोवैज्ञानिक चित्रण है। इतिहास का उतना ही अंश यहाँ प्रदर्शित किया गया है, जितना अशोक के आदर्शवादी व्यक्तित्व तक पहुँचने के लिए सहायक था। अशोक के मानसिक परिवर्तन की भूमिका काफी लम्बी है। इस परिवर्तन का मनोविज्ञान धीरे-धीरे निम्न घटनाओं के रूप में विकसित हुआ है—1. निरीह शिशु की हत्या, 2. तिष्यरक्षिता का शान्ति के लिए बार-बार आग्रह, 3. शिशु की माता की मृत्यु, 4. चारुमित्रा की अपूर्व देशभक्ति और स्वामिभक्ति। तीन प्रहारों से ठोकी गई कील अन्तिम और जबरदस्त प्रहार से अपने स्थान पर ठीक बैठ जाती है।

'कौमुदी महोत्सव' की रचना सम्राट चन्द्रगुप्त मौर्य तथा चाणक्य के व्यक्तित्वों का चित्रण करने के लिए हुई है। इस नाटक की सबसे बड़ी सुन्दरता चन्द्रगुप्त का चरित्र ही

है, जो एक वीर, साहसी, मर्यादा-प्रिय और धीरोदात्त नायक है। भारतीय इतिहास में सम्राट चन्द्रगुप्त का जो व्यक्तित्व उपलब्ध है, उसे मनोविज्ञान की पृष्ठभूमि पर चित्रित किया गया है। राष्ट्रीयता के उन्मेष की दृष्टि से यह नाटक लेखक की सबसे गम्भीर और सुष्ठु रचना है। इसमें काव्य का आनन्द भी आता है। उदाहरणार्थ अलका द्वारा गाया हुआ गीत–

आज मधुमय कुसुमों के द्वार-द्वार पर है अलि का गुंजन !

'ध्रुवतारिका' में त्याग, राष्ट्र-धर्म तथा भाई-बहन के प्रेम का आदर्श प्रस्तुत किया गया है। भारतीय गौरव के लिए राजस्थान की रक्षा के निमित्त एक मुसलमान कुमारी भी बड़े-से-बड़े बलिदान के लिए तैयार हो जाती है। मारवाड़ के यशस्वी सेनापति राठौर दुर्गादास राजपूती गौरव, राजपूत रक्त की पवित्रता, और भारत की प्रतिष्ठा की रक्षा के लिए अजीतसिंह से संघर्ष करते हैं। उधर अजीतसिंह शाहजादा अकबर की पुत्री सफीयत उन्निसा से प्रेम करता है, प्रेम को व्यक्तिगत रुचि का प्रश्न समझता है। वह दुर्गादास को द्वन्द्वयुद्ध का निमन्त्रण देता है और उन्हें अपने राज्य से निर्वासित कर देता है। इस पर दुर्गादास का उत्तर बड़ा तर्कपूर्ण और भारतीय मर्यादा के अनुकूल है–

"मैं नहीं, राज्य-परिषद् तुम्हें निर्वासित करेगी, राजकुमार ! मारवाड़-भूमि के रजकणों से निर्मित राज्यवंश के खिलौने ! तुम्हें इस राज्यवंश की मर्यादा का इतना भी ध्यान न आया कि तुम इस प्रसंग पर मौन रह जाते ? क्या तुम्हारे लिए वीर राजपूतों का जो रक्त बहा है, वह बालकों की क्रीड़ा थी ? आज फिर राजस्थान में पारस्परिक विद्रोह की ज्वाला धधके, जिसमें सारी मर्यादा और समस्त गौरव फिर भस्म हो जाये !"

इस पर सफीयत भारतीय गौरव की रक्षा के लिए सबसे बड़ा बलिदान करने को प्रस्तुत हो जाती है। वह राजकुमार से अपना सम्बन्ध भाई-बहन का कर लेती है। समाज, देश तथा प्रान्त के गौरव की रक्षा होती है।

'कलंक-रेखा' 19वीं शताब्दी का एक मर्मस्पर्शी चित्र है। अपने विवाह के कारण पिता और राज्य को संकट में पड़ा देखकर उदयपुर की कृष्णाकुमारी ने जिस अलौकिक वीरता और साहस के साथ विषपान द्वारा अपने पार्थिव शरीर का परित्याग किया, उससे अकेली कृष्णा ही नहीं, अपितु समस्त भारतीय नारी-समाज के मस्तक पर कीर्ति की रेखा खिंच गई। यही कीर्ति की रेखा उदयपुर के महाराणा भीमसिंह के लिए एक अमिट कलंक-रेखा बन गई। पुत्री की रक्षा का भार उनके कंधों पर था, किन्तु शत्रुओं से भयभीत होकर उन्होंने न केवल कृष्णा की हत्या का प्रस्ताव स्वीकार किया, अपितु उसके वध के लिए आदेश तक दे दिया। किन्तु हत्या के लिए उद्यत चाचा की आत्मा ने उसे धिक्कारा। उसके हाथ काँप उठे और कृष्णा के बार-बार प्रेरित करने पर भी वह महाराणा का आदेश का पालन न कर सका। अन्ततः कृष्णा ने स्वयं पिता की चिन्ता दूर करने का निश्चय किया तथा वह उसमें सफल हुई। कृष्णा का अपूर्व साहस, धैर्य, बुद्धिमत्ता और बलिदान भारतीय नारी का आदर्श चित्रित करता है।

डॉ. रामकुमार वर्मा ने अपने ऐतिहासिक नाटकों में ऐसे आदर्शवाद की प्रतिष्ठा की

है, जो जीवन की व्यावहारिकता से ओत-प्रोत होकर भी नैतिक दृष्टि से जनता के लिए कल्याणकारी है। भारतीय आदर्शों का इतना कलात्मक और सजीव चित्रण हमारे किसी भी ऐतिहासिक नाट्यकार ने नहीं किया है। पात्रों में मनोवैज्ञानिकता का निर्वाह डॉ. वर्मा बड़ी कुशलता से करते हैं। जिन प्राचीन भारतीय हिन्दू सम्राट के चित्र उन्होंने प्रस्तुत किये हैं, उनमें आदर्श का संकेतमात्र है। वह नाटक की मनोरंजकता, मूल भावना या नाटकीयता को नष्ट नहीं करता। भारतीय संस्कृति की पृष्ठभूमि पर इनके पात्र पूर्व स्वाभाविकता लिये हुए हैं। अपने मुगलकालीन नाटकों में भी इन्होंने पात्रों की स्वाभाविकता, इतिहास की सत्यता एवं भावना की तीव्रता का पूर्ण ध्यान रखा है। पात्रों की रेखाएँ स्पष्ट हैं। ऐतिहासिक नाटकों की जिस टेकनीक का ऊपर विवरण दिया है, वह सर्वथा मौलिक है।

सामाजिक नाटक

"मेरी कला जीवन के यथार्थ से उद्भूत होकर सजीव आदर्श की सृष्टि करने में प्रगतिशील रही है। यों तो जीवन ही एक विशाल नाटक है और यदि हम कुछ शताब्दियों तक जीवित रहे; तो उस विशाल नाटक की चरम सीमा को देखने में समर्थ हो सकेंगे। किन्तु न तो लेखक और न दर्शक या पाठक शताब्दियों का, एक शताब्दी के उत्तरार्द्ध तक जीवित रहने का विश्वास कर सकते हैं, यद्यपि उनके दीर्घ जीवन की मेरी बलवती मंगल कामनाएँ हैं। तब इस जीवन-नाटक की अनुभूति तब तक नहीं हो सकती, जब तक अपनी अन्तर्दृष्टि या अनुभव से कुछ ऐसी घटनाओं की सृष्टि न कर दें, जो उस क्रम को निश्चित निष्कर्ष की ओर गतिशील कर सकें। जीवन के स्वाभविक गति-प्रवाह को एक बल देना अथवा उसकी दिशा में झुकाव ला देना ही मेरी नाटक-रचना का प्रमुख उद्देश्य रहा है। अपनी इस कला का प्रयोग मैं सामाजिक नाटकों में विशेष विश्वास के साथ कर सका हूँ।"

उपर्युक्त उद्धरण में हमें डॉ. रामकुमार वर्मा के सामाजिक एकांकी नाटकों की मूल भावना का कुछ ज्ञान हो जाता है। उनके उत्सर्ग, सही रास्ता, आशीर्वाद, परीक्षा, अठारह जुलाई आदि एकांकी नाटकों में यह कला देखी जा सकती है।

वर्माजी का प्रथम सामाजिक नाटक 'बादल की मृत्यु' सन् 1930 में लिखा गया था। उस समय वर्माजी की काव्य-प्रतिभा कथा का आधार लेकर वर्णनात्मकता की ओर विशेष रूप से उन्मुख हो रही थी। कदाचित् वे इतिवृत्तात्मक कविता को परिष्कृत करने की चेष्टा में थे। कवि रामकुमार की जिज्ञासा असहयोग के गीतों से सन्तुष्ट होती नहीं दीख पड़ती थी। इसलिए इस काल का कवि इतिहास के वृत्त को लेकर अपनी वर्णन-शैली का कौशल प्रदर्शित करना चाहता है। बाद में वह गीतिकाव्य की ओर आकर्षित होता है।

1930 से 1936 तक की रचनाओं में 'कुमार' का कवि निज आत्माभिव्यक्ति करने को प्रस्तुत है। "कवि रामकुमार ने 'निशीथ' (1931) से 'रूपराशि' होते हुए 'चित्ररेखा' (1935) तथा 'चन्द्रकिरण' (1937) तक की लीक पर चलकर यात्रा की है।"—इस मनःस्थिति का प्रभाव 'बादल की मृत्यु' एकांकी पर है। "इसमें काव्य का अंश अभिनय

तत्त्व की अपेक्षा अधिक है। कुछ आलोचकों का विचार है कि 'बादल की मृत्यु' नाटक के रूप में कविता ही है।"[1] इसमें बादल के मनोवेगों को सुन्दरता से अंकित किया गया है। इसका बाह्य रूप नाटक-सा है, यद्यपि काव्य का प्रभाव अधिक है।

प्राचीनकाल में जो भावात्मक मानवीकरण के रूप हैं, उन्हीं के अन्तर्गत यह हिन्दी-साहित्य में प्रथम साहित्यिक प्रयोग था। भारतेन्दु हरिश्चन्द्र ने भी 'भारत-दुर्दशा' में मनुष्य के विविध भावों का मानवीकरण किया है। डॉ. वर्मा ने उसी शैली में मनोविज्ञान और संघर्ष को जोड़कर मानव-जीवन के महान् सत्य को अत्यन्त संक्षिप्त, पर ज्वलन्त रूप में उपस्थित किया है। अपने ढंग का यह सर्वप्रथम मौलिक एकांकी है—अपने रूप में अत्यन्त संक्षिप्त, परन्तु सन्देश में महान् ! इतना संक्षिप्त और सम्पूर्ण एकांकी हिन्दी में किसी नाट्यकार की लेखनी से प्रसूत नहीं हुआ है। ऐतिहासिक दृष्टिकोण से भी इसका विशेष महत्त्व है।

वर्माजी के 'परीक्षा', 'अठारह जुलाई की शाम', 'एक तोले अफीम', 'उत्सर्ग' आदि सामाजिक एकांकी स्त्री-मनोविज्ञान से सम्बन्धित हैं। 'परीक्षा' में उनका परीक्षा-केन्द्र एक ऐसी स्त्री का हृदय है, जो 20 वर्ष की ग्रेजुएट होते हुए भी 50 वर्ष के एक प्रोफेसर से विवाह करती है। इसमें आपने यह चित्रित किया है कि प्रेम के लिए आयु का अन्तर यथार्थ अन्तर नहीं; ऊँचे धरातल के द्वारा स्त्री की मनःस्थिति का सच्चा चित्र यहाँ है। 'अठारह जुलाई की शाम' में आपने पति का यथार्थ महत्त्व और चरित्र स्पष्ट किया है। यह परिवर्तन का अध्ययन है। 'एक तोले अफीम' में दो प्रेमियों के सच्चे प्रेम की कहानी है। संयोग से दोनों व्यक्ति मिल जाते हैं। इन नाटकों में वर्माजी ने जीवन के स्वाभाविक गति-प्रवाह को बल देकर आदर्शवाद की ओर झुकाया है। रत्ना, उषा, विश्वमोहिनी इत्यादि इन नाटकों के पात्र अपने चरित्रों में सजीव आदर्श प्रस्तुत करते हैं।

'चम्पक' में एकांकीकार की कला परिष्कार के पथ पर है। इसमें कवि की सहृदयता का नहीं, कवि के चरित्र का चित्रण किया गया है। कवि किशोर (या 'कुमार' ?) का आदर्श उपेक्षित तथा दुखियों की सहायता करना है। चम्पक नामक कुत्ते को घायल देखकर वह उठा लाया है और धीरे-धीरे उसे अपनी शुश्रूषा से स्वस्थ कर लिया है। परिस्थितिवश वह उसे बेच देता है, किन्तु मोह में दुखी रहता है। संयोगवश उसके द्वार पर वही भिखारी आता है, जिसने उसे चोट पहुँचाई है। कारण यह था, कुत्ते का मालिक कुत्ते की बहुत खातिर करता था, जबकि उसका पड़ोसी यह भिखारी भूखों मरता था। वह अपनी ईर्ष्या के कारण पश्चात्ताप की अग्नि में जलता है। कवि किशोर अपराधी के प्रति उदार है। वह उस भिखारी की सेवा भी करता है। प्रायश्चित्त, अपराध और ममता का बड़ा सजीव चित्रण वर्माजी ने इस सामाजिक नाटक में प्रस्तुत किया है।

समालोचक गण यदि इस नाटक को 'बिशप्स कैन्डिलस्टिक्स' से मिलाकर पढ़ें, तो ज्ञात होगा कि अंग्रेजी नाटक केवल धार्मिक क्षमाशीलता के आधार पर खड़ा किया गया है।

---

1. प्रोफेसर प्रकाशचन्द्र गुप्त—'हिन्दी एकांकी विशेषांक', 'हंस'।

'चम्पक' में समस्त मानव-जीवन की करुणा और सद्भावना ने मनुष्यता को एक ज्योति प्रदान करने की चेष्टा की है।

'एक्ट्रेस' हिन्दू विवाहित जीवन का एक अध्ययन है। प्रभातकुमारी का पति उसे नापसन्द कर त्याग देता है। हिन्दू परिवारों में त्यागी हुई पत्नियों की जो दुर्दशा होती है, वह सर्वविदित है। उसे नाटकीय जीवन-यापन करना पड़ता है, जिसमें सास-ननद इत्यादि के ताने-व्यंग्य आदि की बौछार निरन्तर उसके ऊपर पड़ती रहती है। उपेक्षिता प्रभातकुमारी निराश न होकर सिनेमा अभिनेत्री बन जाती है, किन्तु उसका भारतीय हृदय पतिपरायण बना रहता है। स्त्री के अन्तःसौन्दर्य तथा साहस का अच्छा चित्र उपस्थित किया गया है। अभिनय और काव्य का यह मिश्रण, जीवन की अनन्त सहानुभूति को अपने साथ लिये हुए है। विषम परिस्थितियों से मनोविज्ञान किन-किन दिशाओं में प्रगतिशील होता है, यह नाटक उसका सफल उदाहरण है। अन्त में भविष्य-रक्षा के लिए प्रभा मंदार निर्झर में डूबकर प्राण त्याग कर देती है। यह करुणा जीवन की अन्तर्वसिनी संवेदना है।

'उत्सर्ग' (1942) पुनर्जन्म तथा प्रेतात्माओं की पृष्ठभूमि पर, प्रेम तथा कर्तव्य के संघर्ष की कहानी पर आधारित है। एक वैज्ञानिक डॉक्टर अपने मृत मित्र की पत्नी तथा पुत्री की सेवा करने के कारण अपनी प्रेमिका के प्रति उदासीन हो जाता है। मृत्यु के उपरान्त भी प्रेमिका छायादेवी की आत्मा डॉ. शेखर के प्रति आकर्षित रहती है। मित्र की पुत्री की रक्षा के लिए डॉक्टर को अपने अनुसन्धान-यन्त्र को तोड़-फोड़ डालना पड़ता है।

इस नाटक में डॉ. वर्मा की कला जीवन के यथार्थ से उद्भूत होकर सजीव आदर्श की सृष्टि में प्रगतिशील है। जीवन के स्वाभाविक गति-प्रवाह को एक बल देना अथवा उसकी दिशा में झुकाव ला देना उनका प्रमुख उद्देश्य है। 'उत्सर्ग' में डॉ. शेखर अपने वैज्ञानिक अनुसन्धानों में सच्चे नारीत्व का तिरस्कार करते हैं तथा निज दोषों को ढकने के हेतु नारी-सेवा का अहम् उपस्थित करते हैं। वर्माजी ने ऐसे व्यक्ति का बड़ा उपहासजनक चित्र इन नाटक में प्रस्तुत किया है। इस नाटक के वैज्ञानिक डॉ. शेखर को उन्होंने जीवन के इस उपहास की बड़ी सख्त सजा दी है। उदाहरण के लिए 'उत्सर्ग' का एक अवतरण लीजिए, जिसमें डॉ. शेखर के जीवन की एक आलोचना है–

"**शेखर** –मैं क्या करता छाया, मिलने के दूसरे दिन मेरे मित्र के मरने का समाचार मिला, मैं अपने मित्र को अपने से अधिक प्यार करता था...उस मित्र की विधवा पत्नी और लड़की मंजुल के पोषण का भार मैंने अपने कन्धों पर लिया...

छाया – लेकिन तुमने मेरे संसार में आग लगा दी। डॉक्टर, तुमने कभी स्त्री के हृदय की थाह नहीं ली कि प्रेम करते समय समुद्र से भी अधिक गहरी और गम्भीर हो जाती है और निराश होने पर आग की लपट से भी अधिक भयानक; जिसकी एक चिनगारी से सारा जीवन जल-जल कर बुझता है, जिसमें उसे बार-बार जलना पड़े...फिर भी मैं मौन रही, हँसती रही; लेकिन तुमने यह न समझा कि छाया इसीलिए बढ़ रही है कि उसके जीवन का सूर्य ढल रहा है।

मेरे जीवन के वे दिन मौन रहने में अँधेरे के समय भयानक हो रहे थे। डॉक्टर... मैं अधिक दिन तक जिन्दा न रह सकी।

शेखर – उन पुरानी बातों को भूल जाओ, छाया !

छाया – अब तो कुछ भी शेष नहीं है। वे बातें स्वप्न जैसी मालूम होती हैं...जिस तरह नदी के उतर जाने से किनारे की मिट्टी धुलकर टेढ़ी-मेढ़ी हो जाय; टूट-फूट जाय, ऐसी मेरी भावना रह गई है...''

इस प्रकार इस नाटक में डॉ. वर्मा ने प्रकृति में जीवन की समरसता उपस्थित करने का प्रयत्न किया है। डॉ. शेखर यदि चाहता, तो अपनी वैज्ञानिक खोज की सुरक्षा के लिए मंजुल की मृत्यु से भयभीत न होता; क्योंकि उसके सामने जीवन तथा मृत्यु में विशेष अन्तर नहीं था। वह मृतक मंजुल से उसी प्रकार बात कर सकता था, जिस प्रकार उसने अपने यन्त्रों की सहायता से छायादेवी से बातें की थीं; किन्तु जिस प्रमुख भावना ने उसे यन्त्र तोड़ देने के लिए बाध्य किया, वह स्वयं उससे ही सम्बन्ध नहीं रखती थी, वरन् मंजुल की माँ से भी सम्बन्ध रखती है, जिसके लिए उसने अपना विवाह नहीं किया था। शेखर ने यहाँ वैज्ञानिक होकर मानव संवेदनाओं का परिचय दिया है। व्यक्तिगत कर्तव्य तथा सामाजिक कर्तव्य के मध्य जो हल्की रेखा है, उसी में डॉक्टर शेखर ने रंग भर दिया है।

'सही रास्ते' में वर्माजी ने सच्चाई और ईमानदारी का मार्ग प्रशस्त किया है। इसमें समाज के उन व्यक्तियों पर व्यंग्य है, जो बाहर से कुछ हैं और अन्दर से खोखले तथा बेईमान। सन्त, महात्मा से लेकर वकील, प्रोफेसर, कवि, सेठ, अफसरों तक की पोल खोली है। इसमें समाज के सभ्य और शिक्षित व्यक्तियों की कमजोरियों पर भारी व्यंग्य किया गया है। सत्यप्रकाश के पत्रों के कुछ अंश देखिए, कितने तीखे हैं–

''दुनिया में आकर मैंने देखा कि दुनिया में सच्चाई और ईमानदारी दोनों ही नहीं हैं। खुशी के बजाय दर्दोगम है और ईमानदारी की जगह बेईमानी...''

सेठ गिरधारीमल को भेंटस्वरूप एक खून से भरी बोतल दी जाती है, जिसके साथ पत्र में लिखा है–''इस खून से मैं आपकी सहायता करना चाहता हूं। आपकी मिलें तेल नहीं पीतीं, वे पीती हैं ग़रीब मजदूरों का खून...खाना न मिलने की वजह से बेचारे मजदूरों में कितना खून रह गया होगा, यह आप भी जानते हैं...आपकी मिलों में खून की कमी होने पर यह खून काम में लाइएगा...थोड़ा ही सही, कुछ काम तो चलेगा।''

प्रोफेसर महेन्द्रकुमार को दस चश्मे भेंट में दिये जाते हैं। पत्र में लिखा है–'आप समझते हैं कि दुनिया से आँख बन्द करके किताबों को आँखें फाड़-फाड़कर पढ़ने से लियाकत आती है। पैदा कीजिए ऐसी लियाकत आप दुनिया की हस्तियों से अनजान रहकर। मेरी तरफ से आप लाखों किताबें पढ़ते रहें।'

डॉ. वर्मा के नाटकों में भारतीय समाज के अनेक व्यंग्यात्मक चित्र मिलते हैं। ऊपर से सभ्यता का मुलम्मा चढ़ाये जो व्यक्ति धोखा दे रहे हैं, उन्हें उधेड़कर सबके सामने रख दिया गया है। इस यथार्थ के साथ आदर्श का जो समन्वय वर्माजी के सामाजिक नाटकों

में मिलता है, वह व्यावहारिक है। आप झूठी भावुकता में नहीं बह गये हैं, बल्कि एक गूढ़ विचारक के रूप में अपने वर्तमान सामाजिक विधान की जर्जरता पर आलोचनात्मक दृष्टि डाली है। ये हमें अपने समाज के कुछ अंगों पर सोचने को विवश करते हैं, साथ ही आदर्श भी उपस्थित करते हैं।

सेठ गोविन्ददास

सेठ गोविन्ददास ने स्वदेश-विदेश के नाट्यशास्त्रों का अध्ययन कर, शॉ तथा ओ'नील आदि पाश्चात्य एकांकीकारों के अनुसरण कर पर्याप्त मौलिकता के साथ पाश्चात्य विचारधाराओं तथा नये टेकनीक के प्रवाह को पकड़कर रंगमंचीय समस्या-नाटकों की सृष्टि की है, जिनमें अतीव गौरव के चित्रण के अतिरिक्त वर्तमान समाज के नाना वर्गों, समस्याओं, तथा आन्दोलनों के सजीव चित्र हैं। जहाँ एक ओर आर्य-संस्कृति पर निर्भर ऐतिहासिक पौराणिक नाटकों में आप सांस्कृतिक उपासक के रूप में प्रकट हुए हैं, वहाँ सामाजिक-राजनीतिक नाटकों में भारतीय समाज तथा बहुमुखी मानव-जीवन की आदर्शोन्मुख व्याख्या की है। सेठजी युग की आत्मा लेकर नाट्य-साहित्य में आये हैं।

वर्तमान राजनीति के उथल-पुथल से पूर्ण अनुभव प्राप्त कर आपने नाट्य-क्षेत्र में प्रवेश किया है; अतः आपके एकांकियों में वर्तमान सामाजिक तथा राजनैतिक परिस्थितियों का सच्चा चित्रण है। आपके अधिकांश एकांकियों का निर्माण जेल-यात्राओं में हुआ है। उनमें गाँधीयुग की राजनैतिक तथा सामाजिक समस्याओं का चित्रण, ऐतिहासिक कथावस्तुओं में नैतिक बल तथा आधुनिक जीवन का प्रतिपादन है। सेठजी प्रसाद के आर्य-संस्कृति के चित्रण से प्रभावित हुए तथा आधुनिक युग में उनका प्रतिपादन किया है। प्रसाद और सेठजी आर्य-संस्कृति पर निर्भर एकांकीकार हैं, अन्तर यह है कि सेठजी ने प्रसाद की गहनता तथा साहित्यिकता से बचकर रंगमंच की अपूर्णता का परिहार किया है।

सार्वजनिक जीवन में, जेल तथा राजनैतिक आन्दोलनों में, उनके सम्पर्क में नाना पात्र, दृश्य, परिस्थितियाँ, चरित्र आये हैं, यही नाटकों में प्रकट हुए हैं। अपने कटु अनुभवों के चित्रण में उनके आदर्शवादी दृश्य को यथार्थवादी भी हो जाना पड़ा है। वर्तमान राजनैतिक और सामाजिक जीवन का यथार्थ खाका इनके नाटकों में खींचा गया है।

भाषा, समयानुकूलता का उन्हें सदैव ध्यान रहा है। दुरूह, सांकेतिक, साहित्यिक और रहस्यमयी भाषा-शैली को छोड़कर सेठजी ने दैनिक जीवन के प्रयोग में आनेवाली हिन्दुस्तानी का प्रयोग किया है; पौराणिक-ऐतिहासिक नाटकों में उनकी भाषा सांस्कृतिक हिन्दी हो गयी है। आपका प्रत्येक नाटक किसी महत्त्वपूर्ण विचार को लेकर लिखा गया है। 'उपक्रम' तथा 'उपसंहार' का प्रयोग, जो कि सर्वथा सेठजी की मौलिक धारणा है, बहुत अच्छे ढंग से हुआ है।

सेठजी के एकांकी एक सुनिश्चित पद्धति पर लिखे गये हैं। उन्होंने एकांकी की

उत्कृष्टता के सम्बन्ध में लिखा है—"जिस एकांकी में जितना बड़ा विचार होगा, उस विचार के विकास के लिए जितना स्पष्ट और मनोरंजक कथा होगी, जितने कम चरित्र और उन चरित्रों का जितना स्पष्ट और विशद चरित्र-चित्रण होगा, तथा जितनी स्वाभाविक कृति एवं कथोपकथन होंगे, वह उतना ही सफल होगा। खेलने के समय इनका उपयोग एक विवादग्रस्त प्रश्न हो सकता है, परन्तु मेरे मत से खेलते समय भी उपर्युक्त पद्धति से इनका उपयोग किया जा सकता है।" सेठजी ने संकलन-त्रय को आवश्यक माना है। उन्होंने विस्तृत रंग-संकेत देकर वातावरण की सृष्टि के साथ-साथ पात्रों के चरित्र-चित्रण पर भी विशेष प्रकाश डाला है। यथार्थवाद की रक्षा के लिए आप प्रयत्नशील रहे हैं। सेठजी ने इन्हीं आधार तत्त्वों पर अपने एकांकियों की रचना की है।

आपके सम्पूर्ण एकांकी साहित्य का अध्ययन निम्न वर्गों के अन्तर्गत किया जा सकता है—

सामाजिक—1. 'धोखेबाज', 2. 'ईद की होली', 3. 'मानव-मन', 4. 'महाराज', 5. 'व्यवहार', 6. 'बूढ़े की जीभ', 7. 'जाति-उत्थान, 8. 'फाँसी', 9. 'विटामिन', 10. 'वह मरा क्यों ?', 11. 'अधिकार-लिप्सा', 12. 'स्पर्धा', 13. 'प्रलय और सृष्टि', 14. 'अलबेला', 15. 'शाप और वर', 16. 'सच्चा सुख', 17. 'चौबीस घण्टे', 18. 'हार्सपावर'।

ऐतिहासिक व पौराणिक—1. 'कंगाल नहीं', 2. 'जालौक और भिखारिणी', 3. 'चन्द्रपीड़ और चर्मकार', 4. 'शिवाजी का सच्चा स्वरूप', 5. 'निर्दोष की रक्षा', 6. 'कृष्णाकुमारी', 7. 'सहित या रहित', 8. 'प्रायश्चित्त', 9. 'भय का भूत', 10. 'अजीबोगरीब मुलाकात', 11. 'बाजीराव की तस्वीर', 12. 'सच्ची पूजा', 13. 'कृषियज्ञ', 14. 'अठानवें किस्से'।

राजनैतिक—1. 'यू नो', 2. 'आई सी', 3. 'भूख-हड़ताल', 4. 'सुदामा के तन्दुल'।

प्रहसन—1. 'हार्सपावर', 2. 'चौबीस घण्टे', 3. 'वह मरा क्यों ?', 4. 'कुछ आप बीती कुछ जग बीती', (एकांकी संग्रह)।

अपने सामाजिक नाटकों में सेठजी ने हमारे समाज में फैली हुई नाना समस्याओं पर विचार प्रकट किये हैं। कहीं आपका दृष्टिकोण व्यंग्यात्मक है, तो कहीं हास्योक्तियों से परिपूर्ण है। व्यापार-क्षेत्रों से लेकर सरकारी अफसरों की अनुभवहीनता, धनी रईसों की अधिकार इच्छा; हिन्दू-मुस्लिम मेल, राजवंशों की दुर्दशा, अंग्रेज दम्पतियों का भारतीय नवाबों को प्रसन्न करने का उपहास, ब्राह्मणों की पतितावस्था, गरीब किसान-मजदूरों का शोषण, बूढ़ों की स्वाद-लोलुपता, जातिगत ऊँच-नीच की सारहीनता, मध्य वर्ग के रोमांस, मिनिस्टरों के चुनाव, उद्धत चरित्र गर्व और नाज-नखरे, कवियों की कल्पना का खोखलापन, भूख-हड़तालों का दुरुपयोग, स्वास्थ्य सिद्धान्तों, वैज्ञानिक चिकित्सकों की बेवकूफियाँ, हिंसा-अहिंसा; बलिदान, प्रायश्चित्त आदि का विवेचन; धर्म और सत्य की व्याख्या; न्याय का सच्चा स्वरूप, राजाओं के विविध चरित्र, अस्पृश्यता की समस्या; किसान-जमींदारों का संघर्ष; तथा कांग्रेसी मंत्रिमण्डल-काल के विविध मनोभाव उपस्थित किये हैं। इनके अतिरिक्त आदमी से अधिक पैसे की प्रतिष्ठा; नारी और पुरुष के विवाहोत्तर सम्बन्ध और

निर्वाचनों में परस्पर त्याग की भावना आदि पर भी विचार प्रस्तुत किये हैं। आधुनिक समाज; विशेषतः मध्यवर्गीय समाज को आपने आलोचनात्मक दृष्टि से देखा और मूल्यांकन किया है। आपकी व्याख्या में गाँधीवादी दृष्टि काम करती है। सामाजिक कुरीतियाँ प्रायः इस ढंग से प्रस्तुत की गयी हैं कि हम अपने अविवेक तथा रूढ़िवादिता पर कहीं हँसते हैं, तो कहीं उन्हें घृणा की दृष्टि से अवलोकने लगते हैं।

समस्यामूलक एकांकियों की दृष्टि से 'धोखेबाज', 'ईद और होली', 'मानव-मन' तथा 'मैत्री' अत्युत्तम हैं; सम्भाषणों से सबसे अधिक स्वाभाविकता 'वह मरा क्यों ?' तथा 'अधिकार-लिप्सा' में आ पायी है; प्रभाव की दृष्टि से 'कंगाल नहीं' और 'मानव-मन' सफल रचनाएँ हैं। 'धोखेबाजी' की मूल समस्या सट्टेबाजी की हानियों का प्रदर्शन है। 'कंगाल नहीं' में पुराने राजवंश का चित्र खींचा गया है, जिसे नौकरी नहीं मिलती। 'वह मरा क्यों ?' (प्रहसन) कैटूनमैण्ट के एक अफसर की अनुभवहीनता का हास्य-व्यंग्यमय चित्रण है। 'अधिकार-लिप्सा' में एक वृद्ध धनी रईस की प्रभुता के लिए प्राण देने की गाथा है। 'ईद और होली' हिन्दू-मुस्लिम एकता की शिक्षा प्रदान करता है। करुणा का उद्रेक कर लेखक ने एक मुसलमान द्वारा एक लड़के को आग से बचाया है। 'मानव-मन' मनोवैज्ञानिक दृष्टिकोण से लिखा गया है। 'मैत्री' में चेयरमैनी के चुनाव में खड़े हुए दो मित्रों के मनोमालिन्य का निर्देश है। इनमें से अधिकांश नाटक यथार्थवादी हैं और इनकी सबसे बड़ी विशेषता इनकी स्वाभाविकता है। कहीं-कहीं सेठजी का उपदेशात्मक स्वरूप प्रमुख हो गया है और स्वाभाविकता को ठेस पहुँची है, जैसे 'धोखेबाज' में पृष्ठ 46 पर रूपचन्द का लम्बा भषण दो-तीन पृष्ठों का है, वह कोर्टसीन गाल्सवर्दी के 'जस्टिस' के कोर्टसीन की छाया पर लिखा गया प्रतीत होता है। इन नाटकों में सम्भाषणों में नीत्युपदेशक की सी भूमिका या नाटकों के अन्त में (प्राचीन एकांकी की तरह) नीति-वचनों का आ जाना स्वाभाविक नहीं प्रतीत होता। नाटकों की समस्याएँ सम्पूर्ण एकांकी में रचने के स्थान पर इतनी स्पष्ट हो जाती हैं कि सेठजी का आदर्शात्मक स्वरूप अधिक स्पष्ट हो जाता है। सेठजी अलिप्त नहीं रह पाते, अपने पक्ष को दृढ़ता से आगे रखते हैं।

सेठजी के राजनैतिक एकांकी प्रायः जेल में लिखे गये हैं; यह उनकी एक उल्लेखनीय विशेषता है। उनका जीवन गले तक राजनीति में डूबा है। अपने राजनैतिक एकांकियों के अन्तर्गत आपने चुनाव, मिनिस्टरों की अन्तःस्थिति, मंत्रिमण्डल के कार्य, मंत्रिमण्डल त्यागने के पश्चात् के नाना चित्र, मन्त्रियों के उद्धत चरित्र, नाम चाहने वाले पर कर्तव्य-च्युत कांग्रेसी सत्याग्रहियों के चित्र प्रस्तुत किये हैं। मजदूर और पूँजीपतियों, हिन्दू-मुस्लिम एकता, किसान-जमींदारों की समस्याओं की ओर भी आपकी दृष्टि गई है। यथार्थ का दिग्दर्शन कराना, पर साथ ही आदर्श की ओर संकेत कर देना आपका उद्देश्य रहा है। तटस्थ रहने का प्रयत्न इन सबमें सफल हुआ है। चूँकि सेठजी कांग्रेस के अन्तरंग से परिचित हैं, उन्होंने कांग्रेस की कमजोरियों को अपने कई नाटकों में उभारा है। उदाहरणार्थ, 'प्रकाश' में आपने वर्तमान राजनैतिक जीवन का खाका खींचा है, जहाँ स्वार्थी मिनिस्टर हैं, रंगेसियार काउन्सिल

के मेम्बर हैं, जो देशभक्ति और जनसेवा का स्वांग भरकर अपना उल्लू सीधा करते हैं, जिनकी गति में स्वार्थ और यशोलिप्सा के सिवाय और किसी चीज का महत्त्व नहीं; जो आठों पहर मतलब गाँठने के लिए हथकण्डे सोचा करते हैं। मिनिस्टर, लीडर तथा मेम्बर सबकी कलई खोल दी गयी है। 'सुदामा के तन्दुल' में उन मिथ्याभाषी मिनिस्टरों पर छींटाकशी है, जो चुनाव के समय वोट लेने के लिए जनता से बड़े-बड़े वादे करते हैं, किन्तु चुने जाने के पश्चात् अपने वास्तविक स्वार्थी रूप में प्रकट होते हैं। इसमें कांग्रेस में आ जाने वाले गैरजिम्मेदार, पत्थरदिल, स्वार्थी, साहबी ठाट-बाट से रहने वाले और मुस्लिम चपरासी रखनेवाले मिनिस्टरों की चारित्रिक दुर्बलता, संकुचितता का पर्दाफाश किया गया है। 'आई सी' उस समय का चित्र है जब कांग्रेस मन्त्रिमण्डल पद त्याग कर चुका था। 'यू नो' में एक उद्धत अभिमान से भरे हुए तेज मिजाज लोकप्रिय मन्त्री का चित्र है। 'भूख-हड़ताल' एक ऐसे सत्याग्रही का व्यंग्यात्मक चित्र है जो प्रतिष्ठा का भूखा है। कांग्रेस कार्यकर्ताओं में किस प्रकार अवसरवादी और केवल नाम चाहनेवाले थोथे लोग घुस गये हैं, इस कमजोरी की ओर निर्देश बड़ी सफलता से किया गया है। सत्याग्रही स्वयंसेवक होना एक निःस्वार्थ साधना है; त्याग तथा बलिदान का खेल है। इस सेवा के क्षेत्र में कोई अनुचित लाभ नहीं उठा सकता। महात्माजी के आदर्शों को विस्तृत कर किस प्रकार अवसरवाद, मिथ्यावाद, ढोंग इस राजनैतिक दल में प्रविष्ट हो गये हैं, इसका सुन्दर चित्रण सेठजी कर देते हैं। बन्दीखाने की यथार्थ अवसादमय स्थिति निर्माण कर नाट्यकार ने जेल-जीवन की अच्छी झाँकी दिखायी है। 'सेवा-पथ' में वर्तमान युग के राजनैतिक वादों का संघर्ष चित्रित किया गया है। विशेषकर समाजवाद का उभयपक्षी चित्रण बड़ा व्यंग्यात्मक है। रईसों की मनोवृत्ति और वातावरण-निर्माण बहुत सफल बन पड़ा है। हास्यरस का आलम्बन एक मारवाड़ी सेठ को बनाया गया है। कथावस्तु तथा राजनैतिक परिस्थितियों, व्यक्तियों तथा सिद्धान्तों के चित्रण में सेठजी यथार्थवादी हैं, किन्तु प्रेरणा में आदर्शवादी ही कहे जायेंगे। व्यावहारिक आदर्शवाद ही उनका दृष्टिकोण रहा है।[1]

अपनी ऐतिहासिक-नैतिक विचारधारा में सेठजी प्राचीन भारतीय गौरव, संस्कृति, आचार-विचार का प्रतिपादन करते हुए मुख्यतः सांस्कृतिक उपासक के रूप में प्रकट होते हैं। 'प्रसाद' की भाँति आप आर्य-संस्कृति पर निर्भर आधुनिक एकांकीकार हैं। अपने बड़े नाटकों 'कर्तव्य', 'हर्ष', 'शशिगुप्त' आदि में प्राचीन भारतीय संस्कृति, वेशभूषा, वास्तुकला इत्यादि को सम्मुख रखकर चरित्र-गौरव और निष्ठा का पुनरुत्थान प्रदर्शित किया गया है। भारतीय इतिहास में आपने अपना कथानक उन स्थानों से चुना है जहाँ आपको अपने

---

1. ''सार्वजनिक जीवन से घनिष्ठ सम्बन्ध रहने के कारण सेठजी इस सार्वजनिक जीवन की समस्याओं को अच्छी तरह समझते हैं। असेम्बली में उनको विवेचन और समाधान करने का सक्रिय अवसर भी मिला है, इसलिए उनके नाटकों में हमें पिछले युग के सामाजिक और राजनैतिक जीवन की बुद्धि पर सुथरी आलोचना मिलती है। इन नाटकों के संघर्ष पर लेखक के अपने जीवन के संघर्ष का गहरा प्रभाव है।''

—डॉ. नगेन्द्र

आदर्श का विचार-बिन्दु प्राप्त हुआ है।

उदाहरणार्थ 'हर्ष' में आपने सम्राट हर्षवर्द्धन को आदर्श प्रजापालक, अहिंसाव्रतधारी, धर्मपरायण प्रदर्शित किया है जो सर्वथा इतिहास के अनुकूल है। आपके ऐतिहासिक नाटक पढ़कर यह धारणा सत्य हो जाती है कि सेठजी हृदय से आदर्शवादी नाट्यकार हैं। जहाँ आपने सामाजिक एकांकियों में अपने व्यंग्यात्मक दृष्टिकोण से समाज के नाना वर्गों तथा चरित्रों की कमजोरियों पर प्रकाश डाला है, वहाँ अपने ऐतिहासिक एकांकियों में हमारा ध्यान प्राचीन भारतीय गौरव, चरित्र की दृढ़ता, उत्कर्ष और महानता की ओर आकृष्ट किया है। यदि हम राष्ट्रीय चरित्र का निर्माण करना चाहते हैं, तो हमें उत्तमोत्तम मानवी भावों का मूर्त स्वरूप अपने इतिहास में ही उपलब्ध हो सकेगा। अपने ऐतिहासिक एकांकियों की कथावस्तु का चुनाव आपने जालौक, चन्द्रपीड़, शिवाजी, कृष्णाकुमारी, काश्मीर के राजा यशस्कर, रामशास्त्री, हर्ष इत्यादि महापुरुषों की जीवनगाथाओं से किया है। कुछ व्यंग्यात्मक ढंग की शैली में भी लिखे गये हैं, जैसे 'अजीबोगरीब मुलाकात', 'निर्दोष की रक्षा'। इनकी कथावस्तु का निर्माण प्रामाणिक ऐतिहासिक ग्रन्थों तथा किंवदन्तियों से हुआ है। 'जालौक और भिखारिणी' तथा 'चन्द्रपीड़ और चर्मकार' की कथावस्तु संस्कृत के प्रसिद्ध ग्रन्थ 'राजतरंगिणी' से; 'शिवाजी का सच्चा स्वरूप' सर यदुनाथ सरकार के प्रसिद्ध ग्रन्थ 'शिवाजी ऐण्ड हिज टाइम्स' से 'निर्दोष की रक्षा' अरविन के अंग्रेजी के प्रसिद्ध ग्रन्थ 'लेटर मुगल्स' से; 'कृष्णाकुमारी' कर्नल हाड की प्रसिद्ध पुस्तक तथा डॉ. गौरीशंकर हीराचन्द ओझा के 'राजपूताने का इतिहास' से ली गई है। किसी समय या व्यक्ति विशेष के चरित्र को नाटकों में उतारने के पूर्व आप तत्कालीन जीवन, समाज, संस्कृति का अध्ययन करते हैं तथा वही वातावरण अपने नाटकों में उपस्थित करने का प्रयत्न करते हैं।

× × ×

सेठजी के मोनोड्रामा हिन्दी साहित्य में सर्वथा नूतन प्रयोग हैं। स्वीडन के प्रसिद्ध नाट्यकार स्ट्रेण्डवर्ग तथा अमेरिका के ओ'नील की शैली पर पाश्चात्य टेकनीक का अनुसरण करते हुए आपने चार मोनोड्रामे लिखे हैं—

1. 'प्रलय और सृष्टि'
2. 'अलबेला'
3. 'शाप और वर'; तथा
4. 'सच्चा जीवन'।

इन सबका विषय तथा प्रतिपादन भिन्न-भिन्न प्रकार का है। 'प्रलय और सृष्टि' के नायक ने चश्मा, नोटबुक, कलम, लाइट हाउस, टावर, घण्टा, बादल, धरती इत्यादि को सम्बोधन कर समाज और आधुनिक जनता की मनोवृत्तियों की आलोचना की है। 'अलबेला' में एक व्यक्ति घोड़े को सम्बोधन करके साहूकारों, जमींदारों तथा शोषकों के विरुद्ध विचार प्रकट करता है। यह समाजवादी ढंग की चीज है। 'शाप और वर' दो भागों में एक सताई हुई स्त्री मृत्यु से पूर्व अपने पति को सम्बोधन कर विगत जीवन की दुःखद स्मृतियों को प्रकट करती है। 'सच्चा जीवन' आकाशभाषित मोनोड्रामा है। एक युवक के मन में सच्चे जीवन

के सम्बन्ध में नाना शंकाएँ, विचार-संघर्ष उठते हैं। वह सोचता-विचारता है। अन्त में इस निष्कर्ष पर आ जाता है–'ठीक रास्ते पर चलना, बिना विघ्न-बाधाओं की परवाह किए चलना, अथक चलना, निष्काम चलना ही सच्चा जीवन है।' यह विचार और गूढ़ आध्यात्मिक चिन्तन-प्रधान मोनोड्रामा है।

आपके मोनोड्रामे चरित्र-चित्रण की आन्तरिक गुत्थियों का विश्लेषण करते हैं। एक ही पात्र के चरित्र के विभिन्न पहलुओं पर प्रकाश डालते और मूलभाव के अनुकूल वातावरण की सृष्टि करते हैं। विचारपक्ष में चिन्तनशील होते हुए भी सेठजी आदर्शवादी हैं। क्या सामाजिक और क्या ऐतिहासिक नाटक, सर्वत्र उनका आदर्शवाद झाँकता है। सामाजिक एकांकियों में व्यंग्य के साथ किसी-न-किसी रूप में एक स्वस्थ आदर्श की सृष्टि की गई है। ऐतिहासिक एकांकियों में आपका आदर्श अधिक स्पष्ट हो गया है। आपके कुछ पात्र जैसे शिवाजी, हर्ष, रामशास्त्री, चन्द्रपीड़, कृष्णाकुमारी, यशस्कर, बाजीराव इत्यादि आदर्शमय होकर पूजा-योग्य तथा अनुकरणीय हो गये हैं। जिस प्रकार प्रेमचन्द ने निम्न किसान वर्ग को अपने उपन्यास-कहानियों में मूर्तिमान कर दिया था, सेठजी ने उच्चमध्य वर्ग के सृष्टि, समाज के जीवन का सजीव और सफल चित्रण किया है। सामाजिक नाटक ही आपके क्षेत्र हैं। 'प्रसाद' ने अपने नाटकों द्वारा अतीत इतिहास को देखा था, सेठजी ने मुख्यतः वर्तमान जीवन और आधुनिक समस्याओं पर नाटकों की सृष्टि की है। इनकी पृष्ठभूमि में वैभव का वातावरण है; वैभव से झलमलाते हुए दृश्य, जिनमें रूप-रंग के साथ सूक्ष्म चित्रण भी है।

टेकनीक की दृष्टि से सेठजी युगान्तरकारी वर्ग के जाज्वल्यमान नक्षत्र हैं। अपनी मौलिक प्रतिभा एवं नाटकीय कौशल द्वारा आपने हिन्दी एकांकी में पाश्चात्य टेकनीक का प्रयोग, विशेषतः अपने मोनोड्रामा में, बड़ी कुशलतापूर्वक किया है। साहित्यिकता तथा सूक्ष्म अनुवीक्षण के अतिरिक्त आपका सबसे बड़ा गुण नाटकों का रंगमंचीय विधान है। सफल अभिनय के लिए इनमें सतत गतिमान कथानक और जीवित कथोपकथन है। नाटकीय क्षण को पकड़ने की सहज बुद्धि इनमें प्रचुरता से है। प्रत्येक एकांकी में एक ऐसे क्षण या जीवन के एक ऐसे पहलू का चित्रण है, जिसमें आन्तरिक एवं बाह्य दोनों प्रकार का संघर्ष है। चरम सीमा पर आकर सम्भाषणों का प्रवाह इसी उद्दीप्त क्षण पर केन्द्रित हो जाता है। सेठजी के कथानक चलायमान होते हैं और उनका कथोपकथन सरल और स्वाभाविक। ज्यों-ज्यों कथावस्तु चरम स्थिति के क्षण पर पहुँचता है, त्यों-त्यों कौतूहल की वृद्धि होती जाती है। प्रत्येक गति उत्सुकता की अभिवृद्धि करती है और नाटक केन्द्रबिन्दु पर आकर रोचकता में सबसे अधिक खिल उठता है। नाटक के मूलभाव को दर्शकों पर ठीक तरह डालने के लिए सेठजी निर्देशन के प्रति सजग रहते हैं; इसी कारण आप पाश्चात्य शैली की विस्तृत रंग सूचनाएँ प्रदान करते हैं। शॉ का प्रभाव रंग सूचनाओं पर स्पष्ट है। ये व्यापक, चित्रमय तथा सर्वांगपूर्ण हैं, जिनका उपयोग विशेषतः सही प्रभाव तथा उसे उद्दीप्त करने के लिए किया जाता है। पात्रों के रंगरूप, आयु, वस्त्र, आभूषण, वेशभूषा रंगमंच की

व्यवस्था का वर्णन बड़ी सतर्कता से किया जाता है। आपके दो एकांकियों 'धोखेबाज' तथा 'कृष्णाकुमारी' में आरम्भिक संकेत दो-दो पृष्ठों का है। इनमें केवल रंगभूमि के सम्बन्ध में लम्बी योजना ही नहीं, प्रत्युत प्रत्येक एकांकी की घटना के आरम्भ होने से पूर्व का इतिहास भी निर्देश कर दिया जाता है। तत्सम्बन्धी आवश्यक सभी सूचनाएँ मौजूद रहती हैं। निर्देशों में वातावरण की सृष्टि के साथ पात्रों के चरित्र पर भी विशेष प्रकाश डाला जाता है।

'उपक्रम' तथा 'उपसंहार' के प्रयोग आपकी महत्त्वपूर्ण देन है। 'उपक्रम' एक प्रकार का प्रवेश है, जिसमें पात्रों का परिचय करा दिया जाता है, वस्तुस्थिति एवं पूर्वकथा का समावेश इसी में रहता है; भविष्य के घटनाक्रम की एक अस्पष्ट-सी कल्पना दर्शक (या पाठक) के मन में उदित होती है। नाटक के अन्त में उपसंहार मुख्य दृश्यों के परिणामों को स्पष्ट करता है। सेठजी स्थल-संकलन को इतना आवश्यक नहीं मानते जितना काल-संकलन को मानते हैं। जब ऐसी परिस्थिति हो जाती है कि घटनाओं के मध्य में अधिक काल व्यतीत हो, तो आप एक ही समय में होनेवाली घटना को बीच के दृश्यों में रखकर मुख्य घटना के पूर्व वाली घटना को उपक्रम तथा बाद की घटनाओं को उपसंहार में रख देते हैं। इससे काल संकलन का निर्वाह हो जाता है। आपका मत है कि इन दोनों के प्रयोग से एकांकी की सौन्दर्यवृद्धि हो जाती है, पर इस प्रकार का उपयोग अनिवार्य नहीं है। सेठजी ने काल संकलन के निर्वाह के लिए जो उपाय काम में लिया, वह उनकी मौलिक सूझ का परिणाम है। खेद है, आगे आनेवाले हिन्दी एकांकीकारों ने इन दोनों साधनों का प्रयोग नहीं किया है। रेडियो में उपक्रम या उपसंहार की सूचना सूत्रधार द्वारा दी जा सकती है, पर रंगमंच पर यह कृत्रिम प्रतीत होती है। ऐसा प्रयोग अन्य भारतीय या पश्चिमी नाटकों में नहीं हुआ है।

उदयशंकर भट्ट

हिन्दी एकांकियों के लिखने की प्राचीन शैली को तोड़ते हुए, नवीन शैली का पाश्चात्य उपयोग करनेवालों में, मानव जीवन और समाज की सम्पूर्ण अभिव्यक्ति को स्पष्ट और सजीव बनाकर उच्च स्तर पर प्रतिष्ठित करानेवाले युग प्रवर्त्तक एकांकीकारों में उदयशंकर भट्ट का महत्त्वपूर्ण स्थान है। एकांकी साहित्य के उन्नायकों में श्री उदयशंकर भट्ट की प्रतिभा बहुमुखी है। वे एक कुशल नाट्यकार अथवा एकांकीकार ही नहीं, अपितु उदात्त और शक्तिशाली भावनाओं के कवि, आलोचक एवं प्राचीन संस्कृति के उद्भावक भी हैं। दुःखपूर्ण ट्रैजिडी लिखने के प्रारम्भिक प्रयोग आपके द्वारा सम्पन्न हुए थे। आपके एकांकी ऐतिहासिक, सांस्कृतिक, पौराणिक और सामाजिक, प्राचीन टेकनीक के विरुद्ध जीवन और आधुनिक समाज के यथार्थवादी चित्र हैं। एक ओर जहाँ आपने आदिम सभ्यता के विकास तथा वैवस्वत मनु द्वारा आर्यों की यश सभ्यता के विकास की अभिव्यंजना की है, वहाँ

दूसरी ओर आधुनिक सामाजिक समस्याओं पर व्यँग्यात्मक रूप से विद्युत्प्रकाश डाला है। हिन्दी एकांकी साहित्य को भट्टजी की सबसे बड़ी देन उनके भावनाट्य हैं। प्रसाद के पश्चात् भावनाट्य की परम्परा में आपका स्थान सर्वोच्च है।

भट्टजी मूलतः यथार्थवादी दृष्टिकोण लिये हुए हैं। आदर्श अन्ततः मानते हैं; आदर्श उसी सीमा तक है, जब तक वह उच्च जीवन की ओर उन्मुख करे। जनजीवन को मुखरित करने में आप प्रयत्नशील हैं। आपका साहित्य समाज को समुन्नत करने का एक प्रयोग है। आपकी कला, कला के लिए नहीं, वरन् जीवन परिष्कार के हेतु है। उससे आलोचना और व्यंग्य द्वारा समाज और व्यक्ति का परिष्कार हुआ है। संकेत, जो आधा छिपा हुआ, आधा प्रकट करता है, ही आपकी कला है। करुणा का सौन्दर्य आपने देखा और प्रकट किया है। पं. बद्रीनाथ भट्ट की परम्परा को चालू रखते हुए आपने अपनी नाटक सम्बन्धी धारणाएँ सन् 1917 में प्रकाशित की थीं। आपका विश्वास है कि हमारे देश में समाज की रूढ़ियों, दुराग्रही तथा मूढ़ताओं का उन्मूलन करने का साधन रंगमंच ही होगा।

भट्टजी की कला का विकास—यों तो आपने सन् 1922-23 में ही एकांकी-सृजन प्रारम्भ कर दिया था और सन् 1923 के आसपास के एकांकियों—'असहयोग और स्वराज्य' तथा 'चित्तरंजनदास' प्रस्तुत किये थे, पर ये केवल अभिनय की दृष्टि से प्रसूत हुए थे। दूसरे नाटक चित्तरंजनदास में स्वयं भट्टजी ने प्रमुख पात्र का अभिनय किया था। इन दोनों प्रारम्भिक रचनाओं में एकांकीकार की राष्ट्रीयता, कांग्रेस के आदर्शों के प्रति सहानुभूति तथा असहयोग आन्दोलन में दिलचस्पी की वृत्तियाँ प्रकट होती हैं। स्वतन्त्रता के नवप्रभात का सन्देश आपने हिन्दी जनता को सुनाया था। गति में आतुरता और विचारों में क्रान्ति मौजूद थी। 1924 से 1936 तक नाट्यकार राजनीति में खो गया। इस काल में कुछ कविताओं की रचना हुई थी। 1936 में हिन्दू-मुस्लिम समस्या; पारस्परिक घृणा और संघर्ष तथा क्वेटा भूकम्प से प्रभावित होकर आपने गाँधीवादी विचारधारा से आच्छादित एक घटनाप्रधान एकांकी 'एक ही कब्र में' (हंस, दिसम्बर, 1936) में लिखा था। 'दस हजार' (हंस के एकांकी विशेषांक, मई, 1938) में प्रकाशित हुआ था। 1935 से 1940 तक के मध्य पाँच सामाजिक एकांकियों की रचना हुई थी—1. 'दुर्गा', 2. 'नेता', 3. 'उन्नीस सौ पैंतीस', 4. 'वर निर्वाचन', 5. 'सेठ लाभचन्द'। इनमें से अधिकांश रचनाएँ 'सरस्वती' में प्रकाशित हुई हैं। सन् 1940 से 1942 के मध्य में 'स्त्री का हृदय', 'नकली और असली', 'बड़े आदमी की मृत्यु', 'विष की पुड़िया', 'जवानी' (नाट्य रूपक), 'मुंशी अनोखेलाल' आदि छह एकांकी लिखे गये। 1942-45 के मध्य भट्टजी की सर्वोत्कृष्ट प्रौढ़ रचनाओं की सृष्टि हुई है—1. 'आदिम युग' (प्रागैतिहासिक काल की संस्कृति का चित्र), 2. 'प्रथम विवाह' (प्रारम्भिक आर्य संस्कृति का चित्र), 3. 'मनु और मानव' (जल प्लावन के पश्चात् आर्य संस्कृति के विकास का एक चित्र), 4. 'कुमारसम्भव' (मध्यकालीन संस्कृति का चित्र), ये चारों नाटक सभ्यता के विकास में क्रम और परिस्थितियों के भिन्न चित्र हैं। इस प्रकार की टेकनीक के प्रयोग में ये चारों नाटक जहाँ सर्वथा नूतन और नये आदर्श प्रस्तुत

करनेवाले हैं वहाँ और नाटकों में संस्कृति के विकास पथ का चित्रण है। 'कुमारसम्भव' में कलावाद का पक्ष प्रबल किया गया है और कालिदास की महत्ता का सभी परवर्ती कवियों द्वारा बड़े कौशल से स्वीकार कराया गया है। नाटककार ने कालिदास को सुरासेवी दिखाकर इसे कविता की प्रेरक शक्ति के रूप में दिखाया है। नैतिक दृष्टि से यह मान्य न हो किन्तु कलावाद का जो पक्ष प्रस्तुत किया गया है, उसमें इसकी अवहेलना नहीं की जा सकती।

1945-48 तक के मध्य कुछ सामाजिक एकांकी लिखे गये थे। ये हैं–1. 'समस्या का अन्त', 2. 'गिरती दीवारें' (19वीं सदी का एक चित्र), 3. 'पिशाचों का नाच', 4. 'बीमार का इलाज', 5. 'आत्मदान', 6. 'जीवन' (प्रतीक रूपक), 7. 'वापसी', 8. 'मंदिर के द्वार पर', 9. 'दो अतिथि' (व्यंग्य प्रहसन)। इन एकांकियों में मनुष्य के नौ प्रकार की विभिन्न मानसिक प्रवृत्तियों का चित्रण है। इन प्रवृत्तियों का वास्तव और अवास्तव रूप में प्रस्फुटन हुआ है। इनमें कुछ नाट्य सुधारवादी और समस्यामूलक दृष्टिकोण से लिखे गये हैं। प्रत्येक नाटक एक समस्या का समाधान करते हुए विषमता की कलात्मकता प्रदान करता है।

सन् 1949 में छह नये सामाजिक नाटकों का निर्माण हुआ है–1. 'अघटित', 2. 'अन्धकार', 3. 'नये मेहमान', 4. 'नया नाटक', 5. 'विस्फोट' और 6. 'धूमशिखा'। इन पर रेडियो टेकनीक की छाप है। केवल 'विस्फोट' को छोड़कर शेष रेडियो पर प्रसारित हो चुके हैं। इन नाटकों में लेखकों ने अनुभूति के द्वार खटखटाकर निकलने की चेष्टा की है। वे अपने पात्रों के रूप में भी कुछ नये अभीष्ट चित्र उपस्थित कर सके हैं।

इनके अतिरिक्त 'नवभारत' एकांकियों के अन्तर्गत ऑल इण्डिया रेडियो, दिल्ली से 'गाँधी का रामराज्य', 'धर्म परम्परा', 'इकला चलो रे', 'अमर प्रार्थना', 'विक्रमोर्वशी', 'कालिदास', 'मालती माधव' (अनुकूलन), 'मेघदूत', 'उत्तर-रामचरित' (अनुकूलन), 'हिमालय के शिखर से', 'वन महोत्सव' आदि प्रसारित हो चुके हैं।

जैसा ऊपर निर्देश किया जा चुका है, भट्टजी की सबसे बड़ी विशेषता उनके भावनाट्य हैं। आपके 'विश्वामित्र', 'मत्स्यगंधा', तथा 'राधा' एकांकियों में काव्यमय क्षणों के नाटकीय चित्र हैं। कुल मिलाकर भट्टजी के तीस एकांकी, आठ रूपक तथा तीन भावनाट्य इस क्षेत्र में आ चुके हैं।

भट्टजी के एकांकी-साहित्य के चार उत्थान

प्रथम उत्थान (1935-40) में भट्टजी गाँधीवादी विचारधारा और सुधारवाद दृष्टिकोण से प्रभावित हैं। आपके प्रथम एकांकी एक ही कब्र में हिन्दू-मुस्लिम समस्या पर खड़ा होता है। मुस्लिम लीग के मुसलमानों की हिन्दुओं से पृथक् करने के सिद्धान्त को आलोचना का विषय बनाया गया है। नाटककार ने यह चित्रित करने का प्रयत्न किया है कि हिन्दू-मुसलमानों में कोई भेद नहीं है। दुर्गा में सामन्ती युग की विकृतियों पर व्यंग्य है। 'नेता' में दिखावटी समाज सुधारकों पर व्यंग्य के साथ प्रतिक्रियावादी तीखा प्रहार है। 'उन्नीस सौ पैंतीस' में शिक्षित युवकों का अवसादमय चित्र खींचा गया है। 'वर निर्वाचन' आधुनिक

शिक्षित युवतियों का उपहास है। ये सभी एकांकी तत्कालीन समाज और व्यक्तियों पर व्यंग्य हैं; कल्पना के चमत्कार पाने की सतत चेष्टा, जीवन के भेदाभेद पहचानने का भी प्रयत्न है। चमत्कार को जीवन के साथ घटाकर यथार्थ मानों को लाने की चेष्टा की है; नाटक के सौन्दर्यवाद के साथ वस्तु की अभिनव ग्रन्थ को नाटक का उत्कर्ष मानकर चलने का यत्न है। लेखक ने विस्मयात्मक अन्त तथा संवाद की प्रगल्भता पर जोर दिया है। भट्टजी के पात्र परिस्थिति में पलने वाले हैं, परिस्थितियों से लोहा लेकर उन्हें परिवर्तन करने वाले नहीं। लेखक स्वयं परिस्थितिवादी प्रतीत होता है। उस वर्ष के एकांकियों में जीवन संघर्ष करने की प्रेरणा तो नहीं मिलती, हास्य-व्यंग्यात्मक मनोरंजन अवश्य प्राप्त होता है। लेखक के चरित्र-चित्रण की कुशलता उत्तरोत्तर विकास पथ पर है। अफीम के गुलाम, एक राजपूत आधुनिक वाग्वीर नेता, बेकार ग्रैजुएट, नासमझ, पाश्चात्य शिक्षा-प्राप्त भारतीय लड़कियों का अंकन सफलता से हुआ है। इसमें जो त्रुटियाँ हमें खटकती हैं, वे ये हैं—कथोपकथन लम्बे, तर्क बोझिल और बातचीत में अस्वाभाविकता। एकांकी घटनाप्रधान हैं। सामाजिक समस्या और गाँधीवादी विचारधारा से प्रभावित हैं किन्तु ये भावी विकास की ओर इंगित करते हैं। इनमें कपोल-कल्पना नहीं। गहरा यथार्थवाद है।

द्वितीय उत्थान (1940-42) में भट्टजी यथार्थवाद की ओर और भी अधिक झुके हैं। इस काल के सर्वोत्तम नाट्य-रूपक 'जवानी' के अतिरिक्त शेष नाट्य यथार्थवादी हैं। इनमें गिरी हुई मानवता के प्रति नाट्यकार की सहानुभूति प्रकट हुई है। 'स्त्री का हृदय'; 'नकली और असली' तथा 'विष की पुड़िया' में पीड़ित और परिस्थितियों के बीच फँसी हुई मानवता के प्रति लेखक की सहानुभूति प्रकट हुई है। रुपये-पैसे जैसी कृत्रिम वस्तु ने मानव समाज में कैसा तुमुल द्वन्द्व उत्पन्न कर दिया है, उसका चित्रण लेखक ने 'दस हजार', 'बड़े आदमी की मृत्यु', 'नकली और असली' तथा 'स्त्री का हृदय' में भिन्न-भिन्न दृष्टिकोणों से किया है। आदर्श की ओर थोड़ा-सा संकेत करते हुए नाट्यकार प्रगति और उत्थान की ओर बढ़ने के लिए प्रेरित करता है। इन नाटकों में विचार और प्रतिपादन की प्रौढ़ता आ गई है। कुछ नाटकों में पूँजीवाद तथा उसके संस्कारों पर प्रहार किया गया है। 'स्त्री का हृदय' अर्थ और नैतिक आचरण की समस्या को स्पर्श करता है। 'बड़े आदमी की मृत्यु' आज की पूँजीवादी कृत्रिमता के मुँह पर एक तमाचा है। इस काल के एकांकियों में मनुष्य के विभिन्न कृत्रिम रूपों पर व्यंग्य है। "अनुभूति ने उन चित्रों को प्रौढ़ से प्रौढ़तर बना दिया है।" इस कृत्रिमता की ओर संकेत ही नाट्यकार के यथार्थवद का साधन है, साध्य नहीं है। हम अपने आपको पूँजीवाद के हाथों बेचकर अपना कल्याण नहीं कर सकते, यही उनकी अन्तर्ध्वनि है।

तृतीय उत्थान (1942-46) तक आते-आते भट्टजी समाज के तीव्र अन्वेषक, कटु आलोचक और पक्के यथार्थवादी बन गये हैं। इस उत्थान के नौ नाटकों में नौ विभिन्न मानसिक प्रवृत्तियों का चित्रण आलोचक के नेत्रों से प्रस्तुत किया गया है। इनमें बौद्धिक तत्त्व हमें विशेष रूप से आकृष्ट करता है। जीवन के द्वार पर खड़े होकर नाट्यकार समाज

की आलोचनाएँ करता है। पात्रों में यथार्थ एवं वस्तुवादी सामग्री का ठोस एकत्रीकरण है। संस्कृति, परम्परा रूढ़ि एवं विश्वासों को युग के नये मापदण्डों से वह परीक्षा करता हुआ प्रतीत होता है। इनमें स्वतन्त्रता प्राप्ति के पश्चात् भी भारतीय जीवन के उत्तरोत्तर परिष्कार और सुधार की आवश्यकता की ओर संकेत है। उन्होंने ये यथार्थवादी चित्र इस खूबी से प्रस्तुत किये हैं कि हमारे सामाजिक, राजनैतिक और नैतिक जीवन की कमजोरियों की ओर निर्देश हो जाता है। इनमें विकृत अहं की उत्पत्ति तथा उसके द्वारा समाज में फैलाये हुए संघर्ष का भी चित्रण है। यह अहं ही विकसित होकर युद्धों के रूप में फूट पड़ता है। उसकी उत्पत्ति विकृत शिक्षा तथा रूढ़ि संस्कारों से होती है। समस्या का अन्त नाटक में मानविक का बलिदान तथा उसके साथ ही कामरथ और भद्रकगण का पारस्परिक द्वेष, कटुता और पटुता का अन्त होना विकृति अहं का ही सूचक है। 'गिरती दीवारें' में पुरानी रूढ़ियों का चोगा पहनने वाले 19वीं सदी के एक रूढ़िवादी राव साहब की परम्परा पर व्यंग्य है। 'पिशाचों का नाच' में मानव की क्रूरता, पाशविकता, धर्म की आड़ में उन्माद, बदमाशी, पशुता का ताण्डव है। 'बीमारी का इलाज' में भिन्न-भिन्न प्रकार के चिकित्सकों पर जनता की आस्था, दृष्टिकोणों का संघर्ष, पुराण पंथीपन, झाड़फूँक इत्यादि पर व्यंग्य है। 'आत्मदान' में आधुनिक शिक्षित नारी के स्वछन्द प्रेम, स्वतन्त्रता और उत्सुकता पर प्रहार है; पुरातन भारतीय आदर्शों का पोषण है। आज का मनुष्य रुपये के मोह में मानवता का महत्त्व विस्मृत कर बैठा है। सच्चा प्रेम, त्याग, सेवा भावना लुप्त हो चुकी है—यह भाव 'वापसी' में चित्रित किया गया है। 'मन्दिर के द्वार पर' हिन्दुओं में वर्गभेद, संकीर्णता, छुआछूत, मन्दिरों के अत्याचारों की झाँकी है। 'दो अतिथि' आर्यसमाज के महाशय टाइप उपदेशकों के खाऊपन पर व्यंग्यात्मक प्रहसन है। इन नाटकों का यथार्थवाद इस कलात्मक ढंग से प्रसूत है कि समाज अथवा मध्यवर्ग की कमजोरी की ओर स्पष्ट संकेत करता है। ये नाटक जितने यथार्थ हैं, उतने ही प्रभावशाली भी हैं। 'जवानी' (प्रतीक रूपक) गम्भीर तथा संकेतवादी प्रणाली पर लिखा गया है। संकेत बौद्धिक होते हुए भी अर्थों में चमत्कारपूर्ण है। 'पिशाचों का नाच', 'वापसी', 'गिरती दीवारें' तथा 'समस्या का अन्त' समस्यामूलक यथार्थवादी जीवन के चित्र हैं। 'आत्मदान', 'मंदिर के द्वार पर', 'दो अतिथि' और 'बीमार का इलाज' सुधारवादी दृष्टिकोण से लिखे गये हैं। इन सभी के उद्देश्य के प्रति घटनाओं में तीक्ष्णता है। लेखक नाटककार के प्रति सजग है। एक नाटक में वह स्वयं विकृत अहं का शिकार हो गया है। इनकी टेकनीक पर रेडियो का प्रभाव है। इनमें कुछ रेडियो के लिए ध्वनि प्रधान बनाये गये हैं तथा उनका विशेष गुण वाचिक तीव्रता है। 'आत्मदान', 'गिरती दीवारें' इत्यादि नाटकों में आंगिक अभिव्यक्ति को कम करके वाचिक अभिव्यक्ति की वृद्धि की गई है। प्रायः सभी नाटकों का दृष्टिकोण सृजनात्मक, सुधारवादी एवं प्रगतिशील है। इतने पर भी रंगमंच की दृष्टि से इनमें कोई त्रुटि नहीं है।

चतुर्थ उत्थान (1946-1952) में नाट्य क्रम अपने विकास की सर्वोच्च सीमा पर पहुँचा है। इसमें 1. 'धूमशिखा', 2. 'विस्फोट', 3. 'नया नाटक', 4. 'नये मेहमान',

5. 'अंधकार और प्रकाश', 6. 'अघटित', 7. 'मनुष्य के रूप', 8. 'शशिलेखा', 9. 'क्रान्तिकारी विश्वामित्र' आदि एकांकियों की सृष्टि हुई है। इनमें एक निष्पक्ष एवं तटस्थ अनुवीक्षक की दृष्टि से कलाकार ने समाज और साहित्य को देखने का प्रयास किया है। वह किसी वर्ग या समाज की मान्यताओं से नहीं बँधा है। साहित्यिक प्रोपेगेण्डा से दूर वह साहित्यिक जीवन की प्रगति विगति का निष्पक्ष विचारक है। जैसे वह सबका होते हुए भी तटस्थ रहकर मानव समाज की प्रकृति-विकृति का आलोचक है, वैसे ही वह किसी भी वाद से बँधकर अपने रूप को खो भी नहीं देता। उसके हृदय में मानव के प्रति सद्भावना का तीव्र लक्ष्य ही उसके अस्तित्व को सुरक्षित रखता है। उस सुरक्षा में वह जीवित रहकर बड़े साहित्य की पूर्ति में लगा रहता है। इसलिए न वह साम्राज्यवादी है, न सोशलिस्ट, न कम्यूनिस्ट। उसका अपना वाद है और वह है विवेकपूर्ण मानवतावाद, जिसके लिए उसने लेखनी उठाई है और जीवन के विकृत अंगों पर तीक्ष्ण प्रहार करने का सदुद्देश्य ग्रहण किया है। इसी दृष्टि से जब वह सरकार का समर्थक है, वहाँ जनता की उद्दंडता का विरोधी भी है। दोनों में एक दूसरे के द्वारा परस्पर हित के लिए किये गये प्रयत्नों की स्थायी समता का केन्द्रबिन्दु होकर अपने कृतित्त्व को सार्थक करता है। वह जीवनयोग्य तत्त्वों को खोजकर मानव के सामने रखता है। इसी लोक में सबके लिए स्वर्ग बना देने की प्रबल आकांक्षा उसके मन में है। (देखिए 'धूमशिखा' पृष्ठ छह, आमुख) इन नाटकों में मनोविज्ञान का उपयोग हुआ है तथा नाट्यकार अन्तर्मुखी हो गया है। 'धूमशिखा', 'अन्धकार और प्रकाश' नाटक में पात्रों का मनोविज्ञान हमें विशेष रूप से आकृष्ट करता है। इनकी समस्याएँ नवीनतम, संघर्षपूर्ण और यथार्थवादी हैं। बीसवीं सदी का सामाजिक, पारवारिक और राजनैतिक जीवन इनमें चित्रित है। मन्दाकिनी, महेन्द्र और ललित के रूप में उसने कुछ पात्रों से नये रूप उपस्थित किये हैं। एक व्यापक दृष्टिकोण से भट्ट जी समाज, व्यक्ति और साहित्य को विनाशकारी कीटाणुओं से मुक्त करना चाहते हैं। उनका सन्देश है—'चलो, अन्धानुकरण मत करो, सोचो और प्रयोग करो।' वे निष्पक्ष भविष्यद्रष्टा हैं। अनुभूतियों के सहारे खड़े होने के कारण ये नाट्य समस्याओं की दृष्टि से तो नये हैं ही, पात्रों के रूप में भी कुछ नवीन चित्र उपस्थित कर सके हैं। भाषा में काव्य सुषमा है और है मार्मिक सुगमता। रंग सूचनाएँ भुवनेश्वर और शॉ की तरह सूक्ष्मता, प्रभाव योजना और कलात्मकता की दृष्टि से लिखी गयी है।

भट्टजी की मूल प्रवृत्तियाँ—भट्टजी ने समाज की प्रवृत्तियों को सूक्ष्मता से देखा है। आपका एकांकी साहित्य मूलतः समाज की आलोचना तथा सांस्कृतिक पुनरुत्थान से सम्बन्धित है। यद्यपि आपके प्रारम्भिक एकांकी राष्ट्रीय भावनाओं से प्रेरित थे, तथापि आगे के नाटकों में आपने सामाजिक आचार-विचार, रूढ़िवादी रीति-रिवाजों का खण्डन, समाज की कृत्रिम रहन-सहन का उथलापन, जीर्ण-शीर्ण सामाजिक नियम, दकियानूसी बन्धन, समाज के दुराग्रह, मूढ़ताएँ तथा रूढ़ियों को अपने एकांकियों का विषय बनाया है। आपके व्यंग्यप्रधान एकांकियों—'बीमार का इलाज', 'बड़े आदमी की मृत्यु', 'दो अतिथि', 'वापसी',

'विस्फोट' तथा 'नये मेहमान' आदि—में आपकी उग्रता विशेष रूप से प्रकट हुई है। प्रतीक एकांकियों में लक्षितार्थ और वाच्यार्थ की गम्भीरता है। कुछ एकांकियों (जैसे 'पिशाचों का नाच') में नाट्यकार स्वयं विकृत अहं का शिकार हो गया है।

सांस्कृतिक दृष्टिकोण से भट्टजी ने विशेष अध्ययन कर नये प्रकार के गवेषणात्मक एकांकियों को जन्म दिया है। इनमें प्रारम्भिक आर्य-संस्कृति, प्रागैतिहासिक काल, महामानव मनु के काल की संस्कृति, वैदिककालीन भारतीय संस्कृति, मध्यकालीन संस्कृति चित्रित है। इनके अतिरिक्त आपने आधुनिक जीवन तथा समाज की उथल-पुथल, सामाजिक समस्याएँ और आकुल अभिव्यक्तियाँ भी चित्रित की हैं। इनके अन्तर्गत आपने समाज, धर्म, राजनीति और साहित्य के साथ मानव मन की दुर्बलता, रूढ़ियों तथा दुराग्रहों के चित्र प्रस्तुत किये हैं।

भट्टजी की अनूठी देन : भाव नाट्य—हिन्दी एकांकी साहित्य को भट्टजी की अनूठी देन उनके भाव नाट्य 'विश्वामित्र' (1928), 'मत्स्यगन्धा', 'राधा' (1941) हैं। अन्य एकांकियों में जहाँ बुद्धिवाद की प्रचुरता है, वहाँ इनमें भावों की प्रधानता के साथ अन्तर्जगत् में उठनेवाले नाना घात-प्रतिघातों को चित्रित करने का प्रयत्न किया गया है। अन्तर्द्वन्द्वों को चित्रित करने में भट्टजी को विशेष सफलता प्राप्त हुई है। इनमें न घटनाओं की प्रधानता है, न कथा की; प्रत्युत अन्तर्जगत् के भावों तथा संघर्ष की प्रधानता है। एकांकी नाटकों की आत्मा, अन्तर्जगत् के भावों की उथल-पुथल अथवा संघर्ष यहाँ सजग है; गतियाँ उनके भावों को सुन्दर तथा आकर्षक बनाने का प्रयत्न करती हैं; शारीरिक प्रदर्शन के स्थान पर मानसिक भावना की प्रधानता है। प्राकृतिक दृश्यों का उपयोग उद्दीपन के लिए किया गया है। 'विश्वामित्र' एक प्रकार का रूपक है जिसमें हमारी संस्कृति में नर-नारी के पारस्परिक संघर्ष का संकेत है। जहाँ नर-नारी आदिकाल में अपने अस्तित्व को सुरक्षित रखने के लिए विकास के नये-नये तरीके अख्तियार किये हैं, वहाँ नारी ने केवल अपने सौन्दर्य, आकर्षण, प्रेम और विश्वास से अपनी रक्षा की है। यह कलात्मक सृष्टि है जिसके भाव, हलचल, गति, सजीवता मानो जीवन और समस्याओं का एक कटा हुआ टुकड़ा है। इसका आकाशवाणी से सफलतापूर्वक प्रसारण भी हो चुका है।

मत्स्यगन्धा छह दृश्यों में महाभारत की सत्यवती के प्रेमाख्यान पर आधारित चरित्रप्रधान एकांकी है। इसमें सफल एकांकी के अनेक तत्त्व मौजूद हैं। मनोरम, शृंगारप्रधान वातावरण में प्रारम्भ, अनंग के कार्यकलाप में आश्चर्य, भावी घटनाओं के प्रति कौतूहल, मत्स्यगन्धा की विवेकवृद्धि और ऋषि की वासना में संघर्ष, उसके रानी बनने में चरम सीमा, फिर आजीवन यौवन के ताप में दग्धता। 'राधा' चार दृश्यों का गीतनाट्य है, जिसमें राधा का विरह अधिक खिला है। दार्शनिक दृष्टि से 'राधा' में पुष्टि मार्ग का निरूपण किया गया है, भ्रमरगीत की इस पर छाप है। प्राकृतिक पृष्ठभूमि का बड़ी कुशलता से प्रयोग किया गया है। राधा को प्रथम दर्शन में हम प्राकृतिक सौन्दर्य से सम्पन्न युवती के रूप में देखते हैं। तृतीय दृश्य में नाटककार ने अपनी विवाह प्रणाली पर विचार व्यक्त किये हैं। धर्म के

विषय में कृष्ण की कुछ उक्तियाँ बड़ी सारपूर्ण हैं। भाव तथा रस की दृष्टियों से तीनों भाव नाट्य अत्युत्तम हैं। इनमें शृंगार रस का कलात्मक विवेचन तो है ही, शोक, चिन्ता, आकुलता स्मृति आदि अन्तर्जगत् के भावों के संघर्ष का अच्छा चित्रण किया गया है। मृदु गीत इन एकांकियों में प्राण प्रदान कर देते हैं। सभी नाटकों में स्त्री-पात्रों की प्रधानता है; पुरुष पात्र गौण हैं तथा निर्बलताओं से परिपूर्ण हैं; केवल योगिराज कृष्ण ही अपने पुरातन स्वरूप में प्रकट हुए हैं। तीनों भावनाओं में शृंगार रस की पूर्ण निष्पत्ति हुई है। 'मत्स्यगन्धा' के कुछ पद्यों में पूर्णतः लाक्षणिक तथा प्रतीक भावना से काम लिया गया है। उसके रूप में अनेकों जीवन के रूपक क्रमशः उपस्थित हो गये हैं। छायावाद का वह प्रभाव भट्टजी के एकांकियों पर है, जो युग की भावना के संघर्ष से स्पष्ट हुआ है।

उनके एकांकियों का संविधान—भट्टजी के एकांकियों का संविधान रंगमंचीय है तथा उन्हें सरलता से अभिनीत किया जा सकता है। सामाजिक एकांकियों के लिए तो आडम्बरविहीन साधारण से रंगमंच से काम चल सकता है। कुछ को छोड़कर प्रायः सभी एकांकी एक लम्बे दृश्य में ही पूर्ण हो जाते हैं। कुछ में पूर्व कथा दी हुई है तथा प्रारम्भिक विकास संघर्ष को पार करके तीव्रता से चरमोत्कर्ष की ओर बढ़ते हैं। पात्रों का परिचय नाट्यकार द्वारा प्रदान किया जाता है। कुछ नाटक रेडियो टेकनीक पर लिखे गये हैं, जिसका अच्छा अनुभव एकांकीकार के पास है। इनके पात्रों में यथार्थ एवं ठोस वस्तुवादी सामग्री का एकत्रीकरण है। कुछ पात्र वर्गों का प्रतिनिधित्व करते हैं, जैसे 'गिरती दीवारें' में रायसाहब प्राचीन रूढ़िवादिता का और प्रद्युम्नकुमार नयी रोशनी का; 'आत्मदान' में सरला स्वच्छन्दताप्रिय आधुनिक नारी का तथा सुषमा प्राचीन विचारधारा की पतिव्रता नारी का। प्रायः सभी पात्र यथार्थ के सन्निकट हैं। ये हमारे समाज की नाना समस्याओं से लिपटे हुए हैं। सांस्कृतिक नाटकों में प्रेम वश कुछ पात्र देवता बन गये हैं किन्तु उनकी महानता को अक्षुण्ण रखने का प्रयत्न किया गया है। स्वायंभुव मनु शतरूपा सृष्टि के आदिम स्त्री-पुरुष थे। इन पात्रों का निर्माण प्राचीन ग्रन्थों के आधार पर हुआ है। सरस्वती, शिव, पार्वती, गणेश इत्यादि देवताओं की सृष्टि कल्पनाप्रसूत न होकर ठोस पौराणिक आधारों पर है। ऐतिहासिक पात्र सम्राट चन्द्रगुप्त, कालिदास, धन्वंतरि आदि इतिहास के अध्ययन पर आधारित हैं। प्रतीकात्मक सांकेतिक नाटकों में काम, जरा, वासना, यौवन, आगन्तुक (विचारक), स्त्री (स्मृति), युवती (जवानी)—सब काल्पनिक प्रतीक हैं। नाट्यकार ने सबसे अधिक रचना चातुर्य इन्हीं पात्रों के निर्माण में प्रदर्शित किया है।

भट्टजी का रंगनिर्देश लम्बा तथा व्यापक है। धूमशिखा के एकांकियों के संकेतों में स्थान, वातावरण एवं पात्र सम्बन्धी सभी ज्ञातव्य बातें, सूक्ष्म से सूक्ष्म तत्त्व, कार्यकलाप, बैठने की स्थिति तक दी जाती है। पाश्चात्य टेकनीक का प्रत्यक्ष अनुकरण यहाँ है। रंग निर्देशों में ही पात्रों का चित्रण संक्षिप्त किन्तु अपने आपमें पूर्ण होता है। कुछ रंगमंच निर्देश केवल प्रभाव व्यंजना के लिए ही प्रयुक्त हुए हैं, जैसे—

"...दिखाई देता है प्यालों की चाय में नगेश के पत्र की प्रत्येक पंक्ति और सम्पादक

का विश्लेषण धुएँ के साथ प्रत्येक सदस्य के मस्तिष्क के रूढ़वादी कीड़ों को सतर्क कर रहा है।" (धूमशिखा)

सामाजिक एवं समस्यात्मक नाटकों की भाषा सरल, स्वाभाविक एवं पात्रों के अनुकूल है। स्त्रियों की बातचीत में उनके चरित्र तथा तकियाकलाम को प्रकट करनेवाली भाषा का उपयोग किया गया है। सांस्कृतिक एकांकियों में विविध प्रकार की भाषा के प्रयोग चारित्रिक विकास को दृष्टिगत रखकर किये गये हैं। 'कुमारसम्भव' में शुद्ध साहित्यिक संस्कृत मिश्रित भाषा का प्रयोग किया गया है। इसके गीत भावपूर्ण एवं मृदु हैं। भट्टजी ने स्वगत का प्रयोग किया है। भाव नाट्यों की भाषा माधुर्य से ओतप्रोत है। 'राधा' में नारद द्वारा गीत गोविन्द के कुछ पद कहलवाये हैं, जो मार्मिक, विशद और अवसरानुकूल हैं।

लक्ष्मीनारायण मिश्र

मिश्रजी के एकांकियों में पाश्चात्य प्रभाव अपेक्षाकृत जल्दी ही प्रकट हो चुका था, किन्तु उसका मूल स्रोत अंग्रेजी साहित्य न होकर संस्कृत नाट्य साहित्य है। आपका 'अशोक' (1925) पुरानी पद्धति पर विरचित है, किन्तु 'संन्यासी' (1927) प्रसादजी की कृत्रिम भावुकता, अतिरंजन और शेक्सपियर वाली काव्यमयी पद्धति के विरुद्ध एक क्रान्तिकारी प्रयास था। प्रसाद के चरित्र निर्माण में जो मनोवैज्ञानिक भूलें हैं, उनकी प्रतिक्रियास्वरूप 'संन्यासी' की सृष्टि हुई थी। मिश्रजी का जीवन दर्शन निजी है। ऊपरी आकार-प्रकार, भाषा, संवाद, व्यंग्य आदि पर अवश्य ही थोड़ा प्रभाव इब्सन और उसके बाद के नाट्यकारों का पड़ा है, पर भीतरी भावलोक भारतीय है, कालिदास और भास की परम्परा में है। प्रसाद के नाटकों की काव्यमयी कृत्रिमता, मनोवैज्ञानिक प्रभाव और संघर्ष या द्वन्द्व की आँधी के विरुद्ध मिश्रजी ने नाटकों में स्वाभाविकता, सांस्कृतिकता का अनुभव, मनोवैज्ञानिक अन्तर्दृष्टि और बुद्धिवाद का प्रयोग कर हिन्दी एकांकी को पाश्चात्य एकांकी के समक्ष ला खड़ा किया है। अतिरंजित और काल्पनिक साहित्य न लिखकर मिश्रजी ने जीवन के स्वर में यथार्थवादी साहित्य का निर्माण किया है।[1]

मिश्रजी बुद्धिवादी हैं, इसलिए उनका नाट्य साहित्य विवेक, तर्क, मनोविज्ञान का साहित्य है, अन्धविश्वास या परम्परा निर्वाह का नहीं। वे जीवन की ऊपरी सतह को उठाकर स्त्री पुरुष, धर्म, सदाचार, जीवन और मृत्यु का चिरन्तन स्वरूप हमारे सामने उपस्थित करते हैं।[2]

मिश्रजी के 'राक्षस का मन्दिर' और 'मुक्ति का रहस्य' 1930 में प्रकाशित हुए थे।

---

1. "इब्सन ने पश्चिम के नाटक-साहित्य में जो नयी बातें पैदा की थीं, और जिस पर सभी पश्चिमी नाटककार अभी तक चलते आ रहे हैं, वह यूरोप के लिए नयी थी, पर भास के नाटक 'चक्र' का पता जिन्हें है, वे जानते हैं कि इस देश के साहित्य में, भरत मुनि ने लोकवृत्ति के अनुकरण का जो सिद्धान्त अपने नाट्य-शास्त्र में रखा था, उसी पर यहाँ के कवि और नाटककार चलते रहे हैं।"
—लक्ष्मीनारायण मिश्र–'मुक्ति का रहस्य', भूमिका से।

2. " 'संन्यासी' और 'राक्षस का मन्दिर' लिख चुकने के बाद मैं इस बात को अस्वीकार नहीं कर सकता कि मेरी प्रकृति बुद्धिवाद की ओर चली है।" —वही।

'राजयोग' तथा 'सिन्दूर की होली' 1933 में लिखे गये थे। एकांकियों में आपके 1. 'शोकधन' (संग्रह), 2. 'प्रलय के पंख पर' (संग्रह), 3. 'एक दिन', 4. 'कावेरी में कमल' (1951), 5. 'बलहीन' (1952), 6. 'नारी का रंग', 7. 'स्वर्ग में विप्लव' (1947) इत्यादि विशेष प्रसिद्ध हैं। इनमें पौराणिक, ऐतिहासिक, राजनैतिक और सामाजिक सभी प्रकार की समस्याओं को बुद्धिवादी, मनोवैज्ञानिक विवेचना का विषय बनाया गया है। ये न केवल मनोरंजक और ज्ञानवर्द्धक हैं, प्रत्युत अभिनीत भी किये जाने योग्य हैं। कथोपकथन प्रभावपूर्ण एवं मनोवैज्ञानिक अन्तर्दृष्टि से परिपूर्ण है।

इसके अतिरिक्त विदेशी साहित्य का बुद्धिवाद, यथातथ्यवाद, चिरन्तन नारीत्व की समस्या, प्रकृति की ओर प्रतिवर्तन का अनुरोध, जीवन के भौतिक सत्यों की निर्भ्रान्त स्वीकृति आदि संकुल प्रवृत्तियाँ उनके मन में काम कर रही हैं। भारत की अपनी समस्याएँ हैं। यहाँ की आध्यात्मिकता का भी उन पर प्रभाव है।

मिश्रजी के एकांकियों पर नवीन प्रभाव दो प्रकार से दृष्टिगोचर होता है—

1. अन्तरंग तथा बहिरंग में परिवर्तन, 2. बहिरंग में कृत्रिमता के सब साधन; जैसे कृत्रिम भाषा, स्वगत, संगीत, भरतवाक्य, वर्णनात्मकता को बहिष्कृत किया है। अन्तरंग में मनोवैज्ञानिक पृष्ठभूमि, मूक अभिनय, अनुभाव चित्रण, भारत जीवन दर्शन के अनुरूप परिस्थितियों तथा व्यापारों के गठन का प्रचलन किया गया है। आपकी नाट्य कला में भारतीयता को लिये हुए प्राचीनता से प्रेरणा है, साथ ही पाश्चात्य प्रभाव को लिये हुए नवीनता की ओर चेतना।

इसके पश्चात् कितने ही एकांकीकार आपके यथार्थवादी मार्ग पर चले। अब तो समस्या एकांकी का बाहुल्य है, किन्तु मिश्रजी ने पाश्चात्य साहित्यकारों के दृष्टिकोण मात्र को ही अपनाया और अपनी मौलिक प्रतिभा से हिन्दी में समस्या एकांकी का सूत्रपात किया था। आपके एकांकी में आपका निजी व्यक्तित्व तथा भारतीयता पूर्णरूप से रक्षित है।

मिश्रजी में नवीन युग की स्वाभाविकता, बुद्धिवाद तथा मनोवैज्ञानिक चेतना विकसित हुई है। देश की वर्तमान तथा अतीत की समस्याओं के विषय में वे गहनता से विचार करते हैं और समस्या के हल के रूप में अपने नाटक प्रस्तुत करते हैं। सर्वत्र हमें उनका नया रूप, नयी व्याख्या और नया दृष्टिकोण उपलब्ध है। एक ओर देश की राजनैतिक, सामाजिक या रूढ़िगत पारिवारिक समस्या को उठाकर उस पर प्रकाश फेंकते हैं और निजी सुझाव उपस्थित करते हैं, तो दूसरी ओर पौराणिक कथानक को उठाकर उसमें नवीन समस्याओं का समावेश कर देते हैं। नूतन सामयिक ढंग से पुरानी मान्यताओं की व्याख्या आप ही कर सकते हैं। कल्पना से कई नया दृश्य वे बना सकते हैं। किन्तु उसमें भी वही बुद्धिवाद तथा मनोवैज्ञानिक दृष्टिकोण मुखरित होता है। पलायनवाद, कृत्रिम भावुकता, अतिरंजित आवेश के वे विरोधी हैं।

इब्सन के समस्या नाटकों में राजनैतिक एवं सामाजिक समस्याओं ने प्रमुख स्थान प्राप्त कर लिया है। व्यक्ति की समस्या, सेक्स की मूल समस्या के साथ अनेक गौण समस्याएँ

भी आपने ली हैं; जैसे—उन्मुक्त प्रेम, वेश्या-सुधार, एशियायी-संघ, इलेक्शन, खद्दर, समाजवाद के व्यावहारिक पक्ष का विवेचन, गाँधीवाद की व्याख्या, सुधारवाद का दम्भ, नारी की चेतना, सिद्धान्त और आदर्श का खोखलापन, अव्यावहारिकता, अतीत संस्कृति का इतिहास। आपकी दो समस्याएँ शॉ से प्रभावित हैं, प्रेम और नारीत्व। आपको निष्फल प्रेम मान्य नहीं है। प्रेम और नारीत्व की समस्याएँ उठाकर आप उनके चित्रण में नैसर्गिकता और स्वाभाविकता तो ला ही सके हैं, प्रेम में वासनावृत्ति की तुच्छता भी दिखा सके हैं, पर कोई निश्चित आदर्श प्रस्तुत नहीं कर सके हैं। सर्वत्र एक तटस्थता वर्तमान है। आपके एकांकियों में भावावेश का स्थान जीवन की अनुभूति और भावनाओं का नैसर्गिक विवेक, बुद्धि, तर्क और सन्तुलन ने ले लिया है। कृत्रिम क्षणिक भावुकता, सौन्दर्य वासना के चक्र में वे नहीं पड़े हैं, बुद्धिमत्ता का उनमें विशेष योग है।

कुछ आलोचकों का विचार है कि मिश्रजी द्वारा प्रतिपादित सेक्स समस्या पाश्चात्य मनोवैज्ञानिक अनुसन्धानों पर आधारित है। मिश्रजी का विचार है, फ्रायड से बहुत पहले वात्स्यायन रति भाव को जान चुके थे। रसराज के रूप में संस्कृत के समूचे साहित्य में शृंगार का वर्णन, यहाँ तक कि महाकवि कालिदास द्वारा शंकर पार्वती की रति-क्रीड़ा का चित्रण फ्रायड को कुछ ऐसी स्थिति में नहीं छोड़ता, जो हमारे देश के किसी मौलिक साहित्यकार का संबल बन सके। भागवत के 10वें स्कन्ध में वर्णित प्रलय और शृंगार की मधुमयी भूमि जिस देश में मुक्तिदायी मानी गई हो, उसी पद्धति के मिश्रजी उपज हैं।

आज रूढ़िवादी विवाह-पद्धति एवं नवीन स्वतन्त्र वातावरण में पले आधुनिक पाश्चात्य शिक्षा से प्रभावित युवक-युवतियों के प्रेम सम्बन्धों में बहुत अन्तर आ गया है। आज के युवक और युवती प्राचीन रूढ़ियों और संस्कारों से घबराकर उन्मुक्त एवं स्वतन्त्र प्रेम के लिए छटपटा रहे हैं, मिश्रजी ने इन्हीं सेक्स समस्याओं का मनोवैज्ञानिक विश्लेषण प्रस्तुत किया है। यद्यपि इनकी समस्याएँ एवं सुझाव नवीन और मौलिक हैं, किन्तु भारतीय वातावरण के उपयुक्त नहीं हैं, जहाँ की सभ्यता आध्यात्मिक और नैतिक तत्त्वों पर आधारित है। मिश्रजी के शब्दों में उनके एकांकियों में क्या होना चाहिए, क्या न होना चाहिए, इन बातों का प्रश्न तो यहाँ उठता ही नहीं। यहाँ जो भी है, वे साहित्य तथा सामाजिक रूढ़ियों को तोड़कर स्वाभाविकता, मनोवैज्ञानिकता तथा स्वतन्त्रता की ओर अग्रसर दिखाई पड़ते हैं, फिर भी यह मानना पड़ेगा कि हृदय भारतीयता से शून्य नहीं है।

टेकनीक की दृष्टि से मिश्रजी क्रान्तिकारी हैं। यूरोप की भाँति हिन्दी नाट्य क्षेत्र में जो कृत्रिमताएँ थीं, उनके विरुद्ध विद्रोह में आपका स्वर ऊँचा था। आपके एकांकियों में न तो अनेक पात्र हैं, न गाने, सोरठे, गजल या कविता पाठ की सामग्री व अनावश्यक दृश्यों का परिवर्तन । वे एक लम्बे दृश्य में ही समाप्त हो जाते हैं। बड़े नाटक अधिकतर 3 अंकों के हैं। एक बड़े दृश्य को विकसित कर अंक का रूप दे दिया गया है। स्वगत कथन, घटनाओं की जटिलता, वार्त्तालाप में क्लिष्ट साहित्यिक प्रयोग आदि को त्यागकर, स्वाभाविकता का मार्ग अपनाया गया है। विस्तार इतना नहीं कि उसमें विभिन्न देश, काल,

व्यवस्थाओं और घटनाओं की विभ्रममयी भरती हो। आधुनिक यूरोपीय नाट्यशैली के अनुकूल गिने-चुने आवश्यक पात्र हैं। व्यापार भी सुसंगत और सुनियन्त्रित है।

रंगमंच की रचना तथा उसके संचालन के सम्बन्ध में भी सगुमता की ओर अधिक ध्यान दिया गया है। मिश्रजी ने संकलन त्रय का निर्वाह बड़ी कुशलता से किया है। एक समय की घटना तक ही परिमित रहकर वह एक एकांकी में एक ही कृत्य का चित्रण करते हैं। आपके कुछ एकांकियों में अनाबश्यक विस्तार का दोष आ गया है तथा शुष्क बुद्धिवाद से नीरसता भी आ गई है, किन्तु समस्या चित्रण में आप अद्वितीय हैं।

उपेन्द्रनाथ 'अश्क'

अश्क के एकांकियों पर पाश्चात्य टेकनीक का प्रभाव स्थानीयता के प्रति सजगता, वातावरण सृष्टि की सत्यता, अनुभूति की यथार्थता एवं सांकेतिक प्रतीकों वाली पद्धति में प्रकट होता है। अश्क का क्षेत्र सामाजिक और पारिवारिक है, शैली यथार्थवादी व्यंग्यात्मक है। इनमें मानव-हृदय, विशेषतः नारी-हृदय का मनोवैज्ञानिक अध्ययन है। पात्रों के चरित्र-चित्रण तथा समस्याओं को उभारने की दृष्टि से ये एकांकी अभूतपूर्व हैं। गम्भीर मनोवैज्ञानिक एकांकियों से लेकर हलके हास्यरस के सफल प्रहसनों की सृष्टि आप कर सके हैं। इनमें न अपूर्व नाटकीयता होती है, वरन् कहानी की सी दिलचस्पी है। अभिनय कला का पूरा-पूरा ध्यान रखा गया है।

अश्क के एकांकी भारतीय समाज के अध्ययन, स्वानुभव तथा प्रतिभा की सुषमा से पूर्ण पाश्चात्य टेकनीक से प्रभावित नक्कासी की चीज हैं। आपने द्विवेदी-युग के अपरिपक्व एकांकी को लिया तथा निज प्रतिभा, पाश्चात्य टेकनीक के अध्ययन और स्टेज के अनुभव के बल पर उसे परिपुष्ट कर पाश्चात्य एकांकीकारों, मेटरलिंक, स्टूडवर्ड, ओ'नील, बैरी आदि के समक्ष ला खड़ा किया है। न केवल आपने हिन्दी एकांकी को पाश्चात्य टेकनीक से पेष्टित किया, वरन् उसमें आधुनिक भारतीय समस्याओं का मनोवैज्ञानिक ढंग से प्रतिपादन कर साहित्य का महत्त्वपूर्ण अंग बनाया है।

अश्क के एकांकी कल्पना के व्योम में विहार करनेवाले रोमानी कवि की स्वप्निल पृष्ठभूमि पर विनिर्मित नहीं हुए हैं, प्रत्युत उनमें यथार्थवाद की ठोस अनुभूतियाँ, मानसिक भावों का सूक्ष्म विश्लेषण तथा अन्तर्द्वन्द्व का पर्याप्त निदर्शन है। द्विवेदी युग के एकांकीकारों में आपने नाटकों का विषय केवल समाज की विद्रूपताओं को ही बनाया था और पात्रों के अन्तर्भावों तथा अनुभूतियों की उद्भावना नहीं के बराबर की थी। अश्क ने सभी कृत्रिमताओं से बचते हुए जर्जरित भारतीय समाज के चित्र खींचे हैं। रूढ़िवादिता तथा प्राचीन जीर्ण-शीर्ण परम्परा से हताश मध्यवर्ग के क्रंदन, प्रेम, घृणा, आनन्द, विषाद, संयोग, वियोग के अनेक पहलू अंकित किये हैं। आपके एकांकी गिरती हुई सामाजिक सामन्तशाही के भग्नावशेष हैं।

अश्क की वृत्ति अन्तर्मुखी है। वे अपनी मनोवैज्ञानिक अन्तर्दृष्टि के सहारे आगे बढ़े हैं। किसी प्रसिद्ध नाटक का अनुवाद करने, विचार ग्रहण करने या उसी की शैली का अनुकरण करने की प्रवृत्ति उनमें नहीं है। पात्र उनके जाने-पहचाने व्यक्ति हैं। उन्होंने जीवन में विभिन्नता का आभास पाया है। असंख्य सुखद और दुःखद अनुभव उनके मस्तिष्क में सुरक्षित हैं। ये पात्र घटनाएँ तथा परिस्थितियों की किसी व्यक्तिगत चोट से उद्भूत होकर उनके आधारभूत विचारों से संयुक्त हो जाते हैं, उस पर उनकी प्रतिभा का रंग और काव्य सौष्ठव का माधुर्य छा जाता है तथा एकांकी का निर्माण हो जाता है। कई बार दैनिक जीवन के कई पात्र सम्मिलित रूप से एक नवीन पात्र के सृजन में सहायक होते हैं, किन्तु ये नये पात्र नाटक में अपना स्वतन्त्र व्यक्तित्व लेकर आते हैं।

अश्क ने सामाजिक, राजनैतिक, मनोवैज्ञानिक, व्यंग्यात्मक, प्रहसन और सांकेतिक प्रायः सभी प्रकार के एकांकियों के प्रयोग किये हैं, जिनमें विषय तथा कलागत वैचित्र्य है। प्रयोग से यह तात्पर्य नहीं कि अश्क ने प्रयोगवाद के दृष्टिकोण से प्रयोग किये हैं, अर्थात् प्रचलित शैलियों अथवा साहित्य के रूपों की फार्म्स से ऊबकर नई फार्म्स निकाली हैं। अश्क का विश्वास दूर की कौड़ी लाने में नहीं है। जब लोग पैरों पर खड़े हों, तो वहाँ सहसा सिर के बल खड़े हो जाना कि देखनेवाले चौंक जायें, अश्क को पसन्द नहीं है। किसी घटना अथवा अनुभूति को लेकर जब वे उसे व्यक्त करते हैं, तो यह प्रयत्न करते हैं कि एकांकी का वह फार्म अपनाएँ, जिसमें भावना या संकेत पूर्ण रूप से अभिव्यक्त हो जाये। इस प्रयास में यदि कोई सर्वथा नवीन फार्म आ जाये, अथवा नया प्रयोग हो जाये, तो उन्हें इसमें भी आपत्ति नहीं है। उनकी दृष्टि उस अनुभूति के सुचारु और सर्वांगीण व्यक्तीकरण पर रहती है, प्रयोग मात्र पर नहीं।

अश्क का दृष्टिकोण एक आलोचक का है। वे समाज तथा मानव जीवन के आलोचक हैं। घरों, परिवारों, मनुष्य के मनों तथा समाज के अन्तराल में जो विद्रूपताएँ प्रविष्ट हो गई हैं, जिनसे समाज पतन के मार्ग पर जा रहा है और आगे नहीं बढ़ पा रहा है, अश्क उन्हें उभारकर हमारे समक्ष प्रस्तुत कर देते हैं। वे न तो कोई समस्या देना चाहते हैं, न उपदेशक बनकर कोई आदर्श ही उपस्थित करते हैं। वे न तो समाज की आलोचना कर रहे हैं, मात्र समाज तथा मनुष्य की अन्तर्वृत्तियों के भीतरी परतों को उधेड़ रहे हैं। उनमें समाज के प्रति एक तीखा व्यंग्य और हल्की सी नैराश्यमयी वेदना अन्तर्निहित है।

अश्क की सबसे बड़ी विशेषता सामाजिक जीवन का अनुवीक्षण तथा नाटकीय स्थिति की पकड़ है। आपका प्रत्येक एकांकी किसी मूल सामाजिक समस्या को लेकर जीवन या समाज की किसी गूढ़ गुत्थी की ओर संकेत करता है, या मनोवैज्ञानिक विश्लेषण में पूर्ण होकर हृदय के अन्तस्तल को स्पर्श करता है। पात्रों का चरित्र-चित्रण जिस मनोवैज्ञानिक शैली से किया जाता है, वह अश्क का निजी है।

अश्क मध्यवर्ग के समाज की कमजोरियों, रूढ़ियों तथा जीर्ण-शीर्ण परम्पराओं की ओर अनवरत ध्यान दिलाते हैं। वे उपदेश देने में विश्वास नहीं करते; समाज, व्यक्ति अथवा

संस्थाओं के खोखलेपन, युगों की कड़वाहट, रूढ़ियों की कमजोरियों का चित्रण इस व्यंग्यात्मक शैली से करते हैं कि एकांकी समाप्त करते-करते दर्शक का मन उसके प्रति विद्रोह से परिपूर्ण हो उठता है। 'अधिकार का रक्षक', 'लक्ष्मी का स्वागत', 'तूफान से पहले' आदि अनेक एकांकी उनकी कला की उपयोगिता के उदाहरण हैं।

अश्क की सांकेतिक पद्धति थोलिकेण्ट डाउन से उच्च स्तर की है। आपके 'चरवाहे', 'मैमूना', 'चुम्बक', 'चिलमन', 'चमत्कार', 'खिड़की', 'सूखी डाली' आदि सांकेतिक प्रतीकात्मक एकांकी अंग्रेजी एकांकियों से कहीं अधिक तीखे बन पड़े हैं। इनके पात्र चिर-परिचित लगने पर भी कुछ विचित्र से अजनबीपन का आवरण ओढ़े दिखाई पड़ते हैं तथा कई बार तो वे पात्र, पात्र न रहकर स्वयं प्रतीक अथवा संकेत बन जाते हैं। हिन्दी एकांकी में प्रथम बार अश्क ने संकेतों तथा प्रतीकों द्वारा मार्मिक रहस्य व्यक्त करने की शैली का प्रारम्भ किया। इन नाटकों में परोक्ष प्रतीकों अथवा संकेतों के पर्दे में विषयवस्तु का ताना-बाना उलझता-सुलझता रहता है। ये प्रतीक जड़ हों अथवा जंगम, प्रायः रंगमंच पर आते हैं लेकिन कई बार परोक्ष में रहकर एकांकी पर भारी प्रभाव डालते हैं।

उदाहरणस्वरूप 'चरवाहे' में चरवाहे को चिन्तारहित जीवन का निश्चयात्मक प्रतीक माना गया है। 'चिलमन' उस दुःख-भरे दीपक की प्रतीक है जो हल्की-हल्की लेकिन अनश्वर जलन लिये हुए है। जीवन के लिए किरण की छटपटाहट अश्क ने लाक्षणिक ढंग से व्यक्त की है। इस एकांकी में शशि स्टेज पर नहीं आती; किन्तु उसका रूप स्पष्ट-सा सामने आता है। यही अश्क के संकेतों की विशेषता है। 'चमत्कार' में संकेतों की बाढ़ तेहरी हो गई है। 'मृत मीन' भ्रष्ट जीवन का, 'गठवाली गोलियाँ' साधारण लोगों के विश्वास का तथा 'श्वेत दाढ़ीवाला' सर्ववेत्ता लेखक का प्रतीक है। 'मैमूना' में वर्तमान पति शरशद एक प्रकार से मैमूना का ही प्रौढ़ प्रतीक है। 'चुम्बक' में लोहबान के दो कणों, 'सूखी डाली' में टूटे आइना और 'खिड़की' में प्रतिज्ञा करनेवाले प्रेमी के संकेत और प्रतीक कलात्मक हैं।[1]

अश्क ने इसी संकेतात्मक शैली में 'अन्धी गली एकांकी माला' लिखी है। एक गली को ले लिया है, उसके विभिन्न घरों में जो कुछ हो रहा है, उसे भिन्न-भिन्न एकांकियों में चित्रित किया है। यह एकांकी विभिन्न-विभिन्न होकर भी एक ही है तथा हमारा समाज एक अन्धी गली के सदृश है, यह संकेत उसमें कलात्मक ढंग से दिखाया गया है। प्रकट रूप में अन्धी गली चाहे किसी बड़े नगर की बीसियों गलियों में से एक गली है, पर परोक्ष में यह ऐसे समाज का प्रतीक है, रूढ़ियों, संकीर्णताओं और वर्जनाओं की दीवारें जिसका मार्ग अवरुद्ध किये हैं और जिनमें एक बार घुसने पर आगे बढ़ने का मार्ग नहीं मिलता।

स्वभाव से गम्भीर तथा संवेदनशील होने के कारण आपके सबसे सफल एकांकी वे हैं, जिनमें मनोविज्ञान तथा दुखान्त कथानक को आधार बनाया गया है, या जिनमें दो विरोधी तत्त्वों को लेकर आन्तरिक पक्ष का तीव्र संघर्ष उत्पन्न किया गया है। पात्रों में, स्त्री-पात्र विशेष सुचारुता और सच्चाई से अंकित किये गये हैं जिनमें बेबस, पीड़ित,

---

1. कौशल्या अश्क—'चरवाहे : एक अध्ययन' में।

परित्यक्ता, शोषिता और यौन-विकृति से पीड़ित नारियाँ हैं। इनकी भिन्न-भिन्न मनःस्थितियों में नाना मानसिक जटिलताएँ तथा अनुभूतियाँ हैं। पुरुष-पात्रों का मनोविज्ञान उतनी सफलता से चित्रित नहीं हुआ है।

टेकनीक के दृष्टिकोण से अश्क के नाटक मुख्यतः रंगमंच के लिए लिखे गये हैं, यद्यपि वे सुपाठ्य भी हैं। रेडियो-एकांकी वे विशेष रूप से तैयार करते हैं और रेडियो पर वे सफलता से प्रसारित हुए हैं। अश्क के नाटकों में एक और भी विशेषता है, जिसे स्थापत्य, संतुलन, कह सकते हैं। एक इमारत जिसके सभी अंग भली भाँति सँवारकर शिल्पी ने बनाये हों, जिसकी एक निगाह से देखने पर सम्पूर्णता का आभास हो, ऐसे एकांकी का निर्माण साहित्यिक वास्तुकला का ही करतब कहा जा सकता है ! और तृतीय विशेषता जो अश्क के नाटकों में ही नहीं, अन्य रचनाओं में भी है, वह है उनकी ईमानदार अभिव्यंजना। यह अभिव्यक्ति का खरापन अश्क के व्यक्तित्व की परिपक्वता को घोषित करता है।

कालक्रम के अनुसार अश्क के साहित्य का विभाजन इस प्रकार कर सकते हैं—

प्रारम्भिक कृतियाँ 1936 से लेकर 1939 तक सामाजिक व्यंग्य : 1. 'पापी' (1937), 2. 'लक्ष्मी का स्वागत' (1938), 3. 'मोहब्बत' (1938), 4. 'क्रासवर्ड पहेली' (1939), 5. 'अधिकार कर रक्षक' (1938), 6. 'आपस का समझौता' (1939), 7. 'स्वर्ग की झलक' (1939), 8. 'विवाह के दिन' (1939), 9. 'जोंक' (प्रहसन) (1969)।

द्वितीय उत्थान 1940 से लेकर 1943 तक सांकेतिक और प्रतीकात्मक : 1. 'चरवाहे', 2. 'चिलमन' (1942), 3. 'खिड़की' (1942), 4. 'चुम्बक' (व्यंग्य), 5. 'मैमूना' (1942), 6. 'देवताओं की छाया में' (1940), 7. 'छठा बेटा' (फेण्टेसी), 8. 'चमत्कार' (1943), 9. 'सूखी डाली' (1943)।

तृतीय उत्थान 1944 से लेकर 1952 तक मनोवैज्ञानिक एकांकी तथा प्रहसन : 1. 'आदि मार्ग' (1947), 2. 'अंजो दीदी', 3. 'भंवर' (1944, प्रहसन), 4. 'कैसा साथ कैसी आया', 5. 'अन्धी गली' (1952), 6. 'पर्दा उठाओ और पर्दा गिराओ' (1951), 7. 'बतसिया' (1952), 8. 'सयाना मालिक', 9. 'कस्बे के क्रिकेट क्लब का उद्घाटन', 10. 'मस्केबाजों का स्वर्ग' (1952), 11. 'जीवन साथी' (1952)।

प्रथम वर्ग में अश्क के प्रारम्भिक सामाजिक व्यंग्य हैं, जिनमें समाज की परंपराओं के प्रति क्रान्तिकारी रूप प्रकट हुआ है। 'पापी' में सास का बहू पर अत्याचार, समाज में स्त्रियों की निम्न स्थिति, मध्यवर्गीय पतनोन्मुख समाज के शिकंजे में जकड़ी हुई नारी का हाहाकारमय चित्रण है। 'देवताओं की छाया' में एक अभावग्रस्त सामाजिक चक्की में पिसने वाली मुस्लिम युवती की जीवन-झाँकी है। 'जोंक' में आधुनिक अतिथियों पर व्यंग्य है। 'अधिकार का रक्षक' में उन सामाजिक कार्यकर्ताओं का खाका खींचा गया है जो कहते कुछ हैं और करते कुछ हैं। 'विवाह के दिन' में पुरानी वैवाहिक पद्धति पर एक व्यँग्य है। 'क्रासवर्ड पहेली' आधुनिक शिक्षित युवकों के काम से पलायन की प्रवृत्ति पर व्यँग्य है। 'आपस का समझौता' में डॉक्टरों की चालबाजियाँ, धोखा, झूठ, कपट और ठगने की प्रवृत्ति

पर व्यंग्य है। 'तूफान से पहले' में साम्प्रदायिक झगड़ों का सजीव चित्र खींचा गया है। 'वेश्या-प्रेम' में अपमान के प्रतिशोध, ईर्ष्या, प्रतिहिंसा का अध्ययन है। 'तौलिये' में तकल्लुफ और बाह्य प्रदर्शन की प्रवृत्ति पर आघात है। 'पक्का गाना' में साहित्यिक वैराइटी है, जिसमें भारतीय थियेटर, रेडियो तथा फिल्म-जगत् की आलोचना की गई है।

द्वितीय उत्थान में अश्क के संकेतात्मक प्रतीकात्मक एकांकी आते हैं। 'चरवाहे', 'मैमूना', 'चुम्बक', 'चिलमन', 'खिड़की', 'चमत्कार', 'सूखी डाली' इत्यादि का महत्त्व उनके संकेतों या प्रतीकों में है जो हिन्दी-एकांकी में सर्वथा नवीन प्रयोग है और जिसका सूत्रपात अश्क ने किया है। ये सभी सामाजिक व्यंग्य हैं और समाज की कमजोरियों पर उँगली रख देते हैं। भाव तथा प्रतिपादन दोनों में अश्क का प्रचुर विकास हुआ है और वे चौकन्ने, सूक्ष्म दृष्टि और अन्तर्मुखी बन गये हैं। पृष्ठभूमि में संगीत की सहायता से वातावरण के निर्माण में सहायता ली गई है।

तृतीय उत्थान में अश्क की प्रवृत्ति निरन्तर अन्तर्मुखी होती चली गई है। बाह्यजगत् की अपेक्षा आपके अध्ययन का मूल केन्द्र आन्तरिक जगत् का रहस्योद्घाटन रहा है। अश्क ने मानव-चरित्र का गहन अध्ययन किया है और पात्रों के मनोविज्ञान पर आपकी दृष्टि अधिक रही है। 'आदि मार्ग', 'भँवर' इत्यादि एकांकियों में मनोवैज्ञानिक गहराई दर्शनीय है। चरित्रगत जटिलताओं, पात्रों की व्यक्तिगत विशेषताओं, त्रुटियों, चरित्र की गुत्थियों, भावनाओं तथा मनोवेशों का कुशल मनोवैज्ञानिक विश्लेषण हुआ है।

प्रहसनों में अश्क को अतिरंजना शैली का सहारा लेने की आवश्यकता नहीं पड़ती। उनके पात्र कार्टून नहीं हैं। उनके मजाक स्थूल नहीं हैं, उनकी परिस्थितियाँ सरकस की कलाबाजियाँ नहीं हैं, उनकी पैनी दृष्टि दैनिक जीवन में ही अट्टहास की सामग्री खोज निकालती है और चित्रपट पर हू-ब-हू उतार देती है। अश्क की विनोद भावना वार्तालाप के विद्रूप या पात्रों के भोंडे व्यवहार के रूप में प्रकट नहीं होती, बल्कि चरित्र और कार्य-सम्पादन की पृष्ठभूमि के रूप में। अश्क के नाटकों में व्यंग्य की प्रतीति एक महीन वातावरण के रूप में होती है, जिसके साधन हैं हल्की-सी फब्तियाँ, सांकेतिक कार्य-सम्पादन, और पात्रों के अनजान कमजोरियों का थोड़ा-बहुत उभार। ये प्रहसन सूक्ष्म, संयत और मार्मिक हैं।[1]

जगदीशचन्द्र माथुर

श्री जगदीशचन्द्र माथुर का रचनाकाल 1936 से प्रारम्भ होता है। इनके प्रथम एकांकी 'मेरी बाँसुरी' 1936 में प्रकाशित हुआ था। आपकी सबसे बड़ी विशेषता रंगमंच की टेकनीक पर आपका पूर्ण अधिकार है।

बचपन से ही आपको अभिनय के प्रति रुचि रही है। प्रारम्भिक नाटक 'बालसखा'

1. देखिए : श्री जगदीशचन्द्र माथुर—'पर्दा उठाओ पर्दा गिराओ', भूमिका, पृष्ठ 13

में प्रहसन के रूप में प्रकाशित हुए। चौदह-पन्द्रह वर्ष की आयु में आपने शिवाजी पर द्विजेन्द्रलाल राय की शैली में एक एकांकी लिखा था, जिसका प्रारम्भिक अंश 'सेवा' में सन् 1930 में प्रकाशित हुआ था। तत्पश्चात् 1936 में म्योर होस्टल के रंगमंच के निमित्त 'मेरी बाँसुरी' नामक एक आधुनिक एकांकी लिखा जो दूसरे वर्ष 'सरस्वती' में प्रकाशित हुआ था। यद्यपि इसमें टेकनीक की अपरिपक्वता झलकती है किन्तु आधुनिक पाश्चात्य शैली के गुण स्पष्ट हैं। नाट्यकार की कला के विकास में 'मेरी बाँसुरी' नाटक का विशेष स्थान है। इसके पश्चात् क्रमानुसार आपके एकांकी इस प्रकार प्रकाशित हुए हैं—1.'भोर का तारा' (1937), 2. 'कलिंग-विजय' (1937), 3. 'रीढ़ की हड्डी' (अक्टूबर 1939), 4. 'मकड़ी का जाला' (1941), 5. 'खण्डहर' (1943), 6. 'खिड़की की राह' (1949), 7. 'ओ मेरे सपने' (1953)। इन नाटकों में 'मकड़ी का जाला' तथा 'खिड़की की राह' को छोड़कर शेष नाटक रंगमंच पर सफलतापूर्वक अभिनीत हो चुके हैं। खण्डहर अंग्रेजी में भी रूपान्तरित हुआ है।

आपके एकांकी आधुनिक जगत् की नाना समस्याओं पर व्यंग्य करते हैं। आज के जीवन के छोटे-बड़े मसलों का यथार्थवादी चित्रण करने में श्री माथुर दक्ष हैं, किन्तु उनकी सबसे बड़ी विशेषता यह है कि उनके नाटक केवल समस्या-नाटक मात्र बनकर नहीं रह जाते। पात्रों में कोई भी उनका माउथ पीस बनकर नहीं रह जाता, उसका एक स्वतन्त्र व्यक्तित्व और चारित्रिक विशेषताएँ स्पष्ट चित्रित की जाती हैं।

आपने पुराने सुधारवादी नाटकों का परिष्कार किया है, अपना व्यंग्य और अभिनय ज्ञान लगाकर आपने पात्रों के व्यक्तित्व को सुरक्षित रखा है। उन्हें यह बात अप्रिय लगी कि आधुनिक पृष्ठभूमि पर विनिर्मित नाटक समस्या की ओर संकेत या स्पष्टतः उसके विवेचन में लगकर कलाविहीन हो जाते हैं। अधिकतर पात्र नाटककार के विचारों के प्रतीक बन जाते हैं। विचारों तथा दृष्टिकोण का स्पष्टीकरण तो हो जाता है, पर नाटकीयता लुप्त हो जाती है, पात्र निर्जीव हो जाते हैं। कथोपकथन वाद-विवाद का रूप धारण कर लेता है। माथुर ने इन सभी दुर्गुणों से एकांकी-कला की रक्षा की है।

'कलिंग-विजय' तथा 'भोर का तारा' का वातावरण सांस्कृतिक है, पृष्ठभूमि ऐतिहासिक है। इन दोनों नाटकों की शैली, भाषा और टेकनीक विषयों की गुरु-गम्भीरता के उपयुक्त उतनी ऊँची नहीं उठ सकी है। विचारों की गम्भीरता से नाटकीयता दब गई है।

माथुर के सबसे सफल एकांकी सामाजिक हैं। इनमें विचारधारा—'समस्या' वातावरण का पूर्ण परिपाक है। आपका सर्वोत्कृष्ट नाटक 'खण्डहर' है। जिसमें वातावरण का मनोरम चित्रण है। चन्द्रमा की शीतल चन्द्रिका में जब सब मदहोश हो जाते हैं, फैंटेसी के उपयुक्त बड़े सफल वातावरण का निर्माण होता है। गुप्त मनोभावों तथा दलित अनुभूतियों का मनोवैज्ञानिक चित्रण यहाँ बड़ा प्रभावशाली बन पड़ा है। 'रीढ़ की हड्डी' एक सफल और सबल व्यंग्य है। स्त्रियों की बेबसी और सामाजिक स्थिति का इससे अनुमान किया जा सकता है। 'खिड़की की राह' में एक फरार संगीतकार, जो शादी से मुक्ति के लिए घर से

भाग निकला था, के अप्रत्याशित ढंग से वैवाहिक बन्धन में बँध जाने का मार्मिक कथानक है। टेकनीक रेडियो का है। इसमें अत्याधुनिक समाज की रोचक झाँकी दिखाई गई है। अन्य विषय, जिन पर नाट्यकार ने व्यंग्य किये हैं, बाह्य प्रदर्शन, रंगीली चहल-पहल, शिक्षित समाज के रोमांस, दाम्पत्य जीवन के नये मापदण्ड, पश्चिमी सभयता तथा शिक्षा से प्रभावित नई समस्याएँ, वैवाहिक गुत्थियाँ, नारी को मुग्ध करने की कृत्रिम चेष्टाएँ, प्रेग के अस्थिर स्वरूप, आत्म-प्रताड़ना, विद्यार्थी जीवन का हल्का उत्तरदायित्वविहीन आनन्द, पिकनिकें, रोमांस, छायालोक के अनूठे अनुभव, खोखले नेतृत्व का आकर्षण, चमक-दमक, मनोरंजन, पेट-पूजा आदि अंग्रेजी शिक्षा और संस्कृति में पले हुए ड्राइंगरूमों और सिनेमाघरों से प्रभावित समाज आदि हैं। आपने एकांकी साहित्य में एक ओर सभ्य कहाने वाले समाज की मस्ती, धन-लोलुपता और मिथ्या प्रदर्शन का चित्रण किया है, तो दूसरी ओर मध्यम श्रेणी के निम्नतम भाग में रहने वाले गरीब क्लर्क, बाबू लोग और मामूली कर्मचारियों का भी चित्रण किया है, जो बेरहम और बदसूरत जमाने की ठोकरें खा रहे हैं।

संक्षेप में माथुर साहब ने समाज की समस्याओं में मुख्यतः वस्तुवाद, मिथ्या दिखावा, बाह्याडम्बर, मध्यवर्ग के उच्चस्तर की हृदयहीनता, व्यापारी वर्ग की भौतिकता, विद्यार्थी-जीवन की झूठ फरेब, नैतिक क्षीणता, बौद्धिक उन्नति के साथ शिष्ट जीवन में आन्तरिक और सांस्कृतिक खोखलेपन पर व्यंग्य किया है। मध्यवर्ग उनकी आलोचना का केन्द्र है। उच्च मध्यवर्ग में आपके भोलानाथ, रामस्वरूप, गोपालप्रसाद, सुधाकर, निरंजन, निर्मला, नर्गिस, नलिनी, उर्मिला आदि रखे जा चुके हैं। निम्न मध्यवर्ग में वे क्लर्क, म्युनिसपैल्टी या बैंकों के बाबू लोग हैं जो समाज की निर्मम चक्की में पिसते जा रहे हैं; जैसे नन्दलाल, मकबूल अहमद, यूसुफ आदि। इस समाज की कारुणिक दशा, दयनीय स्थिति, पिसे हुए अरमानों का बड़ा दर्दनाक चित्रण इनके एकांकियों में मिलता है।

आपके कथोपकथन मर्मस्पर्शी हैं तथा उन पर आदर्शवाद की छाप है। 'मेरी बाँसुरी' आधुनिकतम भाषा-शैली के प्रयोग से परिपूर्ण है। इसमें कॉलेज के उच्च शिक्षा-प्राप्त विद्यार्थियों का चित्रण है। कहीं अंग्रेजी उक्तियों का अनुवादमय अनुकरण उपस्थित है। 'मेरी बाँसुरी' में सुधाकर नामक पात्र के वक्तव्य में जूलियस सीजर की छाया है।

"...मैं जिस काम में हाथ डालता हूँ तो निराशा का स्वाद लेने के लिए नहीं। आई केम, आई से, आई कांकर्ड।"

टेकनीक के क्षेत्र में श्री माथुर का कार्य विशेष महत्त्व का है। प्रारम्भिक स्थल में वस्तुस्थिति का संक्षेप में निर्देश होता है, किन्तु आगे चलकर विकास-संघर्ष उत्तरोत्तर वृद्धि पर रहता है और विविध उपादानों से गति संग्रह करता हुआ एकांकी चरमोत्कर्ष तक बढ़ता है। पात्रों का आन्तरिक द्वन्द्व दिखाने के लिए आप विशेष परिश्रमशील रहते हैं।

रंगमंच के सम्बन्ध में आपका अनुभव तथा अध्ययन गहन है तथा हिंदी नाट्यकला के विकास में अपना विशेष स्थान रखता है। आपका विचार है कि संवेदनशील अभिनय के द्वारा ही सच्चे वातावरण और अनुभूति का सृजन हो सकता है। यूरोप से भी हम

अधकचरा ज्ञान उधार ले सके हैं। फलतः एक ओर तो हमारा नाट्य-साहित्य है जिसकी जड़ें गीता के संसार-रूपी अश्वत्थ-वृक्ष की भाँति ऊर्ध्वमुखी हैं, और दूसरी ओर हमारा नाम मात्र का रंगमंच है, कठपुतलियों के तमाशे की तरह कृत्रिम और सांस्कृतिक अनुभूतियों से शून्य। अतः आपके अनुसार हिंदी नाट्यकार को अपने नाटक के रंगमंच सम्बन्धी पहलू पर कुछ प्रकाश डालना चाहिए। रंगमंच के निर्माण, निर्देशक के कर्तव्य, ग्रीनरूम, मेकअप, अभिनय संकेत, पर्दों का उठना-गिरना, निर्देश करने वालों के कर्तव्यों का बँटवारा तथा रिहर्सल के सम्बन्ध में आपने अनुभवपूर्ण संकेत प्रदान किये हैं। आप शॉ की भाँति निर्देशक को सब कुछ ज्ञान दे देना चाहते हैं और स्टेज इफेक्ट, अन्तिम प्रभाव को अपने हाथ में रखना चाहते हैं।

आप संगीत को रंगमंच के लिए आवश्यक समझते हैं। आपका विचार है कि भारतवर्ष में संगीतविहीन रंगमंच नहीं जम सकता। हम स्वभावतः संगीतप्रिय और किसी हद तक रोमांटिक जाति के हैं। आधुनिकतम पाश्चात्य नाटकों में भी यद्यपि गाने तो नहीं के बराबर होते हैं तथापि भावों का आरोह-अवरोह दिखाने के लिए बैक ग्राउंड म्यूजिक प्रायः रखा जाता है। आपने इसी प्रकार का कलात्मक विधान रखा है। वायलिन और सितार की ध्वनि का उपयोग भी आपने वांछनीय समझा है। पात्रों की पोशाक की ओर माथुर ने नाट्य-जगत् का ध्यान आकृष्ट किया था पर वेशभूषा सम्बन्धी मनमानी आलोचना की थी। कुछ निर्देशकों का मत है कि रंगमंच पर सदैव भव्य और शानदार पोशाक होनी चाहिए। आपके अनुसार दक्ष निर्देशक यदि वह प्राचीन युग का प्रदर्शन करता है, तो उसे उस काल के चित्र तथा मूर्तियों का अध्ययन करके यथासाध्य वैसी ही वेशभूषा उपस्थित करनी चाहिए। यदि आधुनिक समाज का दृश्य है तो जिस वर्ग का कोई पात्र है, उसी के अनुरूप वस्त्र भी रखने चाहिए। साधारण स्थिति के घरों में जैसे वस्त्र हों, उनसे भी काम चल सकता है। सूझ और कलात्मक बुद्धि से मेकअप तैयार होना चाहिए। स्त्री-पात्रों के विषय में श्री माथुर का विचार है कि स्त्रियाँ ही उन्हें अभिनय करें। जिस समय भारत में उन्नत रंगमंच था, और मृच्छकटिक पर स्वप्नवासवदत्ता अभिनय किये जाते थे, तब प्रश्न उठता ही नहीं था। इस कृत्रिमता का बहिष्कार होना चाहिए। उपयुक्त विषयों के अतिरिक्त माथुर ने दर्शकों की अनुशासनहीनता की ओर भी ध्यान आकृष्ट किया और रुचि-परिमार्जन की आवश्यकता बतलाई है। रंगमंचीय सुधार की दृष्टि से माथुर साहब के विचार बड़े मूल्यवान सिद्ध हुए हैं। उनके हाथ में नाटक यथार्थवाद की ओर अग्रसर हुआ, रंगमंच-सम्बन्धी कृत्रिमता विलुप्त हो गई।

वातावरण-सृष्टि की दृष्टि से आप विशेष सफल रहे हैं। आपने 'कोणार्क' में यूनानी नाट्यकारों के से तमसावृत्त बेटल इन बिटेबिलिटी से परिपूर्ण वातावरण में कलाकार के विद्रोही व्यक्तित्व की सफल अवतारणा की है। इसके लिए आपने पृष्ठभूमि का संगीत, रंगीन बिजली बल्ब, सजावट तथा अन्य नवीनतम प्रसाधनों का उपयोग किया है। पाश्चात्य एकांकीकारों की भाँति आपकी स्टेज-सूचनाएँ विस्तृत, सूक्ष्म और व्यापक हैं। आपकी प्रभाव-व्यंजना अद्वितीय है।

भुवनेश्वर

कालक्रम के अनुसार भुवनेश्वर का सर्वप्रथम एकांकी 'श्यामा : एक वैवाहिक विडम्बना' (हंस, दिसम्बर, 1933) था। तत्पश्चात् 'पतित' (बाद में 'शैतान' कर दिया गया : हंस, 1934) प्रकाशित हुआ था। फिर क्रमशः 'एक साम्यहीन साम्यवादी' (हंस, मार्च, 1934), 'प्रतिभा का विवाह' (1932), 'रहस्य-रोमांच' (1935), 'लाटरी' (1935), 'मृत्यु' (हंस, 1936) में प्रकाशित हुए। ये कृतियाँ पाश्चात्य प्रभावों से युक्त हैं तथा कुछ नाटकों में विचार साम्य ही नहीं, शॉ के अनुवाद जैसे प्रतीत होते हैं।

इनके पश्चात् जो एकांकी प्रकाशित हुए, वे परिपक्व हैं। पाश्चात्य प्रभाव पूर्णतः समाविष्ट हो चुका है; कलापक्ष और भावपक्ष दोनों में प्रौढ़ता है। इस वर्ग में 'हम अकेले नहीं हैं' तथा 'सवा आठ बजे' (भारत, 1937), 'स्ट्राइक' तथा 'ऊसर' (हंस, 1938) में प्रकाशित हुए हैं। 1938 में भुवनेश्वर ने एक पूरा नाटक लिखने की योजना बनाई। यह था उनका 'आदमखोर' (रूपाभ, 1938)। इसका केवल प्रथम अंक प्रकाशित हुआ था, और यह मौलिक विचारधारा से परिपूर्ण है। भुवनेश्वर की कला और विचारों के क्रमागत विकास में यह नाटक अपना विशेष स्थान रखता है। इसका यथार्थवाद यद्यपि भुवनेश्वर के अब तक के सभी नाटकों से कठोर है, किन्तु इसी नाटक में उनकी बुनियादी अभिरुचि प्रतीकात्मक हो गई है, जिसका प्रखर रूप उनके आज के नाटकों में स्पष्ट दृष्टिगोचर होता है। नाटकीय यथार्थवाद को जो अर्थ भुवनेश्वर देते हैं, यह नाटक उनका प्रतिनिधि है। 'इंस्पेक्टर जनरल' (विश्ववाणी, 1940) गोगोल के एक नाटक पर आधारित है। भुवनेश्वर का पाश्चात्य नाट्यशास्त्र एवं नाट्यकारों का अध्ययन विस्तृत है। यह नाटक गोगोल के इसी नाम के नाटक का भावानुवाद है। पूरा नाटक कलात्मक ढंग से संक्षिप्त कर पैंतालीस मिनट के प्ले में प्रस्तुत किया गया है। इस नाटक में उन्होंने पहली बार एकांकी की विदेशी और हिंदी परिभाषा-पद्धति का उल्लंघन किया। तत्पश्चात् उन्होंने अपने एकांकियों को यह नाम देना भी त्याग दिया।

'रोशनी और आग' (विश्ववाणी, 1941) में भुवनेश्वर ने एक पग और आगे बढ़ाया। पाश्चात्य शैली के मौलिकता से समाविष्ट करने में एक नया प्रयोग प्रारंभ हुआ। इसमें नाट्यकार ने ग्रीक कोरस की भाँति कवित्वमय पूर्वालाप का हिंदी एकांकी में आविष्कार किया।

आपका 'कठपुतलियाँ' (1942) पूर्ण प्रतीकात्मक नाटक है। भुवनेश्वर को इस नाटक पर विशेष स्नेह है। एक तो यह उनके जीवन की एक सरस और अनोखी परिस्थिति की उपज है; दूसरे, यह उनके नाटकीय व्यक्तित्व और विचारों की परिपक्वता का द्योतक है। स्वयं उनका कहना है कि यह नाटक यद्यपि बहुत-सी दृष्टियों से अपूर्ण और अपरिपक्व रचना है तथा कलात्मकता पर, विचारों की दृढ़ता में बाद के कई एकांकियों से कमजोर है, तथापि यह उनकी प्रथम बालिग चीज है। तथा अपने से पूर्व की समस्त रचनाओं को

आदि-शैशव (Non Age) की उपज बना देता है। इसी प्रकार 'फोटोग्राफर के सामने' (1945) भुवनेश्वर की उत्तरोत्तर परिपक्वता को प्राप्त होती हुई प्रतिभा का प्रतीक है। 'ताँबे के कीड़े' (हंस, 1946) बड़े आदमियों का ड्राइंगरूमों के लिए लिखा गया नई टेकनीक का एक छोटा-सा नाटक है। 'इतिहास की केंचुल' 1947-48 में लिखा गया। इस नाटक से भुवनेश्वर की प्रवृत्ति धीरे-धीरे सामाजिक नाटकों से ऐतिहासिक नाटकों की ओर बढ़ती जाती है। इसी विचारधारा से प्रभावित होकर आपने अपने कुछ और ऐतिहासिक नाटक भी लिखे हैं। 'आजादी की नींद' 1949 में प्रणीत है। इसी वर्ष 'जेरूसलम का नायक' एक अति ऐतिहासिक एकांकी की रचना प्रकाशित हुई, जिसमें महात्मा ईसा के चरित्र-गौरव की प्रतिष्ठा हुई। इस नाटक की विशेषता उसका वातावरण था और यह एक अति उन्नत रंगमंच की अपेक्षा करता था। ऐतिहासिक एकांकियों के क्षेत्र में भुवनेश्वर ने कुछ और कलात्मक प्रयोग किये। 'सिकन्दर' (संगम, 1950), 'अकबर' तथा 'चंगेज खां' 1950 से पूर्व की परिष्कृत रचनाएँ हैं।

'शॉ' तथा अन्य पाश्चात्य नाटकों से प्रभावित एकांकियों में हैं—1. 'वैवाहिक विडम्बना', 2. 'एक साम्यहीन साम्यवादी', 3. 'शैतान', 4. 'प्रतिमा का विवाह', 5. 'रोमांस-रोमांच', 6. 'लाटरी' इत्यादि प्रमुख हैं। इसमें चित्रित जीवन की समस्याएँ भारतीय समस्याओं से मेल नहीं खातीं। इनकी मूल भावना पाश्चात्य समाज से ली गई है; जैसे—दो पुरुषों का रोमांस की भावना से भरकर एक प्रेमिका के लिए संघर्ष, विवाहिता पत्नी का पति के सम्मुख दूसरे पुरुष से प्रेम-सम्बन्ध और पति का विवश-सा होना, समाज में धनिक विधवा का प्रेम और नैतिक सम्बन्ध, सुशिक्षित स्त्रियों का सामाजिक प्रतिष्ठा को मातृत्व के मुकाबले में अधिक श्रेयस्कर समझना, सभ्य और शिक्षित स्त्रियों का काम-पिपासा शान्त करने का प्रयत्न, विवाहित जीवन में पति की आर्थिक उपयोगिता, पति की अनुपस्थिति में पर-पुरुष का दूसरे की पत्नी को प्राप्त कर लेना। ये समस्याएँ सेक्स में केन्द्रित हैं तथा हिन्दी के लिए सर्वथा अभूतपूर्व थीं। भुवनेश्वर ने फ्रायड के मनोवैज्ञानिक विचारों से प्रभावित होकर इनमें मनोवैज्ञानिक पृष्ठभूमि के साथ चित्रित किया।

भुवनेश्वर ने सामाजिक रूढ़ियों, प्रचलित किन्तु कृत्रिम विचार-स्वातन्त्र्य, साम्यवाद, विवाह-वैषम्य तथा मनुष्य के अन्तर्जगत् में उठने वाले काम-वासना, प्रेम, क्रोध, कातरता, ईर्ष्या, प्रतिहिंसा आदि मनोविकारों से उत्पन्न मानसिक जटिलताओं का मार्मिक चित्रण किया है। इनका द्वन्द्व बाह्य की अपेक्षा आन्तरिक अधिक है; बुद्धि की अपेक्षा हृदय का है। बुद्धि नैतिक बन्धन मान सकती है किन्तु हृदय सर्वथा स्वच्छन्द है। वह समाज के कृत्रिम नियंत्रण में नहीं बँध सकता। इन नाटकों के स्त्री-पात्र बुद्धि के कृत्रिम अनुशासन से नहीं, अन्तस्तल से उद्भूत भावनाओं से परिचालित होते हैं। भुवनेश्वर की एक विशेषता आधुनिक मनःविश्लेषण का प्रयोग है। नारी तथा पुरुष का मनःविश्लेषण बड़ा सूक्ष्म तथा पूर्ण है।

इन एकांकियों का मूल केन्द्र सेक्स तथा विभिन्न मनोवैज्ञानिक परिस्थितियों का आवेगमय चित्रण है। हिन्दू समाज के कठोर नियंत्रण, रूढ़ियों एवं पाखण्ड तथा जीर्ण-शीर्ण

संस्थाएँ, आधुनिक अंग्रेजी शिक्षा-प्राप्त युवक-युवतियों की वासना अनियन्त्रित रूप से भड़ककर विकृत हो चुकी है। समाज के फौलादी नियन्त्रणों में आधुनिक पुरुष की यौनक्षुधा अतृप्त रहती है। जैसे-जैसे सभ्यता बढ़ रही है, वैसे-वैसे शिक्षित एवं आर्थिक दृष्टि से सम्पन्न मध्यवर्ग की सेक्स-ग्रन्थियाँ जटिलतर होती जा रही हैं। इस प्रकार की क्रान्तिकारी भावना से परिपूर्ण समस्याओं में भुवनेश्वर ऐसे उलझ गये हैं कि कहीं-कहीं यह भ्रम होता है कि ये नाटक भारत के लिए हैं, या पश्चिमी प्रदेशों के विकसित समाज के लिए। उन्मुक्त प्रेम, वैवाहिक वैषम्य, बाहर से सुसंस्कृत किन्तु अन्दर से अनेक जटिलताओं के पुलिन्दे पात्र प्रारम्भिक नाटकों को कुछ कृत्रिम और अस्वाभाविक बनाते हैं। इनके पात्र मध्यवर्ग के प्रतिष्ठित नागरिक हैं, किन्तु उनके अन्दर आज भी वही बर्बरता बैठी हुई है, जो मानव की सभ्यता के प्रारम्भिक युग में थी। भुवनेश्वर कहते हैं–

"मनुष्य अपनी बुद्धि-स्थूलता से वस्तुओं का वास्तविक रूप छिपाये हुए है–मानवजीवन की यही एक समस्या है। हमारा आधुनिक युग एक पागल वृद्धा के समान है। इसे बकने दो; और यदि तुम सतर्क नहीं हो, तो बर्तन, कुर्सियाँ और टेबुल भी तोड़ने दो... ।"

भुवनेश्वर पर पाश्चात्य प्रभाव इतना अधिक है कि उपर्युक्त समस्याओं को सुलझाते हुए वे पाश्चात्य समाज-जैसे समाज की कल्पना कर लेते हैं। उनके भारतीय नाम और यूरोपीय उन्मुक्त प्रेम, सेक्स, वैवाहिक-वैषम्य की समस्याएँ उनके प्रारम्भिक नाटकों को अवास्तविक-सा बना देते हैं।

आपकी अधिकांश समस्याएँ विदेशी सामाजिक जीवन से प्रभावित हैं। जिस समाज का चित्रण इनमें उपलब्ध है, वह कृत्रिम, नैतिक दृष्टि से खोखला, यौन-क्षुधा से तड़पता हुआ है। उसकी मान्यताओं में स्त्री के पतिव्रत धर्म पर आस्था नहीं है, वह वस्तुवादी है। भारत की आध्यात्मिक संस्कृति का इस समाज पर कोई बन्धन नहीं दीखता क्योंकि यह दैवी सम्पदा समाज में ही लोप हो चुकी है।

इन नाटकों में भुवनेश्वर सन्देहवादी हो गये हैं। सन्देह को 'बुद्धि के लिए विश्राम' मानते हैं। आज के समाज की नैतिक निष्ठा पर उन्हें कोई आस्था नहीं है। कुछ नाट्यकारों ने उन्हें निराशावादी कहा है। वास्तव में भुवनेश्वर निराशावादी नहीं हैं। उनकी सामाजिक आलोचनाएँ विध्वंसात्मक हैं, सृजनात्मक नहीं। उन्होंने मध्वर्गीय समाज को यथार्थवाद की दृष्टि से देखा है और मर्मस्थलों पर उँगली रख दी है। आधुनिक मनोविज्ञान की दृष्टि से प्रेम काव्य-स्वरूप होना चाहिए–यह प्रस्तुत किया है।

भुवनेश्वर समस्या का कोई स्पष्ट उत्तर नहीं देते। उत्तर दिखानेवाली स्थितियों, घटनाओं, व्यापारों तथा कार्यकारण परम्परा को चित्रित-भर कर देते हैं। वह एक पर्दा-सा फाड़कर हमें भीतर झाँकने के लिए जैसे बाध्य कर देते हैं और फिर प्रश्न करते हैं–"बोलो यह क्या है ? तुम्हारे सभ्यता का स्वांग करने वाले समाज में ऐसे-ऐसे भी कार्य चलते हैं ? क्या मानव पुरानी बर्बरता, पशुता या स्वार्थ से कुछ आगे बढ़ सका है ?" उनके विचार तथा प्रतिपादन में बर्नार्ड शॉ का पूरा प्रभाव है। भुवनेश्वर ने इन नाटकों में शॉ से आदान-प्रदान

के सम्बन्ध में स्वयं लिखा है—"लिखने के बाद मुझे प्रतीत हुआ कि मेरे 'शैतान' के एक सीन में शॉ की छाया तनिक मुखर हो गयी है, मैं इसे निर्विवाद स्वीकार करता हूँ।"

अपने बाद के नाटकों में भुवनेश्वर अपने प्रौढ़तम रूप में प्रकट हुए हैं। इन नाटकों में 'ताँबे के कीड़े', 'जेरूसलम का नायक', तथा 'सिकन्दर' सबसे उत्तम रचनाएँ हैं। 'ताँबे के कीड़े' में आज की समाज-व्यवस्था के प्रति चुभता व्यंग्य है। इसमें नाना प्रकार के व्यक्तियों (एक परेशान रमणी, मसरूफ पति, थके हुए अफसर, एक रिक्शा कुली, पागल आया) का बड़ा यथार्थवादी चित्रण है। यह सामाजिक यथार्थ सामाजिक विद्रोह चाहता है और पुरानी आस्थाओं का विध्वंस करना चाहता है। 'जेरूसलम का नायक' अंग्रेजी टाइप का एकांकी है। जिसका वातावरण विशेष रूप से सफल रहा है। भाषा उर्दू-मिश्रित हिन्दुस्तानी है, पात्र रोमन तथा यहूदी हैं। कथोपकथन अंग्रेजी ढंग के हैं। अन्तिम सीन में एक वक्ता आकर सम्पूर्ण कथानक को संक्षेप में सुना देता है। इसमें कुछ सांकेतिक प्रयोग भी किये गये हैं। 'सिकन्दर' आपका प्रतिनिधि ऐतिहासिक एकांकी है, जिसमें भारत के अतीत गौरव के प्रति गर्व तथा श्रद्धा की भावनाएँ प्रकट की गयी हैं। इसमें यह प्रदर्शित किया गया है कि सिकन्दर महान् भारत की आध्यात्मिक तथा धार्मिक मान्यताओं के समीप एक बच्चा ही रहा। यूनानी दार्शनिक नाटक के अन्त में कहता है—"विचित्र देश है यह ! इसने संसार के सबसे पहले विश्वविजयी को फिर से एक बालक बना दिया।" यही राष्ट्रवादी भावना इनके अन्य ऐतिहासिक नाटकों में मुखरित हुई है।

आपके नाटकों के पात्र मुख्यतः दो प्रकार के हैं—एक तो समाज के सन्मुख आदर्शवादी बना रहता है किन्तु वास्तव में वह अनेक दुर्बलताएँ चरित्र में दबाए हुए कपटी मिथ्याचारी व्यक्ति होता है; दूसरा वह जो अन्दर से तो आदर्शवादी है, पर परिस्थितियों के बोझ से समाज में गिर गया है पर वह बलिदान की अपूर्व क्षमता रखनेवाला वीर होता है। पुरुषों की अपेक्षा आपने स्त्री-पात्रों की गढ़न में विशेष दिलचस्पी ली है तथा उनके चित्रण में आधुनिक मनोविज्ञान का भी आश्रय लिया है। वे सशक्त, विद्रोही, व्यवहारकुशल, प्रेम में उन्मत्त, विवाहित होकर भी अतृप्त कामलोलुप, फैशन के गुलाम तथा अनियन्त्रित हैं। 'कारवाँ' के उपसंहार में आपने स्त्री-मनोविज्ञान सम्बन्धी क्रान्तिकारी विचारों का प्रतिपादन किया है, जो फ्रायड से प्रभावित हैं। भुवनेश्वर कहते हैं—

"विवाह के विषय में इससे सरल, सारगर्भित सत्य और कोई नहीं है कि विवाह एक बन्धन है। स्त्री उन पुरुषों के साथ फ्लर्ट करती है, जो उससे विवाह नहीं करते; और उन पुरुषों के साथ विवाह करती है, जो उनके साथ फ्लर्ट नहीं करता।"

भुवनेश्वर के कुछ स्त्री-पात्र, जैसे—मिसेज पुरी, पार्वती, प्रतिमा, मिसेज सिंह, माया आदि इन्हीं विचारों के मूर्त रूप हैं। प्रायः दो पुरुष एक ही स्त्री के लिए लड़ते हैं। विजय हर जगह ठोस अर्थप्राणित विवाह की ही होती है। प्रेमी का क्षीण रोमानी विद्रोह हत हो ही जाता है।

भुवनेश्वर में यथार्थवाद है, किन्तु वह नग्नता लिये हुए है। उन्होंने 'प्रेम' नाम के तत्त्व

का मनोवैज्ञानिक अध्ययन प्रस्तुत किया है। कहीं-कहीं यह नग्नता एक कठोर हास्य बन गया है और अपनी चरमता में अश्लील की सीमा के निकट पहुँच गया है। भुवनेश्वर कला में अश्लीलता का अर्थ समझते हैं 'नग्न पवित्रता'। वे कहते हैं–

''प्रायः समस्त नाटककार पेटीकोट की शरण लेते हैं और दो पुरुषों को एक स्त्री के लिए आमने-सामने खड़ा कर संघर्ष उत्पन्न करते हैं। मैंने भी यही किया है। केवल बुलडाग कुत्ते के मुख से हड्डी निकालकर अलग फेंक दी है ताकि संघर्ष बराबर का हो।''

आपके नाटक पढ़कर अनायास ही हमें इब्सन के 'डोल्स हाउस' अथवा 'पिलर्स ऑफ सोसाइटी' और शॉ के 'डेविल्स डिसाइपिल्स' या 'कैंडिडा' का स्मरण हो आता है, किन्तु आपके दृश्य सचमुच ही भारतीय जीवन की कठिन और व्यथित आलोचना हैं। इन नाटकों में जीवन की सी असम्पूर्णता भी है।

अपनी टेकनीक में भुवनेश्वर पाश्चात्य एकांकियों से अत्यधिक प्रभावित हैं। इनकी टेकनीक पर पाश्चात्य प्रभाव अत्यन्त उभरा हुआ है। आपके दृश्यों का प्रारम्भ पात्रों का प्रवेश एवं कार्यकलाप, कथोपकथन, रंगमंचीय सूचनाएँ, स्टेज का निर्माण, उस पर रोशनी, स्कीन, पृष्ठभूमि की आवाजों का क्रम सब कुछ पाश्चात्य ढंग का है।

बिना किसी पूर्व भूमिका, कथा-सार या पात्रों के मनोभावों, स्थिति इत्यादि का निर्देश किये बिना अकस्मात् इनके एकांकी प्रारम्भ हो जाते हैं। पात्रों के नाम, नाटकीय स्थिति, पात्रों के पारस्परिक सम्बन्धों इत्यादि का ज्ञान भी हमें उनके कथोपकथन के द्वारा ही कराया जाता है। इनके नाटक ऐसे स्थल से प्रारम्भ होते हैं कि विभिन्न वर्गों के पात्रों में संघर्ष प्रकट हो जाता है और नाटक शीघ्र गति पकड़ लेता है; स्थान-स्थान पर नाटकीय गति लेता हुआ कौतूहल-चित्रण तथा आश्चर्य के साथ चरम सीमा की ओर अग्रसर होता है। घटनाओं के चित्रण तथा कथानक-सूत्र को आगे बढ़ाने में वाक्वैदग्ध्यपूर्ण वार्तालाप की सृष्टि है। इनके वार्तालाप बड़े कुशलता से लिखे गये हैं। इनमें गति की घनीभूत तरंगें आती हैं, जो कौतूहलता की अभिवृद्धि कर चरम सीमा पर केन्द्रित हो जाती हैं, संविधान के सूत्रों का पारस्परिक ग्रन्थन कलात्मक होता है।

वस्तु की चरम सीमा साफ है। वहाँ भी अकस्मात् का चमत्कार है। इसलिए इन नाटकों में पूर्व पीठिका बिल्कुल लुप्त है। सभी वाक्य आगे को चलते हैं; पीछे की उन्हें कोई चिन्ता नहीं–कभी इससे थोड़ी ही जिज्ञासा पाठकों को क्षुब्ध करती है और वह घटना को पूरी तरह आसानी से समझ नहीं पाता।

आपके कथोपकथनों में पाश्चात्य ढंग की किफायतशारी सरलता, मर्मस्पर्शिता और वाक्वैदग्ध्य है। स्वगत का पूर्ण बहिष्कार है। आपके पात्रों के कथोपकथन न तो लेक्चर हो जाते हैं, न वाद-विवाद कर रूप ही धारण करते हैं। यदि कहीं वाद-विवाद का अवसर भी आया है, तो उसे कुशलतापूर्वक संविधान का अंग बनाकर ही प्रस्तुत किया गया है। जैसे 'शैतान' में हिन्दू-धर्म और आर्य-संस्कृति का विवेचन। उनके पात्रों में मितभाषण के साथ-साथ मर्मस्पर्शिता तथा तड़प भी है।

जो तत्त्व हमें विशेष रूपसे भुवनेश्वर की कला की ओर आकृष्ट करता है, वह उनका रंग-संकेत है। ये इब्सन, गाल्सवर्दी तथा बर्नार्ड शॉ से प्रभावित हैं–वही नमक-मिर्च का व्यंग्य, उग्रता, काव्य का सहज स्पर्श और उपमा का चमत्कार। शॉ की व्यंग्यवक्रोक्तियों की तरह आपने हिन्दी में प्रभाव-व्यंजना के लिए रंग-संकेतों का प्रयोग प्रारम्भ किया। 'कारवां' का उपसंहार बर्नार्ड शॉ के नाटकों की भूमिकाओं से मिलता-जुलता है। भुवनेश्वर ने रंग-संकेतों द्वारा कई कार्य सम्पन्न किये हैं–1. वातावरण की मूल भावना का अंकन, 2. नाटकत्व का रूप प्रतिष्ठित करना, 3. रंगभूमि की व्यवस्था, 4. अभिनय में सहायता, 5. पात्रों की रूप-कल्पना, 6. नाटक को प्रभावोत्पादक तथा सुपाठ्य बनाना।

दुःखभरी स्थिति तथा अवसादपूर्ण वातावरण का अंक देखिए–

"पूर्व परिचित कुलियों की बस्ती, जैसे किसी ने अभिमन्त्रित कर निर्जीव कर दी हो। मकानों के आगे, या विचित्र जगहों पर मजूर बैठे विष के समान ताड़ी पी रहे हैं। बच्चे कभी डर से, कभी माता की झुँझलाहट से और कभी एक अज्ञात आशंका से रो देते हैं, और वह स्वर ऐसा ही तीव्र है, जैसे दोपहर की नीरवता में चीलों का कीकना। भावी के समान आशंका की दृढ़ता सबके मुख पर अंकित है। मध्याह्न के प्रखर आतप में जैसे विश्व मुमूर्षप्राय हो रहा हो।" (एक साम्यहीन साम्यवादी)

पात्रों के चित्रण में व्यंग्य, उपमा, और शॉ जैसी तीखी वक्रोक्ति का चमत्कार देखिए–

"साँझ की धुँधलाहट में तेल और मिलों की कलौंच की सहायता से बाल सँवारे, लम्बे-लम्बे कालरों की कमीज पहने स्वयं अपने फरिश्ते के समान मिल के मजदूर ऐसी ठिठोली कर रहे हैं।"

"मनुष्य के नाम स्वयं अपने से ईर्ष्यालु हाड़-चाम का मजदूर, प्रकाश के नाम की एक 20-22 वर्ष की युवती मलिन वस्त्रों में इस प्रकार दीखती है, जैसे आँसुओं की नीहारिका में नेत्र।"

"आपत्ति के समान एक 26-27 वर्ष के एक युवक का प्रवेश, उसके बाल रूखे और बिखरे, नेत्र काले विष के समान गम्भीर।"

"खद्दर के हिम-श्वेत कपड़ों में देवदूत के समान एक पुरुष बैठा है।"

"किशोर एक कटे हुए वृक्ष के समान सोफे पर बैठ जाता है।"

"हरी सर्ज की अचकन में शीत से काँपते हुए एक अधेड़ मनुष्य का प्रवेश।"

प्रकृति का चित्रण बड़ा भावपूर्ण, तत्कालीन भावना को उद्दीप्त करने वाला होता है–

"एक शीतल और निर्दय नीरवता में दोनों खो जाते हैं।"

"कमरे में प्रगाढ़ कब्र की सी नीरवता और निश्चलता है; केवल एक प्रखर और उत्तेजित सत्य के समान स्टोव सन-सन और भाँय-भाँय जल रहा है।"

"समय नवम्बर का, एक मेघाच्छादित प्रातः, तारीख और साल की कोई आवश्यकता नहीं। बीसवीं सदी का कोई दिन अन्धकार में नहीं रह सकता।"

"फुलवारी में, जो वक्षस्थल से चिपट अर्द्धनिद्रित, भय या शोक से काँप रही है, रात्रि

के श्रमकण के समान तारे अपने ही भार से व्यथित हैं...।''

भाँति-भाँति के कार्य-कलाप, पात्रों के मनोभाव-चित्रण तथा नाना क्रियाओं, अनुभव की अभिव्यँजना में भुवनेश्वर की कला पश्चिमी एकांकी का स्मरण दिलाती है। कुछ उदाहरण देखिए—

''राजेन उस मृत्यु से शीतल हाथ को अपने गर्म ओठों तक ले जाना चाहता है; पर सहसा वह हाथ छुड़ाकर उसके गले में बाँह डालकर उसके ओठों को चूम लेती है, और आहत होकर गिर पड़ती है।''

''पुरुष निर्वाक् खड़ा रहता है, पर कुछ सोचकर चल देता है। माया विकल होकर सोफे पर बैठ जाती है। पुरुष मन्त्र-मुग्ध के समान खड़ा रहता है।''

रंग-सूचनाओं में उपमा के बड़े सजीव प्रयोग हैं। कुछ उदाहरण देखिए—

''मिस्टर अप्पी चींटी-से मेहनती, कौवे से चतुर, मृत्यु से भी अधिक व्यस्त तथा गम्भीर दीखने का प्रयत्न करते हैं।''

''गोल हँसमुख लापरवाह चेहरा, पर आँखों में विषाद की बुद्धिमत्ता, अधरों पर विलास की सजीवता।''

''रेशमी काले लहराते बाल। उसमें बालिका-सी लज्जा और कविता-सी मधुरता है। आकृति चाँदनी के समान सरल है; जुन्हाई के समान बेल-बूटों की साड़ी पहन पार्वती आती है; दूसरे ही क्षण वह आगे से टूटे हुए सेफ को एक गूढ़ रहस्य के समान देखती है; पुरुष उसे देखकर खड़ा होता है और त्रस्त-सा, विमुग्ध-सा उसकी ओर हाथ फैलाकर बढ़ता है।''

भुवनेश्वर की स्टेज-सूचनाएँ लम्बी और व्यापक हैं; उनकी भाषा एक नया आश्चर्य और विस्मय लिये है। इनकी विशेषता काव्य-शक्ति और अदम्य प्रवाह है। आपके शब्द-चित्र हमें विशेष रूप से आकर्षित करते हैं।

सद्‌गुरुशरण अवस्थी

आचार्य श्री सद्‌गुरुशरण अवस्थी का सम्पूर्ण साहित्य पौराणिक व सांस्कृतिक पुनरुत्थान की दृष्टि से विरचित है। अवस्थी जी यह मानते हैं कि पौराणिक कथाओं और व्यक्तियों की एक परम्परा होती है, जिसमें जनता अनन्तकाल से रमण करती आई है और उसमें रस लेने की अभ्यस्त है। अतएव अतीत की इन गाथाओं में नये आदर्शों का समावेश है; नायकों को युग के नेत्रों से देखकर उनका समीचीन मूल्यांकन किया गया है। इसमें प्राचीन रूढ़िवादी परम्परा की परितुष्टि सर्वत्र नहीं हो सकी है, यद्यपि अवस्थी जी ने अपना आदर्श प्राचीन और अर्वाचीन का वैज्ञानिक सामंजस्य ही रखा है।

'शकुन्तला' में शाप के स्थान पर चोट लगना पुराने कथानक का नया मनोवैज्ञानिक हल है। शकुन्तला के ये वचन देखिए—

''हे सम्राट ! मैं तुम्हें दोष नहीं देती। पिता की अवहेलना कर, गुरुजनों की बिना

अनुमति के जो कन्या उतावलेपन में अपने भाग्य की गोटियाँ फेंक देती है, उसकी ऐसी ही दुर्दशा होती है। नियति-गति बनाने वाली अभागिनी जन्म भर विषाद को ही परखा करती है। दया से, कृपा से, भुलावे से, अनुनय-विनय से, किसी प्रलोभन से ऐहिक दुर्बलता अथवा मानसिक विचार से जो कन्याएँ पुरुष की प्रणतियों का सामना नहीं कर पातीं, वे अपने को प्रलय के अंगारों में विसर्जित करती हैं...मेरा पराभव उन्हें सचेत करे, सुकुमारियों का संसार कठोर होना सीखे...नारी पत्नी बनकर क्वाँरी नहीं हो सकती, पुरुष पति बनकर भी अविवाहित ही बना रह सकता है। नारी का क्वाँरापन लौटकर नहीं मिल सकता। पुरुष का क्वाँरापन कहीं जाता ही नहीं।''

'तुलसीदास' में प्रेम के क्षणिक उन्माद की निस्सारता प्रकट की गई है।

भारतीय संस्कृति में प्रेम का क्या स्वरूप है, यह चित्रित किया गया है। तुलसी प्रेम में पागल होकर अपनी पत्नी रत्ना से रात में छिपकर मिलने चले आते हैं—रत्ना कहती है—''निर्लज्ज प्रेम-प्रदर्शन भारत की विभूति नहीं है। विलासी मन का कला के साथ खिलवाड़ वास्तविकता नहीं। समाज का आदर्श, अभिसार करनेवाली परकीया कभी न थी। प्रेम को लोकधर्म के विधि-निषेध के भीतर ही रहना चाहिए। समाज की परिभाषा का उल्लंघन करना ठीक नहीं। भविष्य में आपको समाज को परखकर ही पैर बढ़ाना चाहिए।''

'अहल्या' एकांकी में अवस्थीजी ने यह चित्रित किया है कि किन परिस्थितियों में अहल्या का सतीत्व भंग हुआ था और कैसे उसकी पवित्रता स्थिर रही। वह कहती है—''नारी-जगत् की संस्कृति में गोपन विद्या लज्जा का दूसरा नाम है। अत्यन्त भय-कातरता भी काम कर रही थी। कातरता का भी व्यवहार रूप-गोपन है, अतएव आपका खुरक पाते ही भय ने लज्जा का हाथ पकड़ा और इन्द्र को पर्यंक के नीचे ढकेल दिया।''

'कैकेयी' में एक नया दृष्टिकोण है। कैकेयी चाहती है कि राम पहले मजबूत बनें, संसार की कठिनाइयों को देखें और यह ट्रेनिंग लेने के बाद भोग करें। दृढ़ी, बलशाली, अनुभवी राम द्वारा विश्व का कल्याण, भारतवर्ष का उद्धार और आर्यों की प्रतिष्ठा तभी हो सकती है। दशरथ जी को पुत्र-मोह से निकालने के लिए ही वह राम को सांसारिक अनुभव के लिए वन में भेजती है।

'शम्बूक' में वर्ण-व्यवस्था पर आक्रमण है। शम्बूक का तर्क और कटु व्यंग्य देखिए—''वर्ण-व्यवस्था की कड़ियों को तोड़कर ऊपर उठने के लिए आप प्रोत्साहित नहीं कर सकते। निषाद से मैत्री, शबरी का जूठा आतिथ्य, केवट का सम्मान, सुग्रीव और जाम्बन्त का समादर आपके व्यक्तित्व की सम्पत्ति है... अपना ही उदाहरण आप दूसरों के लिए पाप समझेंगे। ऊपर का व्यक्ति अपने स्वार्थ के लिए सब कुछ कर ले, पर यदि समाज-सुधार के लिए भी नीचे का व्यक्ति उन्हीं कार्यों को करे, तो मृत्यु-दण्ड से पुरस्कृत किया जाय...वह समय आवेगा, जब जाति-पाँति तोड़ना लोग अपना गौरव समझेंगे। सैकड़ों शम्बूक होंगे, पर राम का कहीं पता न होगा। आपकी मिथ्या से आर्य-सभ्यता सँभल जाय। गिरते हुए कगारों पर खड़ी हुई यह ब्राह्मण-संस्कृति अब भी सचेत हो जाय।''

'विभीषण' में विभीषण का भाई को छोड़कर चले आने का लांछन तोड़ा गया है कि सद्प्रवृत्तियों का समुदाय राष्ट्रवाद और कुटुम्बवाद से ऊँचा है।

'महाभिनिष्क्रमण' में अवस्थीजी ने वैराग्य का विवेचन किया है। प्रकृति के नाना व्यापारों से दो भिन्न-भिन्न निष्कर्ष निकाले गये हैं। 'एकलव्य' में ब्राह्मण-अब्राह्मण की विवेचना की गई है। एकलव्य के इन वचनों का कटु व्यंग्य देखिए–

''**एकलव्य**–गुरुवर द्रोणाचार्य की आज्ञा मानी जायेगी। यह ब्रह्मणों का युग है। भील निर्बल हैं, भील शूद्र हैं। ब्राह्मणों के सामने खड़े होने का साहस उनमें नहीं है...स्मरण रहे, वह युग अवश्य आवेगा, जब सारी परम्पराओं को व्यक्ति की स्वतन्त्रता पर टिकना पड़ेगा।''

'सती का अपराध' में यह चित्रित किया गया है कि सती ने सीता का रूप धारण किया था। यह एक सामाजिक व्यंग्य है, जिसमें स्त्री का सच्चा रूप भी दिखाया गया है। पति की अवज्ञा के दुष्परिणाम भी दिखाये गये हैं।

'त्रिशंकु' में स्थित स्वर्ग दिखाया गया है। 'बलिवामन' में आर्य और अनार्य-संस्कृति की विवेचना की गई है। अतिवाद की मूर्खताएँ दिखाई गई हैं। बलि अतिवाद में फँसा हुआ असंस्कारी जीव है। वामन कहते हैं–''जीव को ब्रह्म बनने का दम्भ नहीं भरना चाहिए। अतिवाद ब्रह्म की शोभा है। जीव के भीतर अतिवाद नाश का घुन है। उसे निकाल फेंकना मर्यादा-स्थापन का पहला काम है...मैंने भी अतिवाद-ध्वंस के कई प्रयोग किये हैं। तुम्हारा पराभव भी एक प्रयोग ही है।''

'सुदामा' एकांकी का नायक सुदामा द्वारिकापुरी की अथवा सुदामापुरी की ठाट-बाट के स्थान पर अपनी काली कमरी, झोंपड़ी, जीर्ण वस्त्र और मिट्टी के बरतन ही स्वीकार करता है।

'ध्रुव' में तपस्या का सुन्दर रीति से चित्रण किया गया है। सारे लोगों के पोषणों के प्रति विराम लगाकर ही सब ओर से चेतना हटाकर विश्व की ओर समस्त वेग से केन्द्रित कर देने का नाम तपस्या है। तपस्या किस प्रकार मानव के विकारी उपकरणों को गला देती है, यह रहस्य इस एकांकी में स्पष्ट हो गया है।

'प्रह्लाद' एकांकी में अवस्थी जी ने आर्य-अनार्य संस्कृतियों के संघर्ष को प्रकट किया है। उदात्त संस्कृति के विस्तार का यह एक प्रयत्न है।

श्री सद्गुरुशरण जी ने अपने एकांकी नाटकों में संस्कृत ढंग से सांस्कृतिक नवनिर्माण के प्रयत्न किये हैं। उन्होंने प्राचीन, वैदिक, पौराणिक, ऐतिहासिक, अर्ध-ऐतिहासिक, साहित्यिक कथानकों और नायकों को युग के नये नेत्रों से देखा है और उनका समीचीन मूल्यांकन किया है। इस प्रयास में प्राचीन रूढ़िवादी तथा परम्परावादी परितुष्टि सर्वत्र नहीं हुई है। अवस्थी जी का आदर्श प्राचीन और अर्वाचीन का वैज्ञानिक सामंजस्य ही रहा है।

विष्णु प्रभाकर

यथार्थ और आदर्श को आप पृथक् नहीं मानते; यथार्थ की भित्ति पर ही आदर्श की स्थापना करते हैं। कहानी-क्षेत्र में प्रगतिशील, यथार्थवादी तथा आदर्शवादी—तीनों ही श्रेणियों में आपको सम्मान प्राप्त हो चुका है किन्तु आपका मानव यथार्थ के सहारे सदा आदर्श की ओर ही अग्रसर होता रहा है। 'मानव' आपका लक्ष्य है। आप मानववादी एकांकीकार हैं, जो मानववादी आदर्श के बिना जीवित नहीं रह सकता और यथार्थ के बिना चल नहीं सकता। मानववादी विष्णु अपनी कला के प्रति ईमानदार होने के कारण सदा प्रयत्नशील रहे हैं।

मानव का अध्ययन आपके रेडियो-नाटक, रूपक या एकांकी—सभी में किसी-न-किसी रूप में प्रकट होता है। मानव-जीवन के किसी पक्ष, व्यक्तित्व या समाज के किसी विशिष्ट पहलू, राजनीति की किसी ज्वलन्त समस्या, पात्र के चरित्र की किसी मानसिक भावना-ग्रन्थि, आन्तरिक संघर्ष, या सामाजिक विषमता को उभार देते हैं। विष्णु के हाथ में एकांकी एक मनोवैज्ञानिक और सामाजिक कला है। ये मध्यवर्गीय समाज में फिरते हुए विभिन्न रुचि के व्यक्ति, विभिन्न वर्गों की रुचियाँ, सत्कार और भावनाओं, किसी विशेष परिस्थिति अथवा उद्दीप्त घड़ी के मार्मिक पहलुओं के चित्र हैं। मानव की रुचि तथा भावनाओं को, उनकी उलझनों और संघर्षों के तार-तार को पृथक् करने की चेष्टा की है। विष्णु का मनोविश्लेषण गहरा और सूक्ष्म है। आधुनिक राजनैतिक हलचलों का चित्रण, गाँधीवाद की विचार-पद्धति का प्रतिपादन और मनोवैज्ञानिक अन्तर्दृष्टि इनकी विशेषताएँ हैं। घृणा, द्वेष के ऊपर मानवोचित प्रेम अथवा सहानुभूति की विजय दिखाना, मानवता के सहज सौन्दर्य का उद्घाटन करना इस एकांकी का प्रधान आकर्षण है।

विष्णु के एकांकियों का वर्गीकरण इस प्रकार कर सकते हैं—

सामयिक समस्याप्रधान एकांकी—1. 'बन्धनमुक्त' (अछूतोद्धार की समस्या), 2. 'पाप' (अविवाहित युवती का पाप), 3. 'साहस' (गरीबी और वेश्यावृत्ति), 4. 'प्रतिशोध' (हिन्दू-मुस्लिम साम्प्रदायिक समस्या), 5. 'इन्सान' (साम्प्रदायिक झगड़े), 6. 'देवताओं की घाटी' (कश्मीर आक्रमणकारियों के विरुद्ध), 7. 'वीरपूजा' (भ्रष्ट शरणार्थी देवियों की समस्या), 8. 'चन्द्रकिरण' (परित्यक्ताओं को पुनः अपनाने के सम्बन्ध में), 9. 'रक्त-चन्दन' (कश्मीर युद्ध के बलिदान की एक करुण पर गौरवपूर्ण घटना), 10. 'माँ', 11. 'भाई', 12. 'बँटवारा', 13. 'विभाजन' (पारिवारिक समस्याएँ), 14. 'भगवान्', 15. 'नया समाज', 16. 'विचार और कर्म', 17. 'प्रेम' (सामाजिक समस्याओं पर आधारित) हैं।

राजनैतिक—1. 'बीमार' (1942 की क्रान्ति), 2. 'हत्या के बाद' (पूँजीवाद के विरुद्ध क्रान्ति, विदेशी सत्ता का उन्मूलन), 3. 'कांग्रेसमैन बनो' (कांग्रेस पार्टी में घुसे अवसरवादियों और भ्रष्टाचारियों पर व्यंग्य), 4. 'क्रान्ति' (जन-क्रान्ति पर आधारित), 5. 'बीमार' (ध्वनि नाटक में भारतीय स्वतन्त्रता-संग्राम का चित्रण) हैं। छह रूपकों में 'हमारा स्वाधीनता

संग्राम' में हमारी आजादी की लड़ाई का चित्रण है। शुष्क इतिहास को भी बड़ा सजीव और रोचक बना दिया गया है। इसमें सन् 1857 के गदर, जलियाँवाला बाग, असहयोग आन्दोलन, स्वतन्त्रता की घोषणा, सन् '30 का आन्दोलन, सन् '42 की भारत छोड़ो घोषणा; 15 अगस्त, 1947 की स्वतन्त्रता-प्राप्ति आदि घटनाएँ नाटकीय दृष्टि से विशेष मर्मस्पर्शी बन पड़ी हैं।

मनोवैज्ञानिक नाटक—इनमें मानव की अन्तर्वृत्तियों का सुन्दर मनोवैज्ञानिक अध्ययन है। इस क्षेत्र में आप सबसे उत्तम और स्थायी एकांकी-साहित्य की रचना कर सके हैं। इसमें ये नाटक विशेष उल्लेखनीय हैं—1. 'ममता का विष' (माता की ममता में पुत्र के हित से अधिक अपना स्वार्थ होता है), 2. 'भावना और संस्कार' (संस्कारों के दास मनुष्य को भावना प्रगतिशील बना देती है), 3. 'उपचेतना का छल' (लीलामयी अन्तश्चेतना के गूढ़ रहस्य), 4. 'मैं दोषी नहीं हूँ' (अपराधी का मनोविज्ञान), 5. 'हत्या के बाद' (नारी-विज्ञान का अध्ययन), 6. 'माँ-बाप' (पिता महान् उद्देश्य के लिए पुत्र की मृत्यु पर गर्व, तो माता सन्ताप का अनुभव करती है), 7. 'एक ही बात में' (पुत्री के दोष को माँ-बाप अपने जीवन के प्रकाश में ताड़ना से नहीं, सहानुभूति से दूर करने का प्रयत्न करते हैं), 8. 'प्रेयसि पहले' (सेक्स से सम्बन्धित हैं), 9. 'मुरब्बी', 10. 'रहमान का बेटा', 11. 'मानव', तथा 12. 'जहाँ दया पाप है' भिन्न-भिन्न प्रकार के चरित्रों के अध्ययन हैं।

हास्य-व्यंग्य—गंभीर तथा हास्य-व्यंग्यमय दोनों ही क्षेत्रों में विष्णु को अभूतपूर्व सफलता मिली है। इस क्षेत्र में 1. 'प्रो. लाल' (शीशे और बोलने की मशीन के सहारे भाषण देना सीखनेवाले एक व्यक्ति पर व्यंग्य), 2. 'गीत के बोल' (सिनेमा के अश्लील गीतों को फैलाने में माँ-बाप का हाथ), 3. 'भूख' (एक पत्नी के होते हुए दूसरे विवाह के इच्छुक कवि का मजाक), 4. 'सरकारी नौकरी' (क्लर्क की झाँकी), 5. 'पुस्तक कीट' (रट्टू विद्यार्थी पर व्यंग्य), 6. 'कार्यक्रम' (जनतन्त्र के मन्त्रियों पर आक्षेप व व्यंग्य), 7. 'कांग्रेसमैन बनो' (अवसरवादी कांग्रेसमैनों पर व्यंग्य), 8. 'व्यँग्य' (जो बात जीवन में नहीं सह सकते, उसे कहानी में स्वीकार कर लेते हैं), 9. 'कला का मूल्य' (सम्पादक की मिथ्या प्रशंसा तथा गरीब लेखकों का शोषण), 10. 'दृष्टि की खोज' आदि हैं।

पौराणिक ऐतिहासिक नाटक—1. 'अशोक' (कलिंग-युद्ध के पश्चात् का चित्रण), 2. 'परिवेदन' (अकबर की सेवा-धर्म-समन्वय नीति का दिग्दर्शन कराता है), 3. 'नहुष का पतन' (पौराणिक), 4. 'देवताओं का प्यारा' (अशोक के जीवन का चित्रण), 5. 'कंस मर्दन', 6. 'जन्माष्टमी', 7. 'शिवरात्रि'।

प्रचारात्मक दृष्टिकोण—इस वर्ग में सोद्देश्यवादी सामयिक और राजनैतिक घटनाओं का चित्रण है, जिसमें गाँधीवाद का सांस्कृतिक रूप है—1. 'यू. एन. ओ. और युनेस्को', 2. 'हमारा स्वाधीनता-संग्राम', 3. 'संयम', 4. 'स्वतन्त्रता का अर्थ', 5, 'मजदूर और राष्ट्रचरित्र', 6. 'काम', 7. 'सर्वोदय', 8. 'सहिष्णुता', 9. 'शिक्षा', 10. 'नारी', 11. 'अनुशासन', 12. 'नया समाज', 13. 'कांग्रेस और सांस्कृतिक उन्नति', 14. 'पड़ोसी', 15. 'समाज-सेवा',

16. 'राजस्थान', 17. 'मध्यभारत', 18. 'विन्ध्य प्रदेश', 19. 'बच्चे तथा उनके माता-पिता', 20. 'नया कश्मीर', 21. 'जमींदारी उन्मूलन', 22. 'पंचायत', 23. 'चोर-हाट'।

रेडियो अनुकूलन—1. 'ढोलामारू', 2. 'कमला' (रामचन्द्र तिवारी के उपन्यास का रेडियो-रूपान्तर), 3. 'सिंहबाद', 4. 'शतरंज के खिलाड़ी' (प्रेमचन्द की कहानी), 5. 'समाज के स्तम्भ', 6. 'सूरदास' (प्रेमचन्द), 7. 'आश्रिता', 8. 'प्राइड ऐण्ड प्रिज्यूडिस (अ. बो. शवर्ड का उपन्यास), 9. 'मुक्ति-मार्ग' (प्रेमचन्द), 10. 'मनोवृत्ति' (प्रेमचन्द), 11. 'काबुलीवाला' (रवीन्द्रनाथ टैगोर)।

बच्चों के एकांकी—इस वर्ग में आपके 1. 'न्याय', 2. 'ईमानदार लड़का', 3. 'सफाई', 4. 'चोर-हाट', 5. 'माँ का बेटा', 6. 'संवेदना', 7. 'न्याय', 8. 'पुस्तक-कीट', 9. 'ऐसे-ऐसे', 10. 'होली', 11. 'गुरु द्रोण की पाठशाला' आदि आते हैं।

विष्णु की ममतामयी कला ने भावना की भूमि पर क्रमिक विकास पाया है। उन्होंने कल्पना के आकाश में नहीं, जीवन की कठोर भूमि पर अपने उपकरण जुटाये हैं; उनकी दृष्टि यथार्थ से जूझ-जूझकर ही व्यापक गहन, निर्मल और स्निग्ध बनती गयी है। विष्णु मात्र यथार्थ तथा भावना से निर्मित हैं। यथार्थ उनकी कला को इस जीवन से टूटने नहीं देती, भावना उनकी कला को पंख देती है, मनोवैज्ञानिक दृष्टिकोण उनके पात्रों तथा पृष्ठभूमि को सूक्ष्म बना देता है। यथार्थ द्वारा वह कठोर-से-कठोर तथ्य से भी नहीं घबराये हैं, गम्भीरतम समस्याओं; जैसे—राजनैतिक नाटकों में भारत की स्वतन्त्रता के लिए युद्ध, नोआखाली तथा पश्चिमी पाकिस्तान का नरमेध, लज्जा की प्रतीक नारियों का नग्न प्रदर्शन, बालकों के अंग-विच्छेद, काश्मीर-आक्रमण, परित्यक्ताओं की समस्याएँ, साम्प्रदायिक झगड़े, महँगाई, घूसखोरी, कांग्रेस की कमजोरियाँ, सोशलिस्ट और कम्युनिस्ट पार्टियों का निर्माण और बल प्राप्त करना, राजनीति में धर्म, भारत में फैली हुई गुटबन्दी, उलझन, संकीर्णता, राजनैतिक पार्टियों के क्षुद्र स्वार्थ और सस्ते ढंग के राजनैतिक कार्यकर्ताओं की ईमानफरोशी, गाँधीवाद आदि को भी अपने नग्न स्वरूप में रख पाये हैं। भावना द्वारा उन्होंने अपनी सहानुभूति को व्यापक बनाया तथा सार्वभौमिक किया, यथार्थ से आगे बढ़कर आदर्श की सृष्टि की और मानव-चरित्र-शिल्पी बने। 'ममता का विष', 'भावना और संस्कार', 'उपचेतना का छल', 'मैं दासी नहीं हूँ', 'जहाँ दया पाप है', 'माँ-बाप', 'एक ही नाव में' आदि मनोवैज्ञानिक नाटकों में विष्णु की अन्तरात्मा जाने-अनजाने मानवता की पृष्ठभूमि पर सत्य की खोज में सतत प्रयत्नशील रही है। यही कारण है कि विविध वादों के बीच में से गुजरकर भी अन्ततोगत्वा वह किसी एक वाद की न हो सकी। आज के हिन्दू समाज की पुरानी रूढ़ियाँ, बाह्य आचार-विचारों की संकीर्णता, आर्य समाज के स्वमताभिमान (Dojmatism) उस पर हावी न हो सके। गाँधीवाद, युगवाद, प्रगतिवाद अथवा युगधर्म की स्पष्ट छाप पड़ी, पर वह उनमें बँध न पाई।

इनके सभी एकांकियों का संविधान रंगमंचीय नहीं है। रेडियो-नाटक अपने-आप में पूर्ण हैं। प्रारम्भिक नाटकों में दृश्यों की अधिकता है किन्तु नवीन एकांकी; जैसे—'अशोक'

और 'रक्त-चन्दन' में कथानक एक ही दृश्य में पूर्ण कर दिया गया है। अन्तिम प्रभाव को तीव्र करने के लिए आखिरी भाग बड़ी सतर्कता एवं परिश्रम से लिखे जाते हैं। इनके प्रचारात्मक रूपक विस्तृत हैं, जिनमें विचारधारा की मार्मिकता पर अधिक ध्यान दिया गया है। रंग-संकेतों में प्रभावोत्पादकता या मार्मिकता की ओर विष्णु का ध्यान नहीं है क्योंकि ये पढ़ने के लिए न होकर रेडियो की दृष्टि में रखकर लिखे गये हैं। कथोपकथन साधारणतः संक्षिप्त और अर्थपूर्ण हैं और कथानक को आगे बढ़ाते हैं। 'अशोक' के कथोपकथन बड़े जोरदार हैं। जहाँ नाट्यकार ने विचारक का बाना पहना है और आदर्शवादिता के चक्र में पड़े हैं, वहाँ वक्तव्य लम्बे और विवेचना प्रधान हो गये हैं। इनमें मनोवैज्ञानिक आधार की ओर ध्यान दिया गया है। साधारणतः 'स्वगत' कम हैं, किन्तु रेडियो-एकांकियों में (जैसे—'अशोक', 'ममता का विष, 'जहाँ दया पाप है', 'उपचेतना का छल') स्वगत बड़े महत्त्वपूर्ण हैं। बच्चों के एकांकियों में सरल, स्पष्ट, भक्ति में शिक्षात्मक दृष्टिकोण ही सामने रखा गया है। गम्भीर नाटकों की भाषा मध्यवर्ग द्वारा प्रयुक्त शुद्ध हिन्दी है। कहीं-कहीं काव्य की माधुरी फूटी है, यद्यपि ऐसे अंश भावना के तीखेपन के कारण कवित्वमय हुए हैं। व्यंग्य का बड़ा सफल प्रयोग हुआ है।

डॉ. लक्ष्मीनारायण लाल

डॉक्टर लाल उन एकांकीकारों में हैं जो जीवन की आलोचना बुद्धि-विकास से नहीं, प्रत्युत भावना के माध्यम से करते हैं। ये भावना का एक तूफान लेकर एकांकी जगत् में प्रविष्ट हुए हैं और प्रखर अनुभूति से एक अभिनव चमत्कार उत्पन्न कर देते हैं। आपका मन भावना से, अनुभूति की विह्वलता से, मानव के आन्तरिक कार्य-व्यापार से उमड़ा रहता है। ये एकांकी का आधार ऐसे तत्त्व पर खड़ा करते हैं, जहाँ तर्क और विवाद या शाब्दिक आलोचना काम नहीं करती, मनुष्य की भावना का उद्वेलन की घटनाओं, व्यापारों का औचित्य-अनौचित्य निर्णय करता है। इनमें एक अतल स्पर्शी हूक उफनी पड़ती है, व्यथा और अन्तर्वेदना का समुद्र लहरा रहा है। आपका आदर्श कलावाद है, आप सौन्दर्य, प्रेम और शिवत्व के उपासक हैं। जीवन के सौन्दर्य-संगीत तथा कष्ट-पीड़ा-वेदना आदि उभय पक्षों का कलामय प्रतिपादन किया है। मनुष्य विशेषतः स्त्री के हृदय का भावुक मनोवैज्ञानिक विश्लेषण, उद्वेष, तीव्रता उभारकर रख दी गयी है। स्वयं नाटककार का क्या उद्देश्य है ? 'पर्वत के पीछे' संग्रह की भूमिका में स्वयं लेखक ने अपना उद्देश्य स्पष्ट करते हुए लिखा है—"मैं ऐसे नाटक लिखना चाहता हूँ जिनमें कोई बदसूरत बेनकाब कर दी गयी हो, कोई घिनौना नासूर घाव साफ करके दिखा दिया गया हो, स्वप्न में रोता हुआ इन्सान के आँसुओं को मूर्त कर दिया हो।" अपने सब एकांकियों में यही विद्रूपताएँ अंकित करने का सफल प्रयत्न किया है।

डॉ. लक्ष्मीनारायण लाल के एकांकियों में भावना की नवीनता है। मौलिकता कथानक

की न होकर भावना की है। पुराने पात्रों को लेकर भावनावश लेखक ने अपनी सम्पूर्ण अनुभूति और रसप्रवणता एकांकियों में उँड़ेल दी है, सिद्धान्त के ऊपर कला का आधिपत्य है। विचार से पूर्व आपका कवि हृदय उद्वेलित हुआ है। अतः इनके साहित्य की महत्ता ऐतिहासिक जीवन को मूर्तिमान कर देने में है। डॉ. रामकुमार की भावात्मक पद्धति पर चलकर आपने पीड़ा, कसक, असमर्थता, घात-प्रतिघात के अनेक संघर्षमय क्षण चित्रित किये हैं। प्रसाद की भाँति इनकी अन्तरात्मा मनुष्य की वेदना और असमर्थता को नहीं सँभाल पाती। आपने अपने एकांकियों में मुगलकाल विशेषतः नूरजहाँ, जहाँगीर, शाहजहाँ, जहाँआरा इत्यादि पात्रों को बड़े भावपूर्ण ढंग से चित्रित किया है।

आपके एकांकी नाटकों में कथानक बिन्दुमात्र, किन्तु भावना का सम्मिश्रण तथा कल्पना की रंगीनी अधिक रहती है। संकेतात्मकता की मात्रा यथेष्ट है। सामाजिक नाटकों के कथानक मौलिक और यथार्थवादी हैं। ऐतिहासिक एकांकियों में कथानक की कमी की पूर्ति भी भावना के द्वारा ही की गई है। 'आकाश की ऊँचाई' तथा 'पर्वत के पीछे' में स्त्री-पुरुष दोनों पक्षों का प्रतिनिधित्व करनेवाले एकांकी संगृहीत हैं। सामाजिक एकांकियों में मध्य में समाज पर व्यंग्य और ध्वंसात्मक आलोचना अधिक रहती है। पात्र प्रधान तथा परिस्थितियाँ गौण हैं। आप किसी विचार को लेकर कथानक की सृष्टि करते हैं।

डॉ. लक्ष्मीनारायण लाल के निम्न ऐतिहासिक एकांकी प्रकाशित हुए हैं—1. 'उर्वशी', 2. 'महाकाल का मन्दिर', 3. 'नूरजहाँ की एक रात', 4. 'जहाँआरा का स्वप्न', 5. 'ताजमहल के आँसू'। इसके अतिरिक्त 6. 'सुबह होगी', 7. 'मकबरा', 8. 'पर्वत के पीछे', 9. 'आकाश की ऊँचाई', 10. 'पाप और प्रायश्चित्त', 11. 'मड़वे का मोर', 12. 'फूल और काँटे', 13. 'दो तस्वीरें', 14. 'नई इमारत', 15. 'धुएँ के नीचे', 16. 'कैद से पहले' आदि सामाजिक एकांकी प्रकाशित हो चुके हैं। आपका पौराणिक रेडियो-एकांकी 'शरणागत' (1955) ऑल इण्डिया रेडियो प्रतियोगिता में सर्वश्रेष्ठ घोषित हुआ है।

आपने भावनाप्रधान तीखे व्यंग्य मिश्रित एकांकियों का सृजन किया है, किन्तु भावना के साथ कहीं-कहीं मनोवैज्ञानिक तथ्यों की उपेक्षा हो गई है। संयम और तर्क का समावेश है। चरम सीमा पर ही परिसमाप्ति हो जाती है, व्यर्थ के व्याख्यान में आपका विश्वास नहीं है। मुख्य भावना के समीपस्थ तत्सम्बन्धी अनुभूतियों का ही समावेश होता है। सामाजिक एकांकियों में दैनिक समस्याओं तथा मनःविश्लेषण का अच्छा विवेचन है। करुणा, शृंगार, वात्सल्य, घृणा आदि विकारों का उत्तम चित्रण करते हैं। आस्कर वाइल्ड तथा चेखव से विशेष प्रभावित हैं। वस्तुवाद के विरुद्ध ध्वनि उठाई गई है। आपकी रंग-सूचनाएँ अंग्रेजी-पद्धति की हैं, विस्तृत कलापूर्ण और प्रभाव व्यंजक। आप हृदयस्पर्शी चित्र प्रस्तुत करने में विशेष कुशल हैं। इनके कथोपकथन के दो गुण हमें विशेषतः आकृष्ट करते हैं, तड़प तथा वाक्-वैदग्ध्यता। भावात्मक स्तर पर रखकर आपने कुछ कथोपकथनों को इतना तीखा बनाया है कि वे प्रभावशाली हो उठे हैं। एकांकियों के कथानक जितने कसे हुए और प्रभावोत्पादक हैं, उतनी परिष्कृत और परिमार्जित भाषा नहीं है। आधुनिक एकांकी शिल्प

का सफल प्रयोग है। आपके एकांकी आकाशवाणी द्वारा प्रसारित हुए हैं और अधिकांश सफलतापूर्वक रंगमंच पर भी अभिनीत किये जा चुके हैं।

डॉ. धर्मवीर भारती

मानव-जीवनधारा को पूर्णतः झकझोरकर मनोभूमि की अटल गहराई में सुप्तभावनाओं को जगाकर, मानसिक उद्वेलन उत्पन्न करनेवाले मार्मिक क्षणों को लेकर डॉ. भारती ने एकांकियों की रचना की है। ऐसे क्षणों के चुनाव में कलाकार ने बड़ी ही सहृदयता और मार्मिकता का परिचय दिया।[1] भारती का दृष्टिकोण मानव की पराजय चित्रित करना नहीं है। वे यह तो चित्रित करते हैं कि आज पूँजीवादी शिकंजों में कसा हुआ मानव भ्रान्त और उद्विग्न है, पथ भूला हुआ विवश भटक रहा है, पर वह निराश, पराजित, हतोत्साहित नहीं है। भारती पलायनवादी नहीं हैं। उनके पात्र अन्त में स्वस्थ चेतना प्राप्त करते हैं। उदाहरण के लिए 'नदी प्यासी थी' का जीवन से ऊबा हुआ आत्महत्या को प्रस्तुत राजेश पद्मा के प्रेम और सहानुभूति से नवचेतना प्राप्त करता है। यह रंगमंच पर उतना सफल नहीं हुआ जितना रेडियो पर हुआ है। 'आवाज का नीलाम' एकांकी में लेखक ने पूँजीवाद के प्रति अपना विरोध प्रकट किया है। दिवाकर एक स्वाभिमानी पत्रकार है, पर गरीबी ने उसे विवश कर दिया है। उसकी पत्नी मरणासन्न है। इन परिस्थितियों में फँसकर वह अपने जीवनभर की संचित साहित्य-सम्पदा सेठ बजोरिया के हाथ बेच देता है। 'सृष्टि का आखिरी आदमी' में इस आस्थाहीन ध्वंसोन्मुख संस्कृति के नाश की कल्पना के साथ नवीन सृष्टि का स्वप्न भी देखा गया है।[2] यह एक अजीब तरह का ध्वन्यात्मक एकांकी है, जिसका टेकनीक सर्वथा नवीन एवं अभूतपूर्व है। 'नीली झील' में आधुनिक युग की विषमता को चित्रित किया गया है, किन्तु लेखक का विश्वास है कि मानव शीघ्र ही नई आत्मा प्राप्त करेगा। इस एकांकी का वातावरण सर्वथा ऐन्द्रजालिक होते हुए भी इसमें उठाई गई समस्या आज की यथार्थ समस्या है और मानवीय संस्कृति की प्रगति के सामने एक प्रश्नचिह्न के समान बनकर खड़ी हो गई है। पूँजीवादी देशों में आर्थिक विषमता है, तो कम्युनिस्ट देशों में उग्र मानसिक तानाशाही। कहीं आर्थिक सुविधाएँ देकर, तो कहीं छीनकर मानव को खोखला, विचारहीन और बेजान पशु बनाया जा रहा है। पूँजी का प्रजातन्त्र हो या जनता का प्रजातन्त्र, आज तो तन्त्र ही मुख्य बन गया है और प्रजाएँ उसकी अनुवर्तिनी बेजबान भेड़-बकरियाँ। उनकी आत्मा छीन ली गई है। डॉ. भारती ने इस रूपक में यह चित्रित किया है कि कलाकार उस आत्मा का निर्माण न तो पूँजीवादी शिकंजों को स्वीकारकर कर सकता है, न कम्युनिस्ट पार्टी के राजनैतिक आदेशों के समक्ष सिर झुकाकर। कलाकार को अपने अन्तरतम की ईमानदारी के साथ जन-जीवन में उतरना होगा। जनता के संघर्ष, अभाव, पीड़ा और विद्रोह को आत्मसात् कर लेना होगा, लेकिन जनता का अर्थ क्रेमलिन नहीं है।

---

1. प्रो. रामचन्द्र तिवारी—'हिन्दी पांगमय', जनवरी, 1954।

2. वही।

'संगमरमर पर एक रात' ऐतिहासिक एकांकी है, जिसमें मेहरुन्निसा के जीवन की वह रात है जिसमें उसकी जीवनधारा का क्रम परिवर्तित हो गया था। इसमें मेहरुन्निसा के अन्तर्द्वन्द्व, संकल्प, विकल्प और घात-प्रतिघात का मार्मिक चित्रण है।

टेकनीक की दृष्टि से डॉ. भारती के प्रयोग अभूतपूर्व हैं। कम-से-कम परिवर्तनों के द्वारा मंच पर दृश्य उपस्थित करने का प्रयत्न किया है। 'नीली झील' में जापानी नौ नाटकों की टेकनीक का प्रवेश कराया है। अधिकांश पात्र स्टेज पर आकर स्वयं अपना परिचय देते हैं। अन्त में एक पात्र एक बार स्टेज से उतरकर दर्शकों के मध्य में घूम आता है, जिससे हम कलाकार के जन-जीवन में उतरने का संकेत भी ग्रहण कर सकते हैं। रंगमंचहीन अभिनय के लिए दृश्य की नियोजना न करके निर्देशक प्रारम्भिक वक्तव्य में श्रोताओं से अनुरोध कर सकता है कि वे दृश्य की कल्पना मात्र कर लें। हिन्दी रंगमंच की दुरवस्था देखते हुए बहुत कम एकांकियों में नारी-पात्र रखते हैं। डॉ. भारती एकांकी की मूल भावना या संवेदना को पूरी तरह उभारने में विशेष पटु हैं। रंगमंचीय निर्देश, भाषा की मार्मिकता, संवादों का प्रवाह, आकस्मिक परिवर्तन, पात्रों का अन्तर्द्वन्द्व और घटनाओं की तीव्रता डॉ. भारती की नाट्यकला की विशेषताएँ हैं।

हिन्दी की महिला एकांकीकार

हिन्दी साहित्य में जहाँ कहानी, कविता और निबंधों के द्वारा महिला लेखिकाओं ने सेवा की है, वहाँ नाटक तथा एकांकी के क्षेत्र में भी उनका प्रचुर सहयोग रहा है। एकांकी नाटकों के क्षेत्र में श्रीमती विमला लूथरा, एम.ए., हीरादेवी चतुर्वेदी, शचीरानी गुर्टू, एम.ए., रत्नकुमारी एम.ए, कृष्णकुमारी मिश्र, विद्यागुप्त, प्रभा पारीक, बी.ए.; दमयन्तीबाई दीवान, सीतादेवी, सरस्वती देवी पाणिग्रही आदि महिला एकांकीकारों से उनकी कृतियों द्वारा पर्याप्त सेवा हो रही है।

श्रीमती विमला लूथरा, एम.ए. के बहुत-से हास्य-व्यंग्यमय एकांकी 'सरिता' में प्रकाशित हुए हैं; जैसे 1. 'प्रीतिभोज' (1948), 2. 'टाट और सुतली' (1949), 3. 'मुन्ने का नामकरण' (1949), 4. 'धोबी का आगमन' (1949), 5. 'गृहलक्ष्मी' (1947), 6. 'सगाई का प्रबन्ध' (अप्रैल 1949), 7. 'ऑल इण्डिया रेडियो पर तानसेन', 8. 'टिकिट चेकर' (1949), 9. 'लाइन क्लीयर' (1950), 10. 'आठवाँ आश्चर्य' (1950), 11. 'बलिदान' (1949)। श्रीमती लूथरा का क्षेत्र समाज की विद्रूपताओं को उभारकर उपहास का विषय बना देना है। आप अंग्रेजी नाट्य-साहित्य, टेकनीक एवं चरित्र की विशेषताओं से परिचित हैं। अंग्रेजी की प्रोफेसर होने के कारण यत्र-तत्र अंग्रेजी एकांकियों की छाया से प्रभावित हैं।

विमला लूथरा के नाटकों में नाट्यकार का व्यक्तिगत 'अहं' भी स्पष्ट प्रकट होता है। समाज कैसा है, कैसा होना चाहिए—यह प्रश्न आपको चिन्तित नहीं करते। व्यक्तिगत जीवन में आपका जिस-जिस व्यक्ति, सामाजिक संस्था या विभाग से सम्बन्ध है या सम्पर्क में आई हैं, उनकी बाह्य मिथ्यापूर्ण बातें, कृत्रिमता से परिपूर्ण व्यवहार, दिखावटी रहन-सहन, सामाजिक खोखलापन आपको एकांकी लिखने के लिए प्रेरित करता है। इनमें हमारे पढ़े-लिखे, सभ्यता का दावा करनेवाले मध्यवर्गीय समाज का खोखलापन, सामाजिक विद्रूपताएँ हमारे समक्ष प्रस्तुत कर दी गई हैं। उदाहरण के लिए 'सगाई का प्रबन्ध' लीजिए, जिसमें सगाई के लिए क्या-क्या मिथ्या प्रपंच रखे जाते हैं, इसका पर्दाफाश कर दिया गया है। 'ऑल इण्डिया रेडियो पर तानसेन' में आपने रेडियो के प्रबन्ध, व्याख्या, सस्ते अर्थहीन गीतों और गन्दी कृति उभारने वालों पर व्यंग्य किया है।

टेकनीक की दृष्टि में विमला लूथरा के मुख्य शस्त्र हैं—कटाक्ष तथा व्यंग्य। सैमुअल बटलर की पद्धति का अनुसरण करते हुए उन्होंने समाज के धोखेबाजों की खूब मरम्मत

कराई है। इनकी टेकनीक देखकर हमें अनायास ही बर्नार्ड शॉ की याद आ जाती है। विमला लूथरा हिन्दी और अंग्रेजी में सफलतापूर्वक लिखती हैं।

श्रीमती रत्नकुमारी, एम.ए. के एकांकी नाटकों का क्षेत्र पारिवारिक यथार्थ है; शैली में हल्के व्यंग्य का पुट है। आपके लिखे दस नाटक प्रकाशित हो चुके हैं—1. 'रक्त का अर्घ्य', 2. 'श्यामा', 3. 'गुलाबी साड़ी', 4. 'दोषी कौन?' 5. 'वे यात्री', 6. 'चाची', 7. 'भाई', 8. 'चरित्रहीन', 9. 'मर्यादा का मूल्य', 10. 'दस दिन पहले'। ये नाटक अपने मनोवैज्ञानिक चित्रण में अद्वितीय हैं। भाव, भाषा तथा कला तीनों ही दृष्टिकोणों से इन नाटकों का निजी स्वतन्त्र व्यक्तित्व है। एक ऐतिहासिक नाटक को छोड़कर शेष समस्त नाटक वर्तमान सामाजिक समस्याओं को लेकर विरचित हैं तथा इन समस्याओं के पृष्ठ भाग में कोई गुप्त, पर तीखा सन्देश छिपा हुआ है। नाटकों की शैली में एक अपनापन है, जो गुण केवल महिला-लेखकों की रचनाओं में ही उपलब्ध हो सकता है। यदि वास्तविक अनुभूतियाँ तथा नाटकीय तत्त्वों को सफलता का आधार माना जाय, तो यह निर्विवाद कहा जा सकता है कि ये नाटक सफल हैं। 'दोषी कौन ?' नाटक में, जहाँ वास्तविक परिस्थितियों में सत्य और विलासपूर्ण है, वहाँ मनोवैज्ञानिक चित्रण में अद्वितीय है।

रत्नकुमारीजी का क्षेत्र पारिवारिक है। लेखिका ने उनमें हमारे आधुनिक पारिवारिक जीवन का सजीव और मर्मस्पर्शी चित्रण किया है। आपने यह चित्रित करने का प्रयत्न किया है कि हमारे परिवारों में क्या-क्या निर्बलताएँ प्रविष्ट हो गई हैं। रत्नकुमारीजी की भाषा ओजपूर्ण, शैली सरस, विचार पुष्ट, कथानक आकर्षक और कथोपकथन रोचक होते हैं। ये सब गुण किसी अन्य महिला एकांकीकार में एक साथ नहीं मिलते।

श्रीमती हीरादेवी चतुर्वेदी कहानी, उपन्यास तथा एकांकी—तीनों ही क्षेत्रों में मनोयोगपूर्वक कार्य कर रही हैं। आपके उच्चकोटि के एकांकी प्रकाशित हुए हैं—1. 'रंगासियार' (1946), 2. 'भूल-भुलैया' (मानवता, 1949), 3. 'मुँह दिखाई' (1950), 4. 'माटी की मूरत' (1952), 5. 'रंगीन पर्दा' (1951) इत्यादि। आपके नाटक उच्च वर्ग की नाना समस्याओं से सम्बन्धित हैं; जैसे—सभ्य समाज में शिक्षितों का मिथ्याचार, गरीबों की यातनाएँ, सच्चाई, शील, गुण इत्यादि के प्रति उनकी विरक्ति, सभ्यता की छाया में पलनेवाली धोखेबाजी, तरुणाई के प्रवाह में की जानेवाली मूर्खताएँ, रोमांस के संसार में मधुरता के पीछे से झाँकनेवाली कुरूपता, मिथ्या दम्भ, छलछन्द, खोखलापन, सम्बन्धियों की पारस्परिक खटपट, साझे के व्यापार का दिवालियापन, नौकरों पर किये जानेवाले अत्याचार आदि समाज के मिथ्या व्यवहारों की आप आलोचक हैं और उनकी असलियत प्रकट करना आपका मूल ध्येय है। सभ्यजगत् की अनेक दुर्बलताओं पर आपने उँगली रख दी है। इनके नाटकों से हम जीवन का वह पहलू पाते हैं, जिनके प्रति हम अनजान हैं; समाज का लड़खड़ाता पहलू, जिसकी बुनियादें खोखली हो चुकी हैं।

श्रीमती हीरादेवी चतुर्वेदी के नाट्य-जगत् में कहीं अमीरी की धूप है, तो कहीं गरीबी की छाया; एक ओर मंगल गीतों का उच्चारण हो रहा है तो दूसरी ओर मातम हो रहा है;

नौकर पीटे जा रहे हैं, कहीं इनाम दिया जा रहा है। इनमें न केवल समस्या तथा रंगों की विभिन्नता है, वरन् नई-पुरानी भारतीय सभ्यता के संघर्ष का चित्रण भी है। कई नाटकों; जैसे—'माटी की मूरत', 'मुँह दिखाई' इत्यादि में हीरादेवी का विशुद्ध यथार्थ एवं जीवनदर्शन प्रकट हुआ है। वे समाज के मिथ्या दिखावे के प्रति विद्रोही हैं। गरीबों, पीड़ितों, शोषितों के प्रति उनके हृदय में सहज स्नेह और सहानुभूति है। इन नाटकों के द्वारा यथार्थ सामाजिक जीवन का एक आइना उन्होंने हमारे सम्मुख प्रस्तुत किया है। उसके छलछद्म, विद्रूपता एवं दुरभिसंधि का यथार्थवादी चित्रण इनमें हुआ है।

'भूलभुलैया' में एक भावुक युवक अरुण का चित्रण है। उनका छापाखाना खूब चलता है; स्वयं किताबें लिखते और छापते हैं किन्तु प्रेस घाटे में चलने के कारण सम्बन्धियों से खटपट होती है। जिन सम्बन्धियों ने हाथ बँटाया था, वे ही अरुण बाबू को दिवालिया बना देते हैं। छापाखाना बिकता है और अरुण बाबू बेकार हो जाते हैं। इसका मानसिक आघात उन्हें शिथिल कर देता है। पैसा पास नहीं है। अरुण के चरित्र में आदर्शवाद भर गया है; वह भावुकता का शिकार है। वह पत्नी को डॉक्टर के पास तक नहीं जाने देता। उसके विचारों की झाँकी इन वक्तव्यों से प्रकट होती है—

"दुनिया इसी का नाम है। कहीं धूप है, तो कहीं छाया। किसी के घर में मंगल-गीत गाये जाते हैं तो कहीं शहनाई बजती है। तुम यह आशा ही क्यों करती हो कि तुम्हारे घर में दुःख, दर्द और अभाव है, तो सारी दुनिया सिर-दर्द मोल ले बैठे ?"

"...हम अपने कर्तव्य किये जायें; परन्तु दूसरों से उसके प्रतिफल की आशा करें—भूलकर भी नहीं...।"

"...ऐसा सुन्दर गीत गानेवाली इस दुनिया से भला क्या माँगेगा ? और दुनिया उसे दे ही क्या सकेगी ? यही बहुत है कि वह अपने मन की पीर दुनिया को सुना रही है। यह जीवन सचमुच एक आँखमिचौनी है और यह दुनिया है एक भूलभुलैया...।"

दिल पर लगनेवाली चोट की दवा नहीं हो पाती। अरुण की मृत्यु हो जाती है। इस एकांकी का विषय मनोवैज्ञानिक है, अधिक भावुकता भी निंद्य है; एक बड़ी कमजोरी है—यही दिखाना ईष्ट है। इसके अतिरिक्त सम्बन्धियों के साथ व्यापार में हानि की सम्भावनाएँ, दुनिया का कठोर यथार्थवाद, जीवन की आँखमिचौनी, माया की भूलभुलैया का नग्न चित्रण किया गया है। चित्रण की दृष्टि से नाटक में तथ्य है, किन्तु संविधान का धरातल दुर्बल नजर आता है। अति भावुकता से मृत्यु होना कथानक को शिथिल बनाता है।

'रंगा सियार' समाज में बाहर से चिकने-चुपड़े पर अन्दर से धूर्त, धोखेबाज, युवतियों के भोलेपन का शिकार खेलते हुए एक रोमांटिक युवक के चरित्र को प्रकट करता है। डॉ. रमेश रोमांटिक युवक है। शिक्षित युवतियों को बहकाकर विवाह करता है। कुछ दिन उनके साथ रहता है और फिर गायब हो जाता है।

इस नाटक में रोमांस की असफलता, अनैतिकता, मूर्खता और कुफल दर्शाये गये हैं।

यह नाटक उन शिक्षित रोमांटिक पढ़ी-लिखी मूर्ख स्त्रियों पर एक व्यंग्य है, जो यौवन की तरुणाई और अपने गुरुत्व की भावना से ऐसा धोखा खाती हैं कि उम्र पर्यन्त मुक्त नहीं हो पातीं। इन रंगे सियारों से कुमारियों की रक्षा होनी चाहिए। रमेश का जो पत्र रमा को प्राप्त होता है, उससे वस्तुस्थिति स्पष्ट हो जाती है—

"...अब मैं वापस न आऊँगा; तुम आशा भी न करना। मैं अपने जीवन में यही खेल खेल रहा हूँ। पढ़ी-लिखी लड़कियों को बेवकूफ बनाना ही मेरा काम है। तरुणाई की लहरों पर बहकर तुम लोग विवेक खो बैठती हो न ! उसी का लाभ मैं उठाता हूँ।"

यह नाटक भावुकता की हार और बुद्धिवाद की विजय का द्योतक है। हीरादेवी जी का यथार्थवाद केवल यथातथ्य चित्रण मात्र ही नहीं है, वे उसमें आशावादिता का सम्मिश्रण कर देती हैं। यही कारण है कि जड़वाद के चित्रण के साथ उसमें दुःख, असफलता, उत्पीड़न के चतुर्दिक ताण्डव में भी आशा की ज्योति है। वे एक व्यावहारिक सुलझाव प्रस्तुत करती चलती हैं। उनका यथार्थवाद विनाशक और संहारक न होकर निर्माणकर्ता है।

इन एकांकियों का विषय घटनाओं की अपेक्षा चरित्र अधिक है। आचार को दृष्टि में रखकर कथानकों की सृष्टि की गई है। इनमें स्थिति विशेष में किये गये विशेष कृत्यों के प्रदर्शन में नाट्यकार ने विशेष दिलचस्पी ली है। 'भूलभुलैया' के आदर्शवादी भावुक अरुण, उसकी पत्नी अलका, दर्शनशास्त्र के डॉक्टर रमेश के व्यक्तित्व उनके अस्थिमज्जा के शरीर और कृत्यों की रूपरेखा के अतिरिक्त हमारे मन पर कुछ स्थूल भाव छोड़ जाते हैं। इनमें प्रत्येक पात्र एक विचार विशेष का प्रतीक है। अरुण भावुकता की कमजोरी प्रदर्शित करता है, तो रमेश सभ्यता के छलछिद्र का प्रतीक है। रमा आधुनिक रंगीन सभ्यता के रोमांस की मूर्खता का मूर्तिमान स्वरूप है। अलका साधारण शिक्षा में आदर्श नारी का एक अनुकरणीय आदर्श है। इन पात्रों के अतिरिक्त गौण पात्र 'रंगा सियार' की सरला, कमला; 'भूलभुलैया' में अलका की सहेलियाँ—सभी विचारपूर्ण, प्रेरणाप्रद बातचीत करती हैं। हृदय और मस्तिष्क के पारस्परिक ताने-बाने से इन समस्याओं को उभारा गया है। इनके पात्र घटनाओं और समाज से अलग होकर 'टाइप' बन जाते हैं। इन पात्रों के द्वारा नाटककार ने समाज के उतार-चढ़ाव को भी खोलकर रख दिया है। इन पात्रों में लेखिका का समाज से असन्तोषपूर्ण हाहाकार मुखरित हुआ है।

प्रारम्भ में आप कौतूहल की स्थिति रखती हैं। धीरे-धीरे एकांकी गति पकड़ता है, कथानक मध्य में खुलकर अन्त तक पहुँचते-पहुँचते चरित्र-चित्रण की तीव्र और संक्षिप्त रूपरेखा खिंचती जाती है। अन्त होते-होते व्यंजनात्मकता और प्रभावशीलता घट जाती है। आप जीवन की एकरूपता का, चरित्र के एक पहलू का ही अध्ययन प्रस्तुत करती हैं। उदाहरणार्थ 'रंगा सियार' शिक्षित धोखेबाजी और 'भूलभुलैया' भावुकता की निर्बलता का अध्ययन प्रस्तुत करता है। 'रंगा सियार' में वर्णनात्मक तत्त्वों का प्राचुर्य है। अभिनय की दृष्टि से दोनों ही सफल रचनाएँ हैं।

टेकनीक की दृष्टि से 'रंगा सियार' सफल रचना है। एक ही लम्बे दृश्य में सम्पूर्ण

कथानक को प्रकट कर दिया है। प्रारम्भिक स्थल सरल सादे होकर आनेवाली मूल समस्या पर प्रकाश डालनेवाले हैं। 'भूलभुलैया' में जो कार्य प्रथम दृश्य से निकाला जाता है, वही 'रंगा सियार' में रमा तथा उसकी सहेलियों की प्रारम्भिक बातचीत से पूर्ण किया गया है। 'भूलभुलैया' बड़े नाटक का संक्षिप्त संस्करण कहा जा सकता है।

इनके नाटकों में चरम सीमा अन्त में आती है। हृदय पर एक तीखा आघात करते हुए नाटक समाप्त होता है। प्रारम्भिक वार्तालाप से ही संविधान इस प्रकार कहा जाता है कि घटनाएँ एक-दूसरे की सहायता करती जाती हैं। फाइनल इम्प्रेशन उत्पन्न कर नाटक की इतिश्री हो जाती है।

'भूलभुलैया में यत्र-तत्र सांकेतिक प्रयोगों का भी आश्रय लिया गया है। दो प्रकार से प्रतीकों का उपयोग किया गया है। प्रथम तो रंगमंच की पृष्ठभूमि से बैक ग्राउण्ड गीतों के द्वारा एक विचार-विशेष का प्रतिपादन किया गया है। दूसरे, वस्तुओं के द्वारा जैसे-जैसे 'भूलभुलैया' में अलका घर का अन्धकार दूर करने के लिए दीपक जलाती है, दीपक जलाकर अपने जीवन-देवता की आयु-स्वास्थ्य की कामना करती है, इसी बीच में हवा का एक तेज झोंका आता है, दीपक बुझ जाता है। अलका को पति के जीवन की आशंका हो जाती है।

हीरादेवी जी का कवि-हृदय दोनों नाटकों में उद्वेलित हुआ है। 'रंगा सियार' का वातावरण गम्भीर और तीखा होने के कारण वहाँ सरला केवल अभिनय के साथ गुनगुनाती भर है किन्तु 'भूलभुलैया' में तीन मधुर गीतों का प्रयोग किया गया है। टेकनीक में हीरादेवी जी की एक विशेषता बैक ग्राउण्ड से आता हुआ यह संगीत है, जो वातावरण की मूल भावना को प्रदीप्त करता है। प्रथम दो गाने मधुर प्रकृति की शोभाश्री का निदर्शन करते हैं, अन्तिम गाने का प्रतीकात्मक प्रयोग है। अलका के पति के बचने की कोई आशा नहीं है। वह धड़ाम से फर्श पर कटे वृक्ष की भाँति गिर जाती है। पीछे से कोई व्यक्ति यह गीत गाता है—

आँख मिचौनी जीवन की यह सब को ही भरमाये।
भूलभुलैया माया की यह सबको ही भटकाये।।

श्रीमती शचीरानी गुर्टू, एम. ए. आलोचना के क्षेत्र में पर्याप्त प्रसिद्धि प्राप्त कर चुकी हैं, किन्तु कहानी एवं एकांकी के क्षेत्र में भी सफल रही हैं। आपकी कहानियाँ मनोवैज्ञानिक हैं। एकांकी नाटकों में आपकी दो विभिन्न धाराएँ उपलब्ध हैं—

(1) सामाजिक एवं आर्थिक व्यंग्य, (2) पौराणिक आदर्शवाद

प्रथम धारा का प्रतिनिधि आपका 'हरिया' एकांकी (1950) नाटक है, जिसमें एक निर्धन परिवार के गरीब बेबस लड़के का मर्मस्पर्शी चित्र है, जो होटल में नौकर है और मैनेजर की निर्दयता का शिकार बनता है। वह स्वयं खराब नहीं है, समाज की पतिस्थितियाँ उसे चोर बनाती हैं। यह नाटक हमारी दूषित आर्थिक व्यवस्था पर एक व्यंग्य है। दूसरी धारा का प्रतिनिधि 'माता देवहूति' नाटक है, जिसमें आपने आदर्श का पौराणिक चित्र

प्रस्तुत किया है।

अपने सामाजिक नाटकों में शचीरानीजी ने मजदूरों की दुरवस्था, नैतिकहीनता, पतन, शराबखोरी, अधिक सन्तान से उत्पन्न निर्धनता-जन्य कठिनाइयों को चित्रित किया है। जिस समाज में परिवार इतने गरीब, मूर्ख, व्यसनी, कामांध हों, जिसमें स्त्रियों को सन्तान-प्रजनन के हेतु एक यन्त्र बना लिया जाय, व्यसन अभिवृद्धि पर हो, मजदूरों के बच्चे निरन्तर शोषित हों, वहाँ समाज की जर्जरता चरम सीमा पर पहुँची हुई समझनी चाहिए। इस समाज में रहने के कारण परिस्थिति से मजबूर होकर निर्धन परिवार के बच्चे चोरी कर सकते हैं; लेकिन इसका उत्तरदायित्व उस समाज-विधान पर है जो समाज का आर्थिक आधार ऊँचा नहीं उठाता; प्रत्युत जिसमें अमीर अधिकाधिक अमीर तथा गरीब निरन्तर गरीब होता जाता है। हरिया का शराबी पिता इसी समाज का सड़ा-गला अंग है, जो मल में कुलबुलाते कीड़े की तरह अबोध, अज्ञानी और अन्धकार में है। हरिया की माँ शराबी पति को पाकर भी सहज स्निग्ध है। रूढ़िवादी समाज के शिकंजों में उसकी आत्मा जैसे तड़प रही है।

आपके सामाजिक नाटकों की पृष्ठभूमि नग्न यथार्थ पर खड़ी की गई है। 'हरिया' को पढ़कर हमें निम्न वर्ग की मौजूदा स्थिति का यथार्थ ज्ञान हो जाता है। जैसा उन्होंने निम्न समाज को देखा, वैसा ही चित्रित किया है, किन्तु उस यथार्थ के भीतर हमें आदर्श की प्रतिष्ठा भी प्राप्त हो जाती है। हरिया स्वभावतः आदर्शवादी है। वह कुत्ते को इतना अधिक प्रेम करता है कि उसके सुख के लिए अपनी नौकरी और पिता की भर्त्सना की परवाह नहीं करता। उन्होंने इसको निज दृष्टिकोण से प्रस्तुत किया है। नारी के चित्रण में उनकी असीम सहानुभूति उद्वेलित हो उठी है।

वे मनोविश्लेषणात्मक आधार पर ऐसे चित्रों की सृष्टि करती हैं, जिनमें वस्तु की नग्नता तो है, किन्तु वे आदर्श की ओर संकेत करती हैं। उनके एकांकियों में यही बुद्धिवादी यथार्थ है। रंगबिरंगे कल्पना-लोक में विहार करने की अपेक्षा कठोर वास्तविकता की ओर वे ध्यान आकृष्ट करती हैं।

आपके नाटकों में मनोविज्ञान से प्रचुर सहायता ली गई है। 'हरिया' में बालक की गुप्त प्रवृत्तियों का मनोविश्लेषण किया गया है। घोर निर्धनता में होकर भी बालक स्वभावतः बुरा नहीं होता; उसमें उच्चता, दिव्यता और ईमानदारी होती है। वह अपने आदर्श के प्रति सदा ईमानदार रहता है। परिस्थितियों का उस पर तीव्र प्रभाव पड़ता है। इसी का चित्रण 'हरिया' में किया गया है। शराबी पिता का चित्रण भी मनोविज्ञान की कसौटी पर है, यद्यपि उसका स्वरूप अतिरंजित है।

पौराणिक आदर्शवाद के अन्तर्गत हम इनका 'माता देवहूति' रख सकते हैं। एक आदर्श चरित्र की प्रतिष्ठा के लिए इस नाटक की सृष्टि की गई है। इसका वातावरण सत्य, त्याग, भक्ति, वैराग्य से परिपूर्ण है। लेखिका की प्रवृत्ति केवल पात्रों के ही द्वारा नहीं, प्रत्युत सिद्धान्त-वाक्यों तथा नैतिक उपदेशों के द्वारा भी आदर्शवाद की स्थापना की ओर रही है। कपिलदेव के मुख से जिस वचनावलि का प्रयोग कराया गया है, वह कोई नैतिक-धार्मिक

उपदेशक ही दे सकता है। यहाँ आदर्शवाद इतना स्पष्ट हो गया है कि वह नाटक के अन्तःसंघर्ष को ही नष्ट कर डालता है। कपिलदेव तथा माता देवहूति, जिसमें आदर्श उतारा गया है, आदर्शमय होकर महान् पूजायोग्य तथा अनुकरणीय हो गये हैं। भावुकता, बौद्धिक वैराग्य तथा भक्ति का समावेश इनमें हो गया है।

पौराणिक नाटकों, जैसे 'माता देवहूति' में आपने स्वतन्त्र कल्पना से भी काम लिया है और नवीनता का समावेश किया है। महर्षि कर्दम का देवहूति को दर्शन होना भागवत में नहीं है। यह नाट्यकार की सूझ का परिणाम है। ऋषि की आत्मा को शान्ति देने के लिए अन्तिम दृश्य की कल्पना की गई है।

आपके नाटक सुपाठ्य हैं। पौराणिक नाटकों में उच्च कल्पना, सुन्दर वर्णन-सामर्थ्य, भाषा पर असाधारण अधिकार है। अभिनय के दृष्टिकोण से इनका निर्माण नहीं हुआ है, यद्यपि इन्हें अभिनय के योग्य बनाया जा सकता है। 'देवहूति' में जिस प्रकार की स्टेज तथा पर्दों के प्रबन्ध की आवश्यकता है, वह अधिक विकसित है। अन्तिम स्थल पर जिस मूक अभिनय की अपेक्षा है, उसके लिए कुशल कलाकारों की सहायता चाहिए। माता देवहूति के शरीर से निकलने वाले जिस दिव्य प्रकाश की प्रस्फुरण की गई है और जिस प्रकार उनका सूक्ष्म शरीर एक अतिशय दिव्य चिन्मय सूक्ष्म शरीर में प्रविष्ट होने लगता है, वह बिजली के कुशल प्रबन्ध से ही प्रदर्शित किया जा सकता है।

संकलन-त्रय के नियमों का पालन आपने नहीं किया है, प्रभाव तथा समस्या के प्रभाव की ही दृष्टि रखकर नाटकों की सृष्टि की गई है। दृश्यों की प्रायः अधिकता रहती है। 'हरिया' में पाँच छोटे-छोटे दृश्यों में कथावस्तु फैलाई गई है। किन्तु भाव का धरातल उत्तरोत्तर विकसित होकर अन्त में चरम सीमा पर पहुँचा है।

श्रीमती शचीरानी ने दो प्रकार की शैलियों का प्रयोग किया है। सामाजिक यथार्थवादी नाटकों में सरल, स्पष्ट और चलती हिन्दी का प्रयोग है। वाक्य छोटे-छोटे दैनिक यथार्थवाद से सम्बन्धित हैं। पौराणिक आदर्शवादी नाटकों में गुरु-गम्भीरता है। शैली में हृदय-पक्ष की अपेक्षा बुद्धि-पक्ष की प्रधानता है। दोनों ही शैलियों में वैषम्य-नियोजन प्रणाली का प्रयोग है।

श्रीमती दमयन्तीबाई दीवान ऐतिहासिक आदर्शवादी परम्परा से प्रभावित हैं। अतीत भारत विशेषतः हिन्दूकाल के गौरवमय क्षणों को आपने अपने इतिहास का मूल बनाया है। अपनी प्रतिनिधि रचना 'कल्याण विजय' छत्रपति शिवाजी की पवित्रता एवं चरित्र-गौरव को लेकर खड़ा किया गया है। हिन्दू राजा का आदर्श कितना ऊँचा हो सकता है; चरित्र का संयम, इन्द्रिय की कठोरता और दूसरों के धर्म के प्रति अगाध श्रद्धा का चित्रण आपने अपने एकांकियों में किया है। 'कल्याण विजय' नाटक में उनके आदर्शवाद के प्रबल दर्शन होते हैं। शिवाजी का एक उद्गार देखिए–

"शिवाजी –यदि हम चाहें कि दूसरे हमारे धर्म-ग्रन्थों का सम्मान करें, तो पहले स्वयं हमें दूसरों के धर्म-ग्रन्थों का आदर करना सीखना होगा। हमारा युद्ध तो

> अधर्म और अन्याय के विरुद्ध है, धर्म के नहीं...हम देव-मन्दिरों की रक्षा करेंगे, तोड़नेवालों से युद्ध करेंगे; परन्तु बदले में उन तोड़नेवालों के धर्म-स्थानों को नष्ट-भ्रष्ट नहीं करेंगे। हमारे लिए जैसे मन्दिर पवित्र हैं, वैसे ही मस्जिदें और गिरजाघर पवित्र हैं। हमारे राज्य में हिन्दू रहते हैं और अब ईसाई भी रहने लगे हैं। हमारी सेना में हिन्दू सिपाही और हिन्दू सेनापति हैं, तो मुसलमान सिपाही और मुसलमान सेनापति भी हैं।''

एक अनुकरणीय आदर्श के रूप में आपने वीर पूजा-भाव का आदर्श प्रस्तुत किया है।

प्रभा पारीक, बी.ए. के दो नाटक 'दो पहलू' (सरस्वती, मार्च 1946) तथा 'जागरण' बड़े मार्मिक हैं। इनमें स्त्रीपुरुषों के द्वन्द्वों का अच्छा चित्रण उपलब्ध है। जागरण की आधुनिक वेला में नवीन विचारों की धारा इतने ढंग से प्रभावित हो रही है कि आज की नारी द्वार की देहली की सीमाओं के भीतर रहकर अपने कार्यक्षेत्र को सीमित रखने की भावनाओं को कुचलकर नवीनता और जागृति का शंखनाद करने के लिए न केवल उत्सुक ही हो उठी है प्रत्युत सक्रिय रूप में कुछ कर दिखलाने का भी परिचय देने लगी है। 'जागरण' नाटक में पारीक ने 'पुराने सब नियमों और बन्धनों को तोड़कर एक स्वतन्त्र स्त्री-राज्य स्थापित किया जाये। जब तक ऐसा न होगा, इन पुरुषों की अक्ल ठिकाने न आयेगी'—इस विचारधारा का प्रतिपादन किया है। नारियों को निष्क्रिय बनाने का पुरुष ने जो एकांकी रुख धारण किया है, उसी की यह प्रतिक्रिया है। प्रभा पारीक ने सफलतापूर्वक इन आदर्शों की पृष्ठभूमि पर इस क्रान्तिकारी नाटक की रचना की है। नाटक मनोरंजक और अभिनेय है।

'दो पहलू' में आपने शिक्षित स्त्री के गृहस्थ एवं पारिवारिक जीवन का तुलनात्मक अध्ययन प्रस्तुत किया है। नीलिमा मिस्ट्रेस है, मृदुला उसकी बालसखी है, परिवार में फँसी हुई है। दूसरी ओर नीलिमा स्वच्छन्दता की शौकीन है, जिसमें खाने-पीने, उठने-बैठने की स्वतन्त्रता है। यह स्त्री स्वच्छन्द जीवन को श्रेष्ठतर बताती है किन्तु मन-ही-मन मृदुला के शान्त सन्तुष्ट-मधुर पारिवारिक जीवन को ही श्रेष्ठ समझती है। उधर मृदुला पारिवारिक जीवन की सिफारिश करती है; पर स्वच्छन्द जीवन मन-ही-मन अच्छा समझती है।

इस नाटक में लेखिका ने दो स्त्रियों की आन्तरिक मनःस्थति, संघर्ष, परिस्थिति सम्बन्धी कठिनाइयाँ और आदर्श एवं यथार्थ का भेद अच्छी तरह प्रकट किया है। यदि आज की स्त्रियों को पूर्ण आर्थिक स्वच्छंदता मिल भी जाय, तब भी उनकी मनोदशा ऐसी है कि उसे सहायता के लिए किसी पुरुष की आवश्यकता है। स्त्री बाह्य सांसारिक जगत् की विषमता को अपनी कोमलता के कारण ग्रहण नहीं कर सकती। गृह का कोमल वातावरण ही उसके लिए उचित है।

एक स्थान पर नीलिमा अपने स्वतन्त्र जीवन से ऊबकर कहती है—

''अह ! चीनी जैसी छोटी चीज के लिए भी उस भयावह सूरतवाले ब्लैकी से मिलना होगा। हर बात मेरे ही सिर पर पड़ती है...इतने वेतन में अपना ही पूरा नहीं पड़ता। पोस्टेज

के लिए पैसे कहाँ से लाऊँ ? सुबह उठते ही स्कूल जाना है। स्कूल से लौटकर आऊँगी तो नौकर की किच-किच। जीने का सामान करते-करते मरने लगी। ऐसी लाइफ से ऊब गई...मुझसे मृदुला ही अच्छी है।''

दूसरी ओर परिवार की उलझनों में फँसी बेचारी मृदुला अपने पति से कहती है–

''मृदुला – (बच्चों से नाराज होकर) मैं दिन भर इन्हीं बातों की हो गई। एक इधर चिल्ला रहा है, एक उधर। घड़ी भर निकलने की फुरसत नहीं। नीलिमा मुझसे क्लास में पीछे रही। अब देखो, कैसी प्रतिभा चमक रही है ! लेख लिखती है, व्याख्यान देती है, जनता में सम्मान है। एक मैं कि हाय-हाय के अतिरिक्त कुछ नहीं। परतन्त्र रहकर भी किसको सुख मिला है, सचमुच नीलिमा ने सही मार्ग चुना है।'

इसी संघर्ष तथा द्वन्द्व के मध्य में नाट्यकार हमें छोड़ देती है। आज की स्त्री में जो जागृति है, जिसमें वे पथभ्रष्ट हो रही हैं, संशयात्मक स्थिति का बड़ा मनोवैज्ञानिक चित्रण किया गया है। विवाहित जीवन के पक्ष और विपक्ष में सुन्दर विवेचन प्रस्तुत किया गया है। एकांकीकार ने निष्कर्ष निकालने का कार्य दर्शकों पर छोड़ दिया है।

इस प्रकार यह स्पष्ट है कि हिन्दी नाट्य-साहित्य के अन्तर्गत महिला एकांकी नाट्यकारों द्वारा भी पर्याप्त सेवा हो रही है। उनके हाथ में एकांकी नाटक निरन्तर उन्नति कर रहा है।